Peter Rörsch
Resonanz in der Trauerbegleitung

Peter Rörsch

Resonanz
in der Trauerbegleitung

Das Praxisbuch

Patmos Verlag

Downloads

für Abbildungen und unterstützende Materialien finden Sie hier:
https://shop.verlagsgruppe-patmos.de/resonanz-in-der-trauerbegleitung-011481.html

MIX
Papier aus verantwortungsvollen Quellen
FSC® C014138

Klimaneutral
Druckprodukt
ClimatePartner.com/14549-2003-1001

Die Verlagsgruppe Patmos ist sich ihrer Verantwortung gegenüber unserer Umwelt bewusst. Wir folgen dem Prinzip der Nachhaltigkeit und streben den Einklang von wirtschaftlicher Entwicklung, sozialer Sicherheit und Erhaltung unserer natürlichen Lebensgrundlagen an. Näheres zur Nachhaltigkeitsstrategie der Verlagsgruppe Patmos auf unserer Website www.verlagsgruppe-patmos.de/nachhaltig-gut-leben

Verlagsgruppe Patmos in der Schwabenverlag AG, Ostfildern
www.verlagsgruppe-patmos.de

Umschlaggestaltung: Finken & Bumiller
Satz und Repro: Schwabenverlag AG, Ostfildern
Druck: Finidr s.r.o., Český Těšín
Hergestellt in Tschechien
ISBN 978-3-8436-1481-8

Inhalt

Vorwort

Trauernde kann man nicht, muss man aber auch nicht therapieren. Die Trauer selbst ist ihre Therapie. Trauernde verarbeiten das traumatische Erlebnis eines herben Verlustes auf je eigene Weise. Die Aufgabe einer Trauerbegleitung ist es, sie – wie der Name schon sagt – zu »begleiten«. Das heißt nicht, nebenherzulaufen oder eine Richtung vorzugeben, sondern »mitzugehen«, zuzuhören, aber aktiv. Also einzugehen auf die Trauernden, bei ihnen zu stehen und sie dabei zu leiten, ihre eigene Kraft zu stärken und sie zu stützen, wenn sie wanken. Die Trauernden sollen sich gehört, in ihrem Schmerz oder ihrer Wut ernst genommen fühlen. Sie sollen Partner für den Trauerbegleiter oder die Trauerbegleiterin sein – und er/sie für sie. Eine solche Art der Begleitung ist »resonant« – man kann sie auch »kommunikativ« oder »kooperativ« nennen oder »liebevoll«, weil in diesem Verhalten wesentliche Faktoren der Liebe wirken: das Miteinander-Schweigen, die Zuneigung und das Auf-den-anderen-Eingehen.

Deshalb hören wir am Anfang des Buches Trauernden zu, wie sie ihren Schmerz, ihr Verlassen- und ihr Zerrissensein formulieren. Sie sagen uns, was sie empfinden. Das zu verstehen, ist der erste Schritt in einer resonanten Beziehung. Sie sagen uns auch, wie sie versuchen, aus dem Trauma, das sie durch den Tod eines geliebten Menschen erlitten haben, wieder herauszufinden; welche Wege und Irrwege sie gehen, erfahren wir dabei ebenfalls.

Diese Vielfalt von individuellen Schicksalen und Erlebniswelten kommt uns leicht wie ein Dschungel vor, in dem wir, die wir helfen wollen, vielleicht verloren sind. Wir brauchen deshalb einen Überblick über die Strukturen der Trauer und über ihre Phasen. Und wir müssen nicht nur hören, sondern auch verstehen. Hierbei helfen uns psychologische Deutungs- und Therapiekonzepte:

- Die Kommunikationswissenschaft zeigt uns, wie gelingende Kommunikation geht.
- Das von Hartmut Rosa entdeckte Geschehen der »Resonanz« vertieft diese allgemeine Einsicht. Ein Kapitel entwickelt Resonanz als »ge-

lingende Weltbeziehung« und weist damit über den Zweck des Buches sogar hinaus auf eine Form des Lebens, in dem es »einmal gut werden kann«.

- Resonanz als Verfahren ermöglicht es der Trauerbegleitung, erfolgreiche Verarbeitungsstrategien anzustoßen, die in der Stresspsychologie und Traumatherapie als »Coping« bezeichnet werden, d. h. als Bewältigungsformen für stark belastende traumatisierende Erlebnisse.
- Gegen Freuds »Tiefenpsychologie« hat sich die »Höhenpsychologie« von Viktor Frankl, die auch »Logotherapie« genannt wird, etabliert. Frankl, selbst dem KZ entronnen, entkommt der Verzweiflung durch Selbsttranszendenz und Selbstdistanzierung und durch die Orientierung am Sinn, die das Trauma nicht entfernt, sondern bewältigt: »Trotzdem Ja zum Leben sagen«, wie sein vielleicht bekanntestes Buch lautet.
- Selbstwirksamkeit, das nächste Kapitel, meint, das Leben wieder als selbstgewirkt spüren können und nicht nur als erlitten, also als sinnvoll und nicht mehr als sinnlos. Eng verwoben ist sie mit der Resilienz und mit einem nicht nur theologisch zu fassenden Begriff von »Spiritualität«.

Im sich anschließenden und auf diesen Theorien aufgebauten Praxisteil formuliert das Buch Techniken des resonanten Hörens, Wanderwege und Stationen des individuellen Trauerns, bis hin zu Trauerspaziergängen und Trauercafés. Dabei liegt ein besonderer Akzent auf dem therapeutischen Schreiben – etwa von Erinnerungen oder einfachen Gedichten – als einer Form der Verarbeitung von Traumata, aber auch als Lösungsansatz oder einfach als Türöffner für ein lösendes Gespräch. Das verschiedenen Trauerthemen zugeordnete Material bietet Ihnen Vorschläge und Gedanken für Ihre Begleitungen.

1 Was ist Trauer?

Spontan greifen wir ins Bücherregal. Da muss doch was stehen. Oder wir schalten das Internet ein. Wir suchen Hilfe in den Wissensspeichern unserer Gesellschaft. Wir finden dort einen ersten, recht kurzen, geballten Text als Antwort auf unsere Frage. Mehr aber zunächst nicht. Starten wir mit dem ersten Fund!

Von Arnold Langenmayr stammt die Definition, Trauer bezeichne »alle gefühlsmäßigen Reaktionen auf den Ausfall von Bezugspersonen wie z. B. den Verlust des Ehepartners«.[1]

Aus persönlichen Erfahrungen in meinen Trauerbegleitungen habe ich gelernt, dass der Tod eines engen Angehörigen viele Menschen schwer belastet. Vor allem, wenn sie sich nicht verabschieden konnten oder wenn der Tod durch Suizid oder Unfall eintrat. Besonders diejenigen leiden heftig, die sich die Schuld selbst zuschreiben oder von anderen mit Vorwürfen eingedeckt werden. Sie fragen sich: Warum habe ich nichts bemerkt? »Warum« bleibt die zentrale Frage. Wer zeitgleich einen anderen Lebenseinschnitt erleidet, kommt oft nicht zum Trauern oder verdrängt das Geschehene.

Erlernte Hilflosigkeit hindert andere am Trauern. Sie stellt sich ein, wenn eine Ehepartner- oder Eltern-Kind-Beziehung so eng war, dass Personen ihre Selbstständigkeit verloren haben. Ohne den gestorbenen Partner fühlen sie sich alleingelassen und hilflos. Sie sind unfähig, den Verlust zu verarbeiten – zumindest fühlen sie sich so.

Trauer ist keine Krankheit, die zu überwinden wäre, sondern ein Prozess, den Verlust zu verarbeiten und zu bewältigen – so sieht das auch der Deutsche Hospiz- und Palliativverband (DHPV). Dessen Handreichung »Kulturen der Trauer« stellt drei Punkte heraus:

- »Trauer bietet Lösungen (biologische, kulturelle, soziale und religiöse/ spirituelle Aspekte)

1 Aus: Lexikon der Psychologie: https://www.spektrum.de/lexikon/psychologie/trauer/15721

- Trauer geschieht in der Vielfalt individueller Reaktionen und sozialer Prägungen
- Begleitung in der Trauer bedarf einer kultursensiblen, inter- und transkulturellen Ausrichtung (Folgerungen für die Praxis und Fortbildung)«.[2]

Spätestens seit J. William Worden sprechen wir von »Traueraufgaben« (mehr dazu im Kapitel 3.1 »Trauerphasen«). Damit stellen wir die individuelle Bearbeitung der Trauer in den Fokus. Sie erfolgt in Phasen, die aber nicht als chronologische Reihe wie vorherbestimmt aufeinander folgen, sondern mal so, mal so ablaufen. Die Idee der Trauerphasen ist und bleibt deshalb für Trauerbegleiter als Orientierung nützlich.
Auf den Tod der Partnerin oder des Partners folgen recht häufig körperliche und psychische Einschränkungen. Genannt werden Rückenschmerzen, Kopfschmerzen, Herzbeschwerden, Schlaflosigkeit, innere Unruhe, Verkrampfungen, Essstörungen wie ungehemmter Appetit oder Appetitlosigkeit, Schwindelgefühle, Angstattacken mit Schweißausbruch. Fehlende Konzentration äußert sich darin, eine Lektüre schnell zur Seite zu legen, einem Gespräch nur kurzfristiger als früher folgen zu wollen und zu können.[3]
Diesen »Nebenwirkungen« zu begegnen, ist Teil unserer Aufgabe. Klappen wir die Bücher zu! Gehen wir nach draußen! Fragen wir Betroffene! Lassen wir Trauernde selbst berichten, wie sie diese Zeit empfunden haben.
Ursula erinnert sich: »Anfangs Achterbahn, dann Labyrinth. ›Roboterhaftes‹ Agieren in Beruf und Versorgung der Kinder oder vielleicht besser ›zwanghaftes Funktionieren‹ im Alltäglichen bei gleichzeitiger Lähmung für alles, was selbst kleinste Entscheidungen erfordert. Sprunghafter Wechsel, sobald etwas ›Luft und Zeit‹ übrig ist, zu lähmender Müdigkeit. Frieren / Frieren / Frieren (unabhängig von Raum- oder Außentemperatur), Schlafstörungen / Verlust-(Angst-)Träume und

2 Die Broschüre kann heruntergeladen sowie in gedruckter Form über info@dhpv.de bestellt werden: https://www.dhpv.de/news/kulturen-der-trauer.html
3 Ergebnis von Gesprächen mit Trauernden bei einem Trauergang. Vgl. Material für Trauergänge 6.4: Station 2.

pflichtmäßige Teilnahme an gesellschaftlichem Zusammentreffen mit anderen Paaren mit urplötzlichem Erfrieren einer Körperhälfte. Körperliches Unwohlsein (Kopfschmerzen / Übelkeit), wenn besondere Jahresdaten sich nähern (das Körpergedächtnis ist besser, ahnt früher als das kalendarische Bewusstsein, das dann als Erklärung greift: Hochzeitstag / Geburtstag / Todestag).«

»In der Trauer steckt auch Fassungslosigkeit, ein Nicht-wahrhaben-Wollen des Verlustes, eine sehr große Traurigkeit«, sagt Susanne. Trauer ist, »wenn die Seele Trauer trägt«, meint Eva. Ursula drückt es so aus: »Wenn die Seele aus dem Gleichgewicht kommt nach einem schweren Verlust. Trauer ist, plötzlich herausgeworfen zu werden aus der Normalität.« Und Monika: »Ein Herausgerissensein aus meinem vertrauten Leben, verbunden mit vielen schmerzhaften Gefühlen.«

Ulli, der seinen jüngeren Bruder einige Jahre während dessen Krankheit begleitete, erzählt es so: »All die vielen Schubladen in meinem Kopf sind wie bei einem Apothekerschrank herausgerissen, entleert, auf den Kopf gestellt.« Jede Ordnung ist verschwunden.

Ein herber Verlust steht am Anfang. Das kann eine Trennung mit Liebeskummer sein, ein Scheitern in einem angestrebten Beruf oder einem anderen Lebenssinn, der Tod eines geliebten Menschen. Für uns als Trauerbegleiter ist es das: der Tod. Er kommt plötzlich oder wie ein Unheil, das sich lange ankündigte, auf die Überlebenden zu und trifft sie mit Wucht, entwurzelt sie, wirft die Seele aus dem Gleichgewicht, stößt sie aus dem normalen Leben, traumatisiert sie.

Dass wir einen solchen Schock erleben, wenn eine nahestehende Person weggeht oder stirbt, ist der Preis für die Tatsache, dass wir soziale Wesen sind. Auch andere Primaten, aber nicht nur sie, erleben einen solchen Verlust intensiv und trauern. Allen höheren sozialen Wesen ist gemeinsam, dass sie eine Bindung zu anderen auch aufrechterhalten, wenn diese aus dem Blickfeld verschwinden.[4] Trauer ist sozusagen eine »Nebenwirkung« dieser sozialen Fähigkeit.

Wen der Verlust trifft, wird häufig emotional stumm und taub, will es nicht glauben, erstarrt im Schmerz. Oder bricht aus wie ein Vulkan in

4 Vgl. H. Znoj: Trennung, Tod und Trauer.

der Wut auf das böse Schicksal. Verzweiflung, Schmerz und Wut gehen dann Hand in Hand. Die Lebensfreude erstirbt. Die Seele erfriert. Der trauernde Mensch zieht sich häufig zurück, kapselt sich ab, verliert die Bindung an sinnstiftende, soziale Beziehungen. Er gerät in eine stumme, kalte, widerwärtige Weltbeziehung.

In der Trauer verarbeiten wir dieses Trauma. Das tun wir aber schon mit den Wutausbrüchen, dem Weinen, dem Stummwerden. Das sind nicht Zeichen einer Krankheit, welche durch die Trauerarbeit behandelt wird, sondern das sind Elemente der Trauerarbeit. Noch deutlicher spricht sich Winfried Hardinghaus, der Vorsitzende des DHPV, gegen die Deutung der anhaltenden Trauerstörung als eigenständige psychische Störung aus.[5] Trauern heißt, die Trennung vom geliebten Menschen, Tier, Ding oder Lebensziel zu bewältigen.

»Trauer ist für mich so etwas wie ein Lernen zum Loslassen«, sagt Susanne, die ich von einer Begleitung her kenne, »oder etwas anders ausgedrückt: der Umgang mit einem Verlust.«

Karin fordert zuversichtlich: »Es gibt keine richtigen und keine falschen Wege. Nur vergraben sollten wir uns nicht in der Trauer. Dann ersticken wir, sterben wir selbst ab. Es muss einen Ausweg aus der Trauer geben, damit sie nicht dauernd unser Leben zudeckt«. Bei dieser Verarbeitung der Trauer kommt den Begleitenden eine wichtige Aufgabe zu. Die Gleichzeitigkeit von Erleichterung über das Ende des schmerzvollen Leidens beim geliebten Menschen und die tiefe Trauer über den Verlust bemerkt Anita.

Aktive Bewältigung beginnt mit Nachdenken und Reden. »Trauer ist für mich ... auch ein Weg der Reflexion, der Verwandlung und des Neubeginnens« (Monika). Viele Betroffene sprechen von der Trauer als einem Lernprozess.

»Ich glaube daran, dass ich es zum größten Teil selbst in der Hand habe, auch aus dieser Situation das Beste zu machen und mich von den größten Schwierigkeiten nicht unterkriegen zu lassen. Ich meine, dass

5 Die Weltgesundheitsorganisation WHO hat dazu einen Vorstoß unternommen bei ihrer Überarbeitung der Klassifikation psychischer Störungen (ICD 10, Kapitel V). Mit der konkreten Bedeutung der Trauerbegleitung für die tägliche Arbeit der Hospizvereine befasst sich Christian Metz in seinem Beitrag »Seelenschmerz und Trauer – Störfall oder Ressource?«.

dieser emotionale Prozess nach dem Tod eines liebenden Menschen durchlebt werden muss, um zu verstehen, was der Tod / Verlust / Verzicht eigentlich bedeutet. Durch das Durchleben der Trauer bin ich nachdenklicher geworden und habe eine andere Sicht auf das Leben entwickelt. In meinem Kopf ist häufig der Gedanke: ›Das Leben ist kurz, lebe jeden Tag, als wenn es der letzte ist!‹« Das sagt Christiane.

Und daran knüpfe ich in diesem Buch an. In ihm stehen Nachdenken und Reden im Vordergrund: Kommunikation als Weg, die Versteinerung oder das Erfrieren und die Vereinsamung zu lösen. Wieder resonant werden zu können. Aus einer stummen in eine lebendige Weltbeziehung zu treten oder zurückzukehren. Wegen ihrer Bedeutung als Leitidee steht die »Resonanz«, das Konzept, das Hartmut Rosa entdeckt hat, im Zentrum der Trauerbegleitung, wie ich sie Ihnen vorstellen möchte.

2 Was heißt Trauerbegleitung?

Die moderne Psychologie ist der Überzeugung, »dass das Erleben eines Verlustes in die persönliche Welt ›eingebaut‹ werden soll. Der Verlust soll akzeptiert werden und es kann dem oder der Trauernden selbst überlassen werden, wie stark die Beziehung zur verstorbenen Person aufrechterhalten bleibt.«[6] Die »abgetrennte«[7] Person ist und bleibt im Trauernden – mehr oder weniger stark – über den Tod hinaus gegenwärtig.

Hier setzt die Trauerbegleitung an. Sie will die Trauer lebbar machen, d. h. die verstummten Trauernden wieder resonant werden lassen, sie wieder ins Leben integrieren und öffnen für alte und neue Beziehungen. Sie begleitet die Trauernden auf den verschlungenen Pfaden ihrer Auseinandersetzung mit dem Verlust.

Sie hat dabei keine Marschtabelle oder Wanderroute im Gepäck. Die Vorstellung, es gebe feste Phasenabläufe der Trauer, ist passé. Realistischer ist die Vorstellung einer spiralförmigen Bewegung wie bei Ruthmarijke Smeding (dazu mehr im Kapitel »Trauerphasen«) oder eines Oszillierens zwischen rückwärts- und vorwärtsgerichteten Verarbeitungsfomen, wie sie Margaret Stroebe und Henk Schut beschreiben.[8]

Es gibt keine »richtigen« Formen der Trauer. Gemeinsam ist aber allen Arten zu trauern, dass sie den Verlust wahrnehmen und die gestorbene Person in die eigene Biografie einbauen, mitnehmen in die Zukunft. Und dass sie sich dieser Zukunft wieder öffnen, neue soziale Bindungen eingehen und sich von der Last der Trauer befreien, ohne dass sie völlig endet. So ist es jedenfalls in unserer Kultur, aber auch in anderen, welche die Ahnen ins eigene Leben integrieren. Die Trauerbewältigung, im Englischen »Coping«, ist ein Lernprozess der Verarbeitung und des Neuwerdens. Wir sind also »Lernbegleiter« auf diesem Weg. Das ist unsere Aufgabe.

6 H. Znoj: Trennung, Tod und Trauer. S. 20 der PPT.

7 Ebd., S. 37.

8 M. Stroebe / H. Schut: The Dual Process Model of Coping with Bereavement. Abb. 1 nach S. 213.

Abbildung 1 Das duale Modell der Trauerbewältigung

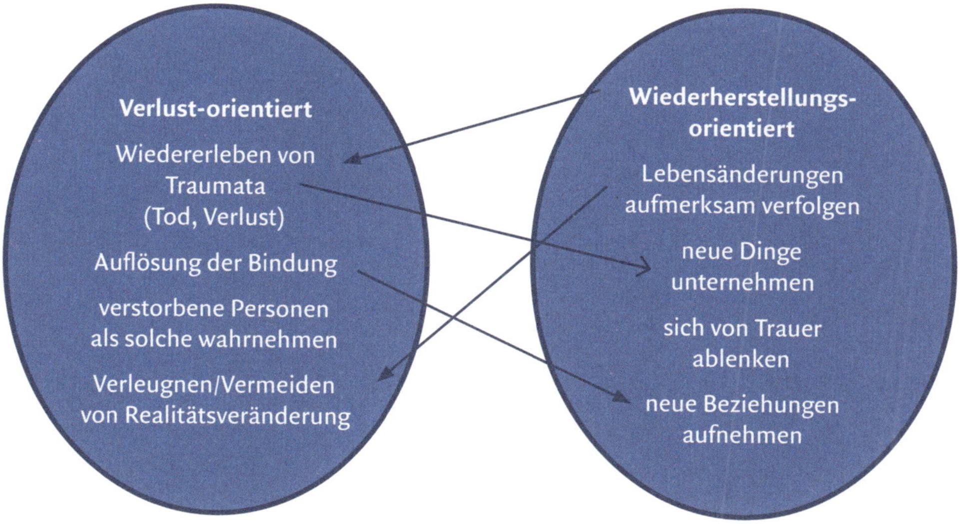

Grafik: Peter Rörsch nach Stroebe und Schut

Mitunter gelingt die Verarbeitung des Traumas nicht und die Trauer wird selbst traumatisch, krankhaft. Der Schmerz wird chronisch, der/die Trauernde verbittert, seine/ihre Identität bricht oder bröckelt, das Leben erscheint sinnlos. Der Mensch verzweifelt, verliert die Hoffnung – wie die lateinischen Sprachen das schön sichtbar machen, die »Verzweiflung« als »Ent-Hoffnung« übersetzen: desperatio (lateinisch), disperazione (italienisch), desesperación (spanisch), desespero (portugiesisch), désespoir (französisch). Dann endet unsere Aufgabe und die der Psychotherapeuten beginnt.

Wenn Sie den Wunsch spüren, selbst Trauernde zu begleiten, lassen Sie sich auf etwas sehr Anspruchsvolles und etwas sehr Erfüllendes ein. Beim Zuhören und Erzählen stellt sich das ein, was ich mit Hartmut Rosa »Resonanz« nenne. Wie bei einem Musikinstrument gibt es Klänge, Töne, Zwischentöne zu hören vom jeweils anderen, weil wir uns einlassen und aktiv zuhören. Das Wort von den Klangfarben deutet an, dass es noch mehr sein kann als nur ein Sinnesbereich. Durch die Zurückhaltung unsererseits schaffen wir Raum und Zeit für Trauernde, von sich und ihrem Verlust mit allen Sinnen zu erzählen.

Abbildung 2 Der rote Faden

Grafik: Petra Rörsch

Mir ist es über die Jahre meiner Begleitungen immer klarer geworden, wie wichtig es ist, in ein Gespräch absichtslos zu gehen und zu erkennen, was gerade nur heute ansteht. Der rote Faden zeigt sich auch dann, wenn die oder der Begleitete selbst zunächst nicht zu wissen glaubt, was thematisch unter den Nägeln brennt.

Dennoch bin ich vorbereitet und habe Material bei mir, das dann zum Einsatz kommt, wenn der rote Faden nicht erkannt wird. Ich sehe keinen Widerspruch zwischen diesen beiden Schritten. Auch wenn eine Rettungssanitäterin oder -ärztin mit dem Hubschrauber zu einem Unfallort unterwegs ist, kennt sie lediglich grob die Umstände, die Beteiligten, die Situation vor Ort. Sie muss mit allem rechnen und sie weiß das, sie kennt sich aber selbst und ihre Fähigkeit, auf Unerwartetes angemessen und hilfreich reagieren zu können. Und sie hat die wichtigen Hilfsmittel parat, die sie situationsangemessen einsetzen kann, wenn sie sie braucht.[9] Die Trauerbegleitung darf dabei unter keinen Umständen das Gefühl von Zeitdruck aufkommen lassen und unter keinen Umständen Vergleiche zwischen Trauernden ziehen, weder verbal noch nonverbal.

Kommen wir nun zu den Hilfsmitteln der »Rettungssanitäterin« – den Bausteinen der Trauerbegleitung. Sie liegen wie in einer Lego-Kiste bereit, dort eingebaut zu werden, wo sie am besten zur begleiteten Person und deren Situation passen.

Wie Begleitung gelingt, hängt davon ab, ob wir es schaffen, Resonanz zu erzeugen. Dafür müssen wir menschlich gerüstet sein, aber auch theoretisch reflektiert. Öffnen wir nun den Werkzeugkasten der Theorie zu resonantem Begleiten.

9 Zur Trauerbegleitung in Krisen z. B. N. Mucksch: Das Erleben der Corona-Einschränkungen; K. Onasch: In den Krisen; U. Dobrowolny: Trauer und Trauma nach der Flut.

3 Theorie – Bausteine/Perspektiven

Sie können die nachfolgend angebotenen Theorien wie Bau- oder Legosteine benutzen, um Ihr Begleitgebäude zu errichten. Und wie bei dem Bauen mit Legosteinen werden Sie bestimmte Steine einsetzen und andere zur Seite legen; manche werden sofort verbaut, der Wert anderer ergibt sich erst beim Bauen selbst. Manche bleiben liegen.
Oder Sie nutzen sie wie Aussichtspunkte, von denen aus Sie auf die Trauer schauen: Perspektiven des Verstehens und Handelns.

Abbildung 3 Theoretische Modelle

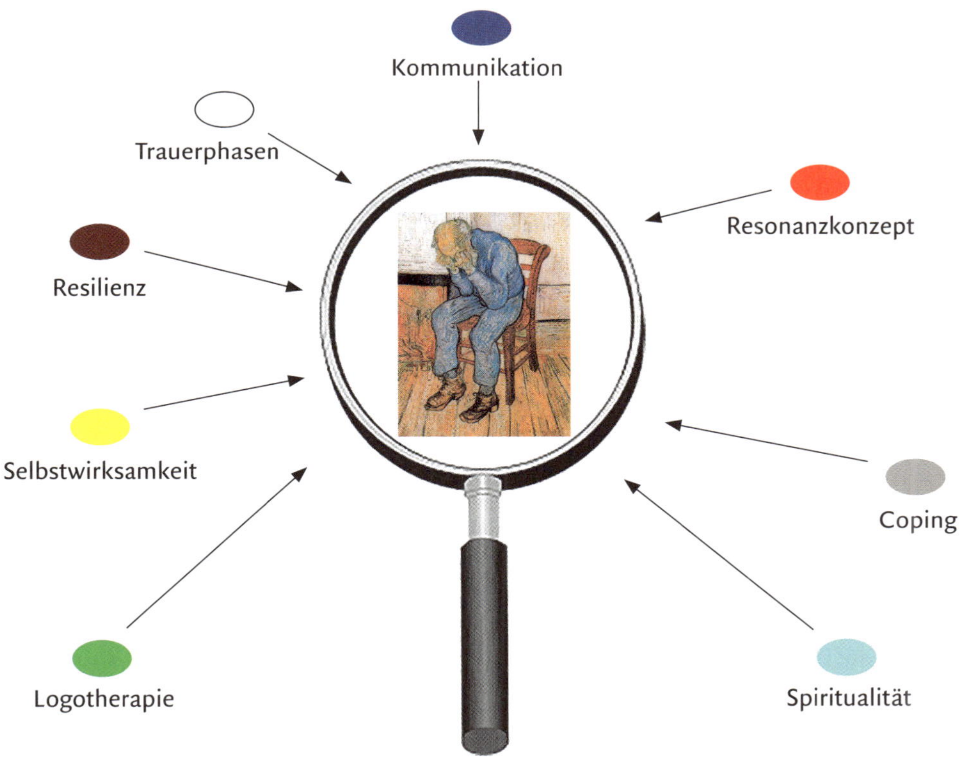

Grafik: Heinrich Richard Schmidt

3.1 Trauerphasen

Wenn wir Trauernde resonant begleiten wollen, müssen wir uns einlassen auf ihre aktuelle Situation, die Trauerphase, in der sie sich befinden. In der Trauerforschung distanziert man sich seit Jahren von einer mehr oder weniger festen Abfolge von Trauerphasen und lehnt sich stattdessen eher an das Modell der Traueraufgaben an. Dennoch stelle ich Ihnen einige dieser Phasenmodelle vor, weil sie uns Orientierung geben können über den Verlauf der Trauer. Wir nutzen sie beschreibend und nicht vorschreibend. Denn obwohl ich durch meine vielen Begleitungen erfahren habe, dass sich alle Trauerprozesse in ihrem Verlauf unterscheiden und es keine stets genau passenden Landkarten gibt, ist es hilfreich, einige Modelle zu chronologischen Trauerphasen zu kennen. Unerheblich, von wie vielen Phasen die einzelnen Autorinnen und Autoren ausgehen – sie alle haben ähnliche Grundgedanken. Am Anfang stehen die Verlusterfahrung und ihre Akzeptanz, gefolgt von verschieden intensiven Trauerprozessen; am Ende wird von Wiederbeginn, Neubeginn, Integration gesprochen. Die Unterschiede der Modelle zeigen sich lediglich in der Begrifflichkeit, der Anzahl der Prozessstufen, der angenommenen Dauer, der Flexibilität und der Dynamik.

Die in Deutschland sehr bekannte Trauerbegleiterin Chris Paul bietet ebenfalls eine eigene Begrifflichkeit an mit ihrem »Kaleidoskop«.[10] Nach Zeitabständen der Trauer unterteilt (die ersten Wochen, das erste Trauerjahr, die weiteren Trauerjahre ...), schreibt sie von sechs Prozessen: überleben, Wirklichkeit begreifen, Gefühle, sich anpassen, verbunden bleiben und einordnen. Sie werden bei der Lektüre zahlreiche Aufgaben für Trauernde finden, die sie »Trittsteine« nennt.[11] Diese Trittsteine sind das hilfreiche Pendant zu den vielen Stolpersteinen, Steinen des Anstoßes in der Trauer. Daraus lassen sich in der Begleitung Denkanstöße entwickeln.

10 Obwohl ihr Ansatz sich an Trauernde wendet, empfehle ich auch Begleitenden einen Blick in das Buch oder in den Internetauftritt: www.trauerkaleidoskop.de.

11 Ch. Paul: Ich lebe mit meiner Trauer, S. 152 u. ö.

Unter den Phasenmodellen ist dasjenige von Verena Kast besonders weit verbreitet. Sie lehnt sich stark an das 5-Phasen-Modell von Elisabeth Kübler-Ross an (Leugnen/Verdrängung, Wut, Verhandlung, Verzweiflung, Akzeptanz). Kast unterscheidet jedoch vier Stufen in ihrem Trauerprozessmodell, die einander ablösen:

Abbildung 4 Trittsteine

Bild: Markus Wegner

Abbildung 5-Phasen-Modell nach Verena Kast

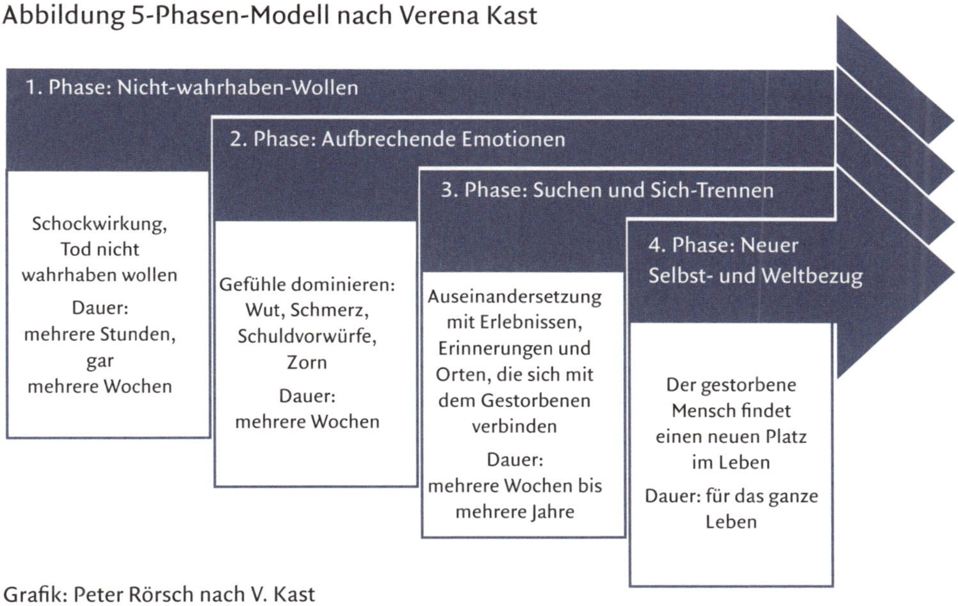

Grafik: Peter Rörsch nach V. Kast

Wie Verena Kast geht auch J. William Worden von einem klaren Ablauf des Trauerns aus, geht noch einen Schritt weiter und spricht von Traueraufgaben. Auch Wordens Konzept ist nur nützlich, wenn es nicht als starres Korsett gesehen und dem Trauernden übergestülpt wird.

Die Traueraufgaben nach Worden lauten:

- Aufgabe I: Den Verlust als Realität akzeptieren.
- Aufgabe II: Den Schmerz verarbeiten.

○ Aufgabe III: Sich an eine Welt ohne die verstorbene Person anpassen.
○ Aufgabe IV: Eine dauerhafte Verbindung zu der verstorbenen Person inmitten des Aufbruchs in ein neues Leben finden.[12]

Für uns ist der Versuch von Ferdi Schilles hilfreich, die Traueraufgaben nach Worden tabellarisch darzustellen.[13] Zusätzlich zu den vier Phasen mit Erläuterungen nennt er auch Schwierigkeiten, welche die jeweilige Realisierung der Aufgabe be- oder sogar verhindern können.

Abbildung 6 Die vier Traueraufgaben nach Worden

Aufgabe	Erläuterung	Wie sich Schwierigkeiten zeigen
die Wirklichkeit des Verlustes annehmen	akzeptieren, dass ein Wiedersehen mit dem/der Verstorbenen in diesem Leben nicht möglich sein wird	• den Verlust leugnen • Gegenstände des/der Verstorbenen unangetastet lassen (»Mumifizierung«) • nach dem Verstorbenen rufen oder mit ihm sprechen • den Verstorbenen entwerten z. B. »Er war ja ohnehin kein guter Vater.« • »selektives Vergessen« guter Erinnerungen oder Erfahrungen • Wahnvorstellungen
den Schmerz der Trauer durchleben	sich dem Schmerz des Abschiednehmens stellen dem Schmerz Ausdruck verleihen	• Flucht in die Empfindungslosigkeit • den Schmerz leugnen, schnell zur Tagesordnung übergehen • den Schmerz aus Wut gegen andere richten • nach Schuldigen suchen • Rastlosigkeit und Aktionismus
sich an eine Realität gewöhnen, in der der Verstorbene fehlt	das Alltagsleben und Aufgaben neu organisieren	• an alten Strukturen festhalten • Dinge brachliegen lassen, die erledigt werden müssen • verharren und sich festbeißen in Erbschaftsauseinandersetzungen
dem Verstorbenen einen neuen Platz geben und das Leben nach vorn ausrichten	dem Verstorbenen einen angemessenen Platz zuweisen sich dem Leben und neuen Beziehungen zuwenden	• Idealisierung des Verstorbenen • sich weigern, unerfüllt gebliebene Erwartungen an den Verstorbenen aufzugeben • den Nachlass nicht endgültig regeln wollen, Fragen offen lassen

Tabelle: Ferdi Schilles[14]

12 J. W. Worden: Beratung und Therapie in Trauerfällen, S. 45–58.
13 Vgl. F. Schilles: Männertrauer erschließen, S. 174.
14 Ebd., S. 94.

»Trauer erschließen. Eine Tafel der Gezeiten« von Ruthmarijke Smeding und Margarete Heitkönig-Wilp steht für einen radikalen Wechsel der theoretischen Annahmen. Waren es vorher stets psychotherapeutische Ansätze, so geht Smeding von der Annahme aus, Trauer sei ein intersubjektiver Vorgang.

Mich hat ihre bildhafte Sprache fasziniert, mit der sie die Trauerarbeit beschreibt, weil die darin angesprochene Symbolik schon seit langem, wenn nicht schon immer in der Trauerarbeit eingesetzt wird (mehr dazu in Kapitel 7).

Zentral ist für Smeding das Bild der Gezeiten: Sie kommen und gehen, es gibt ein Auf und Ab. So kommt und geht die Trauer, schwillt an und ebbt ab. Sie ist nie endgültig vorbei, kehrt wieder zu einer anderen Zeit, sie trifft einen Menschen an, dessen Trauer sich geändert hat. Denn der Trauerprozess ist kein Kreislauf, sondern eine Spirale – der zweite Leitbegriff Smedings.

Am Anfang steht bei ihr die sog. *Schleusenzeit*: »Das Konzept der ›Schleusenzeit‹ umfasst die (chronologische) Zeit zwischen Tod und Beerdigung ...«.[15] Der Begriff steht für die völlige Lageveränderung des Trauernden, die ihn sachlich und stimmungsmäßig vom Früher trennt, in das es kein Zurück mehr gibt. Während der Schleusenzeit ist der Tote noch da, aufgebahrt. Abschiednehmen ist möglich. Erst mit der Bestattung ist diese Chance vorbei; der Ehemann wird zum Verstorbenen, die Frau zur Witwe. Was in dieser Zwischenzeit getan wird, kann die Trauer prägen und das Leben als Hinterbliebene bestimmen. Obwohl die Autorin sich nicht konkret zu den Aufgaben einer Begleitung in dieser Zeit äußert, erkennt sie deren Einmaligkeit und rät den von ihr so genannten »Schleusenzeitwächtern«, die Trauernden gut zu lotsen. Ein solcher Lotse sollte wissen, dass Versäumtes nach der Bestattung nicht mehr nachzuholen ist. In der Schleusenzeit ist der gestorbene Mensch noch als direktes Gegenüber da und muss nicht erinnert werden. Sie ist einmalig im Gegensatz zu den anderen (Ge-)Zeiten. Trauernde durchleben die Schleusenzeit nur einmal. Selten sind wir als Begleitende oder Lotsen in dieser Zeit dabei, außer als Krankenhausbe-

15 R. Smeding: Trauer erschließen, S. 148.

dienstete, Seelsorger oder im Notfalldienst.

Abbildung 7 Der Januskopf

Abbildung: Wikimedia Commons

»Die *Januszeit* ist die Zeit zwischen dem ›Vorher‹, in dem du noch da warst, und dem Jetzt, in dem du fehlst … auffällig ist in dieser Zeit das Hin und Her zwischen ›Vergangenheit‹ und ›Zukunft‹ oder zwischen ›Vorher‹ und ›Nachher‹« (Ruthmarijke Smeding).16 Janus aus der römischen Mythologie ist ein doppelköpfiger Gott, der in zwei Richtungen schaut. Er ist der Beschützer des Hauses und besonders der Türschwelle. Er steht für Anfang und Ende, für Vorher und Nachher, für Vergangenheit und Zukunft. Da das Symbolhafte der Tür, die vom Menschen geöffnet oder geschlossen werden kann, in der Trauerarbeit sehr gut passt, können Sie die Trauernden fragen, was jene mit »Januszeit« und »Tür« assoziieren.

Die *Labyrinthzeit*: Ein Labyrinth ist kein Irrgarten. Es hat ein Zentrum, dem man mal nahe ist und mal fern.

Abbildung 8
Schema des Labyrinths von Chartres

Abb.: Wikimedia Commons / Ssolbergj

Es steht für das Leben. Es steht auch für einzelne Phasen – wie die Trauer. Es muss durchlaufen werden, um das Ziel zu erreichen: Ichfindung, Wiedereingliederung ins Leben, neuer Sinn. Es gibt aber keinen direkten Weg. Er ist lang, verschlungen, mal scheint das Ziel fern, mal zum Greifen nahe. Der/die Trauernde

16 Ebd., S. 206.

muss dem Weg vertrauen und sich in Bewegung setzen, um selber aus der Erstarrung herauszukommen und beweglich zu werden, lebendig.[17]

Abbildung 9 Regenbogen

Foto: Imke Wiese

Die *Regenbogenzeit*: Der Regenbogen ist mit der Erde verbunden und himmlisch zugleich. Viele Religionen verwenden ihn als Symbol, z. B. die christliche. Sie sieht darin den Bund zwischen den Menschen und Gott nach der Sintflut versinnbildlicht. Lebensfreude und Wiederfindung von Verlorenem verspricht der Regenbogen ebenfalls. »Es ist eine wichtige und neue Erfahrung, dass Lachen weder der geliebten Person noch einem selber schadet.«[18] Freude und Glück empfinden wir mit dem ganzen Leib und der ganzen Seele, körperlich – und zugleich sind sie Himmelskinder, göttlich. Sie »wieder zu finden«, verknüpft uns mit der Vergangenheit im »wieder« und verbindet uns mit der Zukunft, die sie uns eröffnet in neuen Beziehungen: wie der Regenbogen zweimal die Erde berührt.

Wie radikal hoffnungsvoll Smeding ihr erprobtes Begleitungsmodell einschätzt, verdeutlicht der Satz: »Das Loch, in das ich fiel, wurde zur Quelle, aus der ich lebe ... Das Loch verwandelt sich auf diesem Weg mit vielen Veränderungen zu einer der Quellen, die bleiben werden.«[19] Der Nutzen aller dieser Phasenmodelle liegt darin, vorstellbar zu machen, wo der Trauernde zurzeit steht. Aus einer Draufsicht wie aus einem Leuchtturm lassen sich dann passende Fragen und die Art

Abbildung 10 Leuchtturm

Grafik: Petra Rörsch

17 Vgl. ebd., S. 207ff.
18 Ebd., S. 268.
19 Ebd., S. 141.

und Weise der Begleitung ableiten. Zusätzlich schaffen sie professionelle Distanz und geben Orientierung. Sie ermöglichen eine Betrachtung der Situation auf einer Metaebene und helfen durch ihre wissenschaftliche Absicherung.

3.2 Kommunikation

Man kann nicht *nicht kommunizieren* und wir können uns auch nicht *nicht verhalten*.[20] Dieser Grundsatz der Kommunikation formuliert etwas, was wir alle schon erlebt haben. Sind wir mit Menschen im selben Raum, achten wir immer auf die übrigen Anwesenden, was diese sagen und tun; selbst dann, wenn sie stumm bleiben, bemerken wir, wie die anderen schauen, sich bewegen etc. Gleiches gilt umgekehrt für die anderen Anwesenden.

Auf den Menschen gegenüber konzentriert, empathisch, kongruent und mit uneingeschränkter Wertschätzung wollen wir sprechen und werden dabei unterstützt durch Carl R. Rogers in seinem Werk »Entwicklung der Persönlichkeit«.

Rogers geht davon aus, dass alle zwischenmenschlichen Beziehungen auf die gleiche Weise funktionieren, seien es therapeutische Beziehungen, Eltern-Kind-Beziehungen, Lehrer-Schüler-Beziehungen oder Führungsbeziehungen.

Seine hoffnungsvolle Grundhypothese lautet: »Wenn ich eine gewisse Art von Beziehung herstellen kann, dann wird der andere die Fähigkeit in sich selbst entdecken, diese Beziehung zu seiner Entfaltung zu nutzen, und Veränderung und persönliche Entwicklung finden statt.«[21]

Als Bedingung für diese Hypothese schreibt er: »Wenn ich eine Beziehung herstellen kann, die auf meiner Seite so charakterisiert ist: Authentizität und Transparenz, ich zeige mich in meinen wirklichen Gefühlen; warmes Akzeptieren und Schätzen des anderen als eigenständiges Individuum; Einfühlung, die Fähigkeit, den anderen

20 Vgl. P. Watzlawick u. a.: Menschliche Kommunikation, S. 50ff.
21 C. R. Rogers: Entwicklung der Persönlichkeit, S. 47.

und seine Welt mit seinen Augen zu sehen; dann wird der andere in dieser Beziehung Aspekte seines Selbst, die er bisher unterdrückt hat, erfahren und verstehen; finden, daß er stärker integriert ist und eher in der Lage sein, effektiv zu agieren; dem Menschen, der er sein möchte, ähnlicher werden; mehr Selbstständigkeit und Selbstbewußtsein zeigen; mehr Persönlichkeit werden, einzigartiger und fähiger zum Selbstausdruck; verständiger, annahmebereiter gegenüber anderen sein; angemessener und leichter mit den Problemen des Lebens fertig werden können.«[22]

Diese Sätze fordern Sie und mich als Begleitende auf, echt zu sein, und verbieten es, zu schauspielern, Mitgefühl zu heucheln. Zugegebenermaßen ist das eine harte Vokabel. Folgen wir Rogers, dann können wir allerdings auf der Grundlage von Empathie und Kongruenz Schätze beim Gegenüber fördern, von denen er oder sie selbst nicht wusste. Rogers schreibt aus einer extrem optimistischen und ermunternden Weltsicht heraus, der wir vertrauen können. Beim Neuro-Linguistischen Programmieren (NLP) zum Beispiel werden seine Erkenntnisse mit einer anderen Begrifflichkeit aufgegriffen und damit bestätigt.[23]

Abbildung 11
Kommunikative Beziehung

Grafik: Andreas Rörsch

Grundsätzlich versuche ich, direkte Fragen zu vermeiden oder sie äußerst sparsam einzusetzen. Ich möchte kein Interviewer sein und nicht als ein solcher empfunden werden. Denn als Begleitender dringe ich weit vor in empfindliche Räume, in das Ich. Die Haltung des aktiv Zuhörenden löst meist von allein die Zunge des anderen. Darauf können Sie bauen, wenn Sie Stille aushalten.

22 Ebd., S. 51.
23 NLP spricht von Rapport und Pacing (vgl. E. R. Sawizki, NLP im Alltag, S. 94).

Es gibt immer einen Ansatzpunkt zu erkennen oder zu erspüren für eine resonante Kommunikation. Bei dieser Kommunikation nehmen wir einander ernst und machen deutlich, dass wir uns gegenseitig wichtig finden, dass wir uns füreinander interessieren. Wir kommunizieren sensibel, wir hören aktiv zu. So legen wir den Grund dafür, dass das Gegenüber uns auch zuhört in dem, was wir empfinden, und sich uns zuwendet so wie wir uns ihm. Wir verändern uns dadurch beide. Gleichzeitig müssen wir uns darüber im Klaren sein, dass das Gelingen kein Automatismus ist, darüber haben wir keine Macht.
Was bei Ehe- oder Partnerkonflikten, beim Kommunizieren im Berufsfeld hilft, ist auch für die Begleitung Trauernder grundlegend, wenn sie resonant sein und also gelingen soll.

Bewusstes alternatives Sprechen

Wer trauert, meint oft, sich nicht gleichzeitig über etwas freuen zu dürfen, so als sei das ein Verrat an der Person, über die man trauert. Hier hilft es, beim aktiven Zuhören eine Alternative zu diesem Empfinden zu formulieren. Einfühlsam sein heißt gerade nicht, nur ein Echo zu setzen, sondern auch, zu widersprechen und etwas anders zu sehen.
Erweitern wir den Raum des Empfindens, indem wir neben der Trauer auch die Freude zulassen und dieses Erleben auf zwei Ebenen als Alternative zur eindimensionalen Empfindung ins Bewusstsein rücken! Das »Entweder so oder gar nicht« wird so erweitert zu einem »Sowohl als auch«: »Sowohl die Freude über die Einladung zum Fest als auch die gleichzeitige Trauer über meinen Verlust lasse ich zu.«
Machen wir Unbewusstes bewusst! Dieses Unbewusste versteckt sich häufig in Füllwörtern (Modalpartikel oder kommunikative Partikel genannt). Wie oft hören oder sprechen wir mit in den Satz eingeschobenem »eben, natürlich, bloß, einfach«. Diese Füllwörter verschleiern Gefühle wie Sorge, Ärger, Desinteresse, wollen etwas unhinterfragbar erscheinen lassen.
»Es ist eben so, dass ich mich nicht motivieren kann, das Grab zu besuchen.«
»Ich komme einfach (halt, eben) nicht dazu, diesen Brief an meine verstorbene Frau zu schreiben.«

Hinterfragen wir das! Tragen wir dazu bei, etwas Verborgenes, Verstecktes oder Unbewusstes hervorzulocken! Ihnen als Begleitperson steht es nicht zu, diese Sätze zu korrigieren, doch Sie können sie als Einstieg in einen Klärungsprozess nutzen. »Was meinen Sie mit ›einfach‹?« Meist kommt es im Gespräch dann zu einem besseren Verstehen des Kontextes und der Absicht. Es lohnt, in der 1. Person Singular als »ich« zu reden und nicht mit dem unpersönlichen »man«. Damit vermeiden Sie und die Begleiteten zum Beispiel auch die Nutzung der drei Ms: »Man müsste mal.« Die Wirkung ist verblüffend, da aus dem Gesprochenen sofort die Distanz verschwindet, weil das Personalpronomen in der 1. Person mich als sprechende Person kenntlich macht, so wie das Personalpronomen in der 2. Person die angesprochene Person direkt bezeichnet. Mit ein wenig Übung kann es zu einer sehr guten Angewohnheit werden, so zu reden. Weitere »Legosteine« zur Kommunikation habe ich für Sie in den Praxisteil integriert.

Abbildung 12
Füllwörter und ihre (Dys-)Funktion

Grafik: Andreas Rörsch

3.3 Resonanz

Empathische Kommunikation ist nicht nur eine Technik, sondern eine »Weltbeziehung«, eine Stimmung und Haltung mir selbst gegenüber, zu meinem Körper, zu anderen Menschen, zur Welt. Hartmut Rosa nennt sie »Resonanz«. Er stellt »resonante« Weltbeziehungen »stummen« alternativ gegenüber. Er verbindet »stumme Weltbeziehungen« mit »Entfremdung« und einer für heutige westliche Gesellschaften typischen Kälte.[24] Diese Kälte gibt es auch im Alltag. So beginnt Rosa sein

24 Dass Hartmut Rosa seine Untersuchung v. a. unter der Fragestellung nach dem gelingenden Leben verfasst hat, macht den Einsatz in der Trauerarbeit nicht nur möglich, sondern eröffnet auch inhaltlich neue Zugänge zu ihr.

Buch »Resonanz« mit der Schilderung von zwei Männern und zwei Frauen. Wer wie Hannah in einer stummen Weltbeziehung lebt, empfindet schon das Frühstück mit den Kindern und dem Partner als mühselige, unerfreuliche Last, die Begegnung mit den Arbeitskollegen als Kampf im Haifischbecken, den Sport, der zur eigenen Freude dienen soll, als Stress, eine weitere zu leistende Arbeit. Die Begegnung mit den anderen Menschen ist kalt, ohne Berührung, ohne Wärme; man selbst fühlt sich als einsam in der Welt umherirrendes, ungeliebtes, nutzloses, verlassenes, ungehörtes Etwas.

Wer in einer resonanten Beziehung lebt wie Anna, freut sich am Lachen der Kinder am Frühstückstisch, am Kuss des Lebenspartners, seiner/ihrer Umarmung, an dem Gespräch mit anderen im Bus, auf das Wiedersehen der Kollegen und Kolleginnen, abends auf den geliebten Sport mit den Freunden, mit denen man schon so manches Spiel gemeinsam gewonnen oder verloren hat. Der gleiche Tag, völlig unterschiedlich gefärbt: bunt bei der einen, grau in grau bei der anderen Weltbeziehung.

Ein Weltverhältnis, »das keine Begegnungen mit dem Fremden und Unvertrauten ... zuließe, ... verwandelte ich am Ende und unter der Hand in ein ›stummes Weltverhältnis‹, weil die Welt ihr *Unverfügbares,* ihre eigene Stimme und damit ihre Antwortqualität verlöre – und das Subjekt seine Fähigkeit zur Anverwandlung des Fremden, in deren Verlauf es sich selbst verwandelt.«[25] Hannah ist stets »verfügbar«, ein Rädchen im Getriebe, ein »Modul« im Haushalt, im Arbeitsprozess, ein Faktor in der Volleyballmannschaft. Sie funktioniert. Sie ist unfrei. Deshalb ist sie unfähig zur Resonanz, sie hat keine eigene Stimme.

Rosa veranschaulicht die Alternative »Unverfügbarkeit« zur herrschenden kalten, materialistischen Welt durch eine Erinnerung an seine Kindheit. Philosophen haben diese Alternative auch Heimat genannt.[26] »Erinnern Sie sich noch an den ersten Schneefall in einem Spätherbst oder Winter in Ihrer Kindheit?«, fragt Rosa. »Es war wie der Einbruch einer anderen Realität. Etwas Scheues, Seltenes, das uns besuchen

25 H. Rosa: Resonanz, Position 943 im eBook.
26 Vgl. E. Bloch: Das Prinzip Hoffnung.

kommt, das sich herabsenkt und die Welt um uns herum verwandelt, ohne unser Zutun, als Geschenk. Der Schneefall ist geradezu die Reinform einer Manifestation des Unverfügbaren: Wir können ihn nicht herstellen, nicht erzwingen, nicht einmal sicher vorherplanen ... Wir können des Schneefalls nicht habhaft werden, ihn uns nicht aneignen: Wenn wir ihn in die Hand nehmen, zerrinnt er uns zwischen den Fingern, ... wenn wir ihn in die Tiefkühltruhe packen, hört er auf Schnee zu sein. Vielleicht sehnen sich deshalb so viele Menschen – nicht nur die Kinder – nach ihm, vor allem an Weihnachten.«[27]

Schneekanonen machen ihn »verfügbar«, handhabbar, planbar, lassen ihn uns in Pisten einbauen, um ihn zu befahren. Aber den Zauber des ersten Schnees können sie nie wiederbringen.

Typisch für die moderne Welt ist nach Rosa der Wunsch, die Welt verfügbar zu machen. Das ist okay, weil wir Ressourcen brauchen, um zu leben, aber dieses Bestreben hat sich uns selbst angeeignet, uns ins Räderwerk der Weltbeherrschung gesperrt, wo wir wie Charlie Chaplin in »Modern Times« zu einem Maschinenteil geworden sind. Die Rückverwandlung des Roboters in ein Kind, eine Frau, einen Mann – einen Menschen – macht sie wieder lebendig und resonanzfähig.

Man kann Rosas Terminus »Unverfügbarkeit« auch als »Freiheit« übersetzen. Denn der/die, über den/die verfügt wird, ist dem Verfüger untertan. Wer unverfügbar ist, ist niemandem untertan, ist ein »freier Herr aller Dinge«, wie das Luther in seiner »Freiheit eines Christenmenschen« in nur leicht anderem Zusammenhang ausruft.

Trauer ähnelt nun stark einer stummen – sagen wir besser: »verstummten« – Weltbeziehung. Wer in der Trauer verstummt ist, funktioniert oft nur noch, wirkt auch für sich selbst leblos, ist unglücklich. Die Welt ist, in der Stummheit, die ihr Rosa attestiert, eine traurige Welt. Hinterbliebene aus dieser traurigen Welt heraustreten zu lassen, das ist unsere Aufgabe. Zuerst wollte ich schreiben »sie aus dieser traurigen Welt herauszuführen«. Aber das ist es gerade nicht. Je mehr wir die Resonanz machbar machen wollen, desto weniger kann sie eintreten. Um eine Instrumentalisierung zu vermeiden, sollten wir auf keinen Fall

27 H. Rosa: Unverfügbarkeit, Vorwort, S. 1f.

versuchen, die trauernde Person mit dem Gedanken zu lenken: »Machen Sie Ihr Leben resonant.«
Sich wieder selbst zu führen, aktiv zu werden, dazu wollen wir Trauernde befähigen. Das heißt, dass sie wieder aus der Stummheit und Passivität heraustreten. Das kann beginnen, wenn wir in eine resonante Beziehung mit ihnen treten, authentisch wir selbst sind und sie sein lassen, wie sie gerade sind und sich fühlen. Resonanz beginnt mit dem freien und offenen empathischen Gespräch. Für die Trauerbegleitung heißt es also im besten Falle zu akzeptieren, es nicht in der Hand zu haben, ob unser Begleiten gelingt.
Indem wir aber das Gegenüber der Trauerbegleitung wie uns selbst als »unverfügbar« wahrnehmen,[28] akzeptieren wir die notwendige Gleichzeitigkeit dieses Resonanzprozesses.
Ein empathisches Gespräch hat wie jede resonante Beziehung nach Rosa drei Kennzeichen und führt dann zur höchsten Stufe der Resonanz.

Abbildung 13 Die vier Stufen der Resonanz

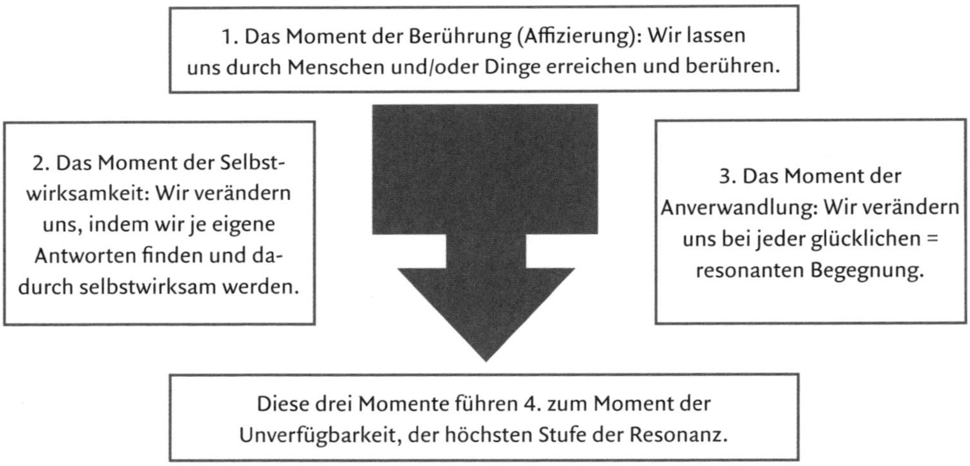

Grafik: Peter Rörsch nach Rosa

Beide müssen wir uns berühren lassen, selbst antworten und uns verändern. Berührung, Selbstwirksamkeit, Anverwandlung sind die Stu-

28 Ebd., S. 51.

fen, wie sie die Skizze zeigt.[29] Dabei ist es Rosa sehr wichtig zu betonen, dass Resonanz mehr ist als eine Metapher. Das Mehr liege in der Form der Beziehung, die keine bewusste Entscheidung sei, sondern eher passiv erfolge: Etwas ruft mich an, berührt mich. Ich habe mich anrufen lassen. Resonanz liege zwischen einer aktiven Entscheidung und passivem Über-sich-ergehen-Lassen.

Er selbst sieht vier Achsen der Resonanz: die soziale, die stofflich-materielle, die existentiell-metaphysische und die Selbstachse.

Wenn wir uns an Rosa halten, dann liegt die Übertragbarkeit auf den Trauerprozess und somit der Trost für Trauernde darin, sich nicht beweisen zu müssen und sich nicht als »selbstunwirksame Versager« zu sehen,[30] weil Trauer unverfügbar ist. Für mich schließt sich das sehr gut an den so wichtigen Satz an, dass Trauer nicht das Problem, sondern die Lösung ist.

Die Art, wie Menschen mit sich und der Umwelt umgehen, ist von der Persönlichkeitspsychologie in einem mittlerweile allgemein anerkannten Modell zusammengefasst worden. Dieses Modell wird als die »Big Five« bezeichnet.[31]

Abbildung 14 Die Big Five der Persönlichkeitsbeschreibung

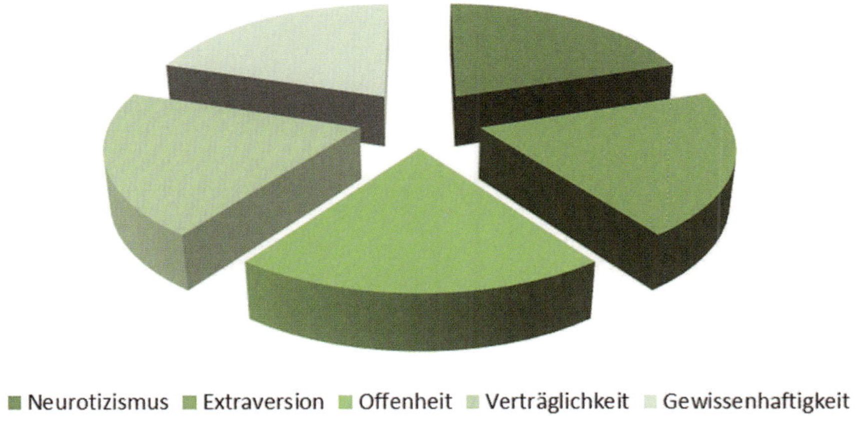

Grafik: Peter Rörsch

29 H. Rosa in einer Zoom-Konferenz am 16.9.2022, organisiert von der PH Zürich.
30 H. Rosa, Unverfügbarkeit, S. 91.
31 Vgl. den Artikel »Big Five« in der Wikipedia, URL: https://de.wikipedia.org/wiki/Big_Five_(Psychologie)

Unter den fünf Begriffen Neurotizismus, Extraversion, Offenheit, Verträglichkeit mit anderen Menschen und Gewissenhaftigkeit bezeichnen sie grundsätzliche Orientierungen und Verhaltensweisen von Menschen.

Je nachdem, ob die Faktoren stark ausgeprägt sind oder nur schwach, unterscheiden sich die Menschen. Ist der Faktor »Offenheit« stark präsent, wird der Mensch als »neugierig« gekennzeichnet, ist er schwach, als »vorsichtig« oder »zurückhaltend«.

Die »Big Five« haben große Ähnlichkeit mit Elementen aus Rosas Resonanztheorie.

Meines Erachtens lässt sich

- Neurotizismus auch mit Instabilität oder Nervosität übersetzen,
- Introversion mit starker Innen- und Extraversion mit starker Außenbeziehung,
- Offenheit mit Veränderungsbereitschaft,
- Verträglichkeit mit Kompromissfähigkeit,
- Gewissenhaftigkeit mit Zuverlässigkeit.

Abbildung 15 Zusammenführung von Big Five und Hartmut Rosa
Rot: Big Five / Blau: Hartmut Rosa

Grafik: Peter Rörsch

Für die Trauerbegleitung kann dieses Modell nützlich sein, weil es eine Bestandsaufnahme der aktuellen Situation der Trauernden möglich macht. Auf dieser kann dann das Gespräch aufbauen.
Eine Form von einfacher Grafik ist dabei hilfreich, um die »Weltbeziehung« sichtbar und damit verständlich zu machen. Diese grafische Darstellung, die wir als Trauerbegleitende während des Erzählens entwickeln, zeigt den einzelnen Menschen in seinem Beziehungsnetz.
Zu empfehlen ist das schrittweise, behutsame Frageverhalten. Da bei fast allen Trauernden die Beziehung zur Familie und zum (Ehe-)Partner eine entscheidende Rolle spielt, muss diese Relation unbedingt gesprächsweise aufgegriffen werden. »Resonanzhafen« nennt Rosa die »... auf einen Intimpartner gerichtete Liebe ...«[32] in unserer postmodernen Gesellschaft.

3.4 Logotherapie

Das Ziel resonanter Trauerbegleitung ist es, Auswege zu finden, Licht zu machen, Zukunft zu eröffnen – »Verschlossenen« zu helfen, sich wieder zu »öffnen« (um den Aspekt der »Extravertiertheit« der »Big Five« aufzugreifen). Dadurch ist sie eng verwandt mit der Logotherapie von Viktor Frankl, dem Begründer der »Dritten Wiener Schule der Psychotherapie«. Anders als Freud – der mit der Tiefenpsychologie in der Vergangenheit gräbt, um dort verborgene Lasten als Ursachen für Leiden zutage zu fördern, um sie durch Bewusstmachung zu erleichtern – setzt er auf die Kraft des Ich, als Kapitän das eigene Schiff wieder flottzumachen und neu in See zu stechen.[33] Frankl denkt und schreibt gegen den Sinnverlust im Leben und setzt drei Chancen der Sinnfindung dagegen (s. u.).
Besonders anschaulich auf unsere eigene Tätigkeit als Trauerbegleitende angewandt wird sein Konzept durch Elisabeth Lukas in ihrem Buch »Heute ist der erste Tag vom Rest deines Lebens«. Sie schildert darin

32 H. Rosa, Resonanz, S. 346.
33 Wichtige Werke Frankls finden sich im Literaturverzeichnis am Ende dieses Buches.

einen Mann, der seine Frau unendlich geliebt und spät in seinem Leben damit Glück empfunden und Sinn erlebt hatte. Als sie starb, versteinerte er, brach den Kontakt zu seiner Umgebung ab, verstummte. Es gelang Elisabeth Lukas in therapeutischen Sitzungen, das zu ändern. Sie bat ihn, über seine Frau zu sprechen und der Welt seine Beziehung zu ihr als Botschaft zu übermitteln, damit diese Welt auch Kenntnis von ihrer Liebe hätte. »Von Ihnen hängt doch mit ab«, erwiderte Lukas ihm, »ob Ihre Frau sozusagen einen Trümmerhaufen hinter sich zurücklässt, einen total gebrochenen Menschen, bei dessen Anblick jedermann insgeheim denkt, es wäre besser gewesen, dieser Mensch wäre ihr nie begegnet. Oder ob sie einen aus seinem Herzensgrunde heraus strahlenden Menschen hinter sich zurücklässt, der erhobenen Hauptes durchs Leben geht und jedermann bestätigt, wie sehr er bereichert worden ist durch die einmalige Liebe einer einzigartigen Frau ...«[34] So gelang es ihr, ihn selbst zu Schritten nach außen zu ermuntern, wieder resonant zu werden für andere und für sein eigenes Leben.

Lukas nennt das »Dezentrierung«. Nicht immer um sich und das eigene Leid kreisen und in dem Kreislauf gefangen sein! Aus eigenem Antrieb Botschafter werden für eine Liebe, die mit dem Tod nicht erloschen ist, sondern die in der Beziehung zu anderen weiterbrennt und von ihr Zeugnis ablegt.

Diesem Tod auf diese Weise einen Sinn zu geben heißt nicht, ihm einen Nutzen oder etwas Positives abzugewinnen. Das ist nicht möglich. Er ist und bleibt als solcher sinnlos. Aber doch gibt diese Dezentrierung dem Tod einen anderen Sinn, weil sie das, worüber man trauert, am Leben erhält und damit gegenwärtig macht.

Ein anderes Beispiel: Ute und Siegfried Steiger, deren Sohn Björn bei einem Verkehrsunfall schwer verletzt wurde und auf der Autobahn verstarb, weil damals, als es noch keine Handys gab, kein Rettungswagen rechtzeitig benachrichtigt werden konnte. Sie wurden zu Initiatoren und Förderern der Notrufsäulen, die heute in aller Welt an den Autobahnen stehen und schon viele Leben gerettet haben. Diese Trauerverarbeitung der Familie Steiger, der sich die Björn-Steiger-Stiftung ver-

34 E. Lukas: Heute ist der erste Tag vom Rest deines Lebens, S. 190.

dankt, dockt an Frankls Hauptstraßen der Sinnfindung an mit ihren drei Elementen, nämlich den schöpferischen Werten, den Erlebniswerten und den Einstellungswerten.

- Unter *schöpferischen Werten* sind alle kreativ und innovativ geschaffenen Dinge zu verstehen, seien es selbsthergestellte Gegenstände, Handwerkliches, Künstlerisches im weitesten Sinn.
- *Erlebniswerte* zeigen sich zum Beispiel im bewussten Wahrnehmen der Natur, in der Bewusstwerdung des Wertvollen einer zwischenmenschlichen Beziehung und von Erlebnissen.
- *Einstellungswerte* entstehen durch die »Art und Weise, wie er (der Mensch) sich zu seinem Leid einstellt ...«.[35] In diesem Wertebereich bewegen sich Menschen, die trotz größten Verlusts sich dem Schmerz stellen und ihn würdevoll akzeptieren.

Barbara Schmitz geht davon aus, dass wir Menschen ein Bedürfnis nach Sinn haben. Deshalb würden wir mit den vom Leben gestellten Aufgaben verantwortungsvoll umgehen, auch wenn wir den Sinn nicht immer verstünden.[36]
Die Hauptstraßen zum Sinn verbildlicht die folgende Darstellung.

Abbildung 16 Hauptstraßen zum Sinn nach Viktor Frankl

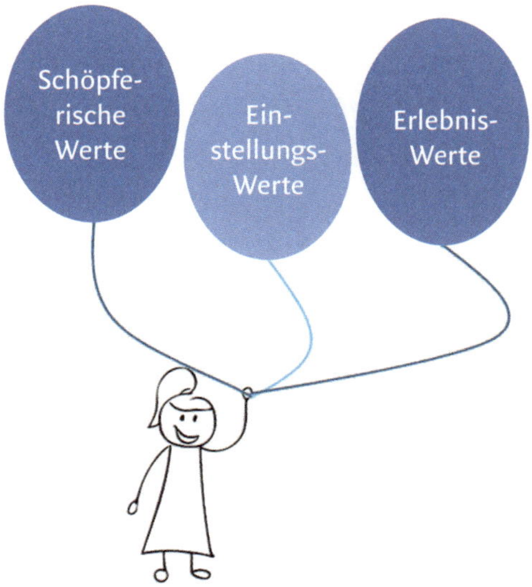

Grafik: Petra Rörsch

35 Ebd., S. 115.
36 B. Schmitz: Was ist ein lebenswertes Leben?, S. 109ff.

3.5 Coping

Ein traumatisches Erlebnis auf eine Weise zu verarbeiten, wie es Ute und Siegfried Steiger vorlebten (s. o.), sodass daraus sogar etwas Gutes, ein Zeugnis und ein Denkmal für ihren Sohn entstand, nennt die Traumatherapie in der Folge von Richard Lazarus[37] »Coping«, auf Deutsch: »Bewältigung«. Auch er wandte sich von Freuds Tiefenpsychologie, die zwischen guten / gesunden und krankhaften Formen der Stressbewältigung unterscheidet, ab. Für Lazarus war auch eine Verdrängung – für Freud eine krankhafte Technik – erst einmal ein Verfahren, mit Belastungen umzugehen.[38] Daher ist das Coping-Konzept eng mit Viktor Frankls Logotherapie verwandt. Lazarus trug damit wie Frankl zur »kognitiven Wende« in der Psychologie bei. Sie setzt auf die Fähigkeit des traumatisierten Menschen, sein Ich als Lenkungsinstanz zu aktivieren. Das kann dadurch geschehen, dass er rational nach einer Lösung der traumatisierenden Situation sucht, etwa eine Beziehung beendet, den Wohnort wechselt oder einen Aggressor ausschaltet. Das nennt man »lösungsorientiertes Coping«. An seinem Ende steht dann im Idealfall das Ende des Drucks.

Das ist beim Tod eines Menschen nicht möglich. Hier gilt es, mit dem Stress, der das Leiden verursacht, anders umzugehen. Das ist möglich als »deutungsorientiertes Coping«, das dem Geschehen einen Sinn verleiht und es damit erträglicher macht und das Leiden reduziert – wie es im Beispiel mit den Notrufsäulen oder des alten Mannes, der sich seinen Nachbarn, Freunden und fremdem Menschen empathisch zuwenden konnte, um von seiner Frau Zeugnis abzulegen.[39] Man nennt das auch kognitives »Re-Framing«[40] oder Neudeutung.

Rituale der Verarbeitung von Leid, wie sie besonders Religionen anbieten, wären im Sinne von Lazarus »emotionsorientiertes Coping«. Es »löst« Leiden, indem es ihm einen legitimen Rahmen gibt und Wut, Trauer und Schmerz artikuliert. So hilft es, den Druck abzumildern, der

37 Vgl. S. Blum / M. Brow / R. C. Silver: Coping.
38 Ebd., S. 597, 1.
39 Ebd., S. 598, 1.
40 Ebd.

auf denen lastet, die trauern. Sie gestalten Trauer und geben ihr einen Raum, in dem sie sich »aus-leben« kann. Auch wenn sie damit nicht »zu Ende« ist, lernt man so, etwas leichter mit der Last des Verlustes zu leben, oder – wie Frankl formulierte – trotzdem Ja zum Leben zu sagen. So dient Coping dazu, wieder innere Stabilität zu erreichen.[41]

3.6 Resilienz – die Selbstheilungskräfte stärken

Alle Ansätze, die die Resilienz oder Widerstandsfähigkeit der Trauernden stärken, reduzieren deren »Neurotizismus« oder Verletzlichkeit, um wieder die »Big Five« ins Spiel zu bringen. Eine Begleitung mit diesem Ziel kann sich auf die sogenannten Säulen der Resilienz stützen, da der Ansatz stark auf die Eigeninitiative setzt, die schon bei Worden oder bei Frankls Logotherapie sowie beim Coping im Zentrum steht.
Resilienz bezeichnet die Fähigkeit einer Person, sich unter einer Last zu beugen ohne zu brechen, sich also nicht überwältigen zu lassen, sondern wieder auf die Beine zu kommen. Bei der Trauer bedeutet »resilient sein«, unter dem Leid nicht zu zerbrechen, sondern zu bestehen und sich wie das Schilfrohr wieder aufzurichten (lat. resilire = zurückspringen, abprallen). Die Zuversicht in die eigene Selbstwirksamkeit und der Wille, sich nicht zu ergeben, sondern tätig zu werden, begünstigen ihr Gelingen.

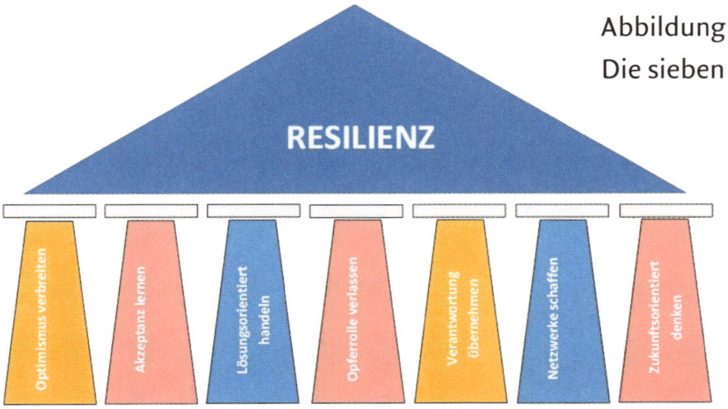

Abbildung 17
Die sieben Säulen der Resilienz

Grafik: Petra Rörsch

41 Ebd., S. 596, 2.

Sieben Säulen tragen die Resilienz. In der Literatur werden sie oft auf die berufliche und ökonomische Welt ausgerichtet und in Tipps für Erfolg eingebaut. Beim Einsatz für Trauernde müssen deshalb andere Akzente gesetzt werden. Ich versuche, sie für die Trauerarbeit zu übersetzen.
Machen wir uns daran, diese Säulen im Licht einer Glühbirne zu betrachten, sodass sie als Unterstützung für Trauernde dienen können.

Ideen zur Säule *Optimismus*

Es kommt nicht von ungefähr, dass oft vom »gesunden Optimismus« gesprochen wird. Ich nenne ihn »gesund machenden Optimismus«. Im Gegensatz zum Pessimismus, den wir anscheinend nicht zu pflegen brauchen, weil er sich oft vordrängt, braucht der Optimismus Unterstützung. Dazu müssen wir wissen, ob die Begleiteten ihren Optimismus auf eine bestimme Sache ausrichten oder ob er temporär ist oder immer als Grundausrichtung dient. Temporärer Optimismus muss verstetigt werden, damit er als Säule trägt. Oft ist sich der trauernde Mensch gar nicht darüber im Klaren, wie viel Optimismus in ihm steckt. Ihm das zu ent-decken und bewusst zu machen, kann unsere Aufgabe sein.
Optimismus können wir alle erlernen, weil wir uns zumindest teilweise selbst konditionieren können: Ist das Glas halb leer oder halb voll?

Ideen zur Säule *Akzeptanz*

Den Verlust zu akzeptieren, kann damit beginnen, dass der trauernde Mensch über ihn spricht. Damit distanziert er sich schon ein wenig und macht ihn zum Gegenstand seines Nachdenkens. Er sieht die Unabänderlichkeit des Verlustes ein, wenn er statt in Euphemismen wie »verschieden«,»weggegangen«, »hinübergegangen« oder »entschlafen« von »gestorben« spricht.
Akzeptieren bedeutet nicht »billigen« oder gar »gut finden«, sondern »von der Tatsache ausgehen, dass es so ist«. Wir unterstützen diesen Prozess, indem wir den trauernden Menschen damit trösten, dass er den Toten nicht verleugnet, wenn er dessen Tod akzeptiert.

Ideen zur Säule *Lösungsorientierung*

Sich auf die Suche nach einer Lösung zu machen, erfordert zunächst den Willen dazu. Bevor aus dem mentalen Wollen ein konkretes Tun wird, kann Zeit vergehen. Es ist normal, dass Trauernde sich langsam an Ergebnisse herantasten, sich ihnen annähern. Resultate müssen nicht und können nicht sofort da sein; auch Teillösungen sind denkbar und sollten unterstützt werden.

Unsere Unterstützung kann darin bestehen, auf unterschiedlichen Wegen nach Lösungen zu suchen. Lösungen sind jedoch keine Er-*Lösungen* von allen Sorgen, sondern nur Stufen einer Leiter oder Schritte auf dem Weg ins Leben.

Ideen zur Säule *Verlassen der Opferrolle*

Warum immer ich? Warum meint es das Leben so schlecht mit mir? So können Fragen eines Menschen lauten, der durch seine selektive Wahrnehmung hauptsächlich sich und sein Schicksal sieht und das Leben anderer Menschen kaum wahrnimmt. Schuld an meiner Situation ist der andere, die Welt. Ich bin ein Opfer der Zeit, der Umstände, des Lebens, der Welt.

Versuchen wir, zu entdecken, ob der trauernde Mensch sich solche Fragen stellt, aber versuchen wir v. a. dahin durchzudringen, wie er sie beantwortet – und versuchen wir, ihm zu helfen, nicht in Selbstmitleid zu versinken. Widersprechen wir ihm! Das ist auch Resonanz. Zeigen Sie ihm, was das Leben gut mit ihm gemacht hat, etwa die Liebe zur gestorbenen Person. Diese Liebe gilt es als Geschenk zu erkennen, das ihm gegeben wurde und das bleibt, wenn er wieder aus ihr heraus lebt und sie nach außen bezeugt – wie das Beispiel von Elisabeth Lukas es schildert.

Ideen zur Säule *Verantwortung übernehmen*

»Verantwortung übernehmen« für wen? Ich antworte aus einer sozialethischen und individualethischen Haltung heraus: für andere, für mich, für mein ganzes Handeln. Wenn der trauernde Mensch Verantwortung zu übernehmen lernt, führt es zu einer Dezentrierung, wie die Logotherapie sie anstrebt: auszubrechen aus dem ewigen Kreisen um

sich selbst und sein eigenes Leid, wieder offen zu werden und sich in der Sorge für andere einmal von sich und seinem eigenen Kummer frei zu fühlen.
Unsere Unterstützung kann darin bestehen, die begleitete Person zu animieren, sich solche Fragen zu stellen und nach dem Warum ihres Handelns zu suchen.

Ideen zur Säule *Netzwerk*

Da mit dem Tod eines Menschen das Netz gerissen ist, das ihn und die Partnerin/den Partner umgab, muss es repariert werden. Die Verbindungen zu anderen Menschen haben Trauernde aber in Phasen der Wut, des Zorns, der Dünnhäutigkeit möglicherweise unterbrochen oder vernachlässigt. Weil wir als soziale Wesen jedoch auf Beziehungen nicht verzichten können, uns ihr Fehlen gar krank macht, brauchen wir Bindungen (vgl. Alfred Adlers Individualpsychologie). Wir möchten dazugehören zu Gruppen, zur Familie, zu einer einzelnen Person. Wie eng, wie intensiv und dynamisch das Netzwerk ist, entscheiden wir meist selbst.
Unsere Unterstützung kann darin bestehen, das bestehende Netzwerk gemeinsam zu skizzieren (in der Art einer Familienaufstellung zu zeichnen oder zu »stellen«) und seine Bedeutung bewusstzumachen.

Ideen zur Säule *Zukunftsorientierung*

Wenn wir zurückblättern zu früheren Kapiteln, finden wir auch dort die Idee der »Zukunftsorientierung«. Ich erinnere nur an Frankl und seine Logotherapie. Wenn Trauernde an die Zukunft denken, sind sie aktiv Planende, nehmen es selbst in die Hand, wohin sie gehen möchten und haben wahrscheinlich auch wieder eine Landkarte parat für ihre gesteckten Ziele.
Unsere Unterstützung kann darin bestehen, Trauernde dabei zu unterstützen, Ziele zu setzen, die »smart« sind, d. h. spezifisch, messbar, attraktiv, realistisch und terminiert. (Ob es sich um smarte Ziele handeln soll, entscheidet der/die Trauernde.)

3.7 Selbstwirksamkeit

Bisher wurde schon viel über das Ich, das die Opferrolle verlassen muss, über Dezentrierung und die Übernahme von Verantwortung, über Öffnungen nach außen und in die Zukunft, über ein aktives Knüpfen von Netzwerken gesprochen, über Verstummen und Wiedergewinnung von Resonanzfähigkeit. Wenn das alles gelingt, erlebt sich das Individuum als »selbstwirksam«, gewinnt Vertrauen in sich, wird optimistisch.

Stärkung des Selbstwertgefühls

»Das Selbstwertgefühl ist das grundlegende Gefühl zu uns selbst. Es spiegelt den Wert wider, den wir uns selbst zuschreiben.«[42] Es entsteht aus dem Gefühl der Selbstwirksamkeit, das Maren Fischer-Epe und Claus Epe thematisieren. Ihre Nähe zu Hartmut Rosas Konzept ist offensichtlich. Die beiden sehen als Ursache für fehlendes Selbstwertgefühl die Trauer beim Partnerverlust, besonders die Trauer einschließlich der Schuldfrage nach einem Suizid.

In der Trauerbegleitung treffen wir dann auf verschiedene Arten, die neue Situation zu verarbeiten: »passiv-hinnehmend, aktiv-verarbeitend oder kompensatorisch-überdeckend«,[43] nennt es das Autorenpaar. Nur wer die Trauer aktiv verarbeitet, ist und fühlt sich selbstwirksam und wird sich seiner selbst bewusst. Wer sie passiv hinnimmt oder kompensatorisch überdeckt, verstellt sich den Weg zur »Regenbogenzeit« Smedings, bleibt im Grauen.

42 M. Fischer-Epe / C. Epe: Selbstcoaching, S. 31.
43 Ebd., S. 37.

Abbildung 18 Arten des Selbstwertgefühls

Grafik: Petra Rörsch nach Fischer-Epe / Epe

Für die negativen Auswirkungen der kompensatorisch-überdeckenden Verarbeitung gibt bereits der Begriff einen Hinweis auf die darin angelegten Gefahren. Was soll kompensiert werden, was soll verdeckt werden, wozu führt das? Das Autorenpaar sieht die Gefahr einer Anpassung an nur vermutete Wünsche der familiären und beruflichen Umgebung, sodass sich die Individualität verlieren kann. Diese Personen konstruieren sich eigene Wirklichkeiten und verlieren sich darin, weil ein ehrliches Feedback ausbleibt oder nicht gehört werden kann. Passiv-hinnehmend sich verhaltende Menschen glauben oft, dass es das Leben, das Schicksal nicht gut mit ihnen meine, es sei halt so. Auflehnung gegen dieses häufig auch von außen verstärkte Selbstbild kommt nicht vor. Oft zeigt sich das auch äußerlich in einer Vernachlässigung der Körperpflege, der Kleidung, der Wohnung. »Erlernte Hilflosigkeit« wird diese Einstellung manchmal ebenfalls genannt.

Eine aktiv-verarbeitende Person besitzt dagegen die Fähigkeit, ihren Akku immer wieder aufzuladen. Neben die negativen Erfahrungen stellt sie die positiven und kommt damit in ihrer Wahrnehmung zu einer Haltung, die sich »Kopf hoch« nennen lässt. Sie macht sich selbst Mut, etwas zu können und etwas zu sein. Mut tut gut – das kann ihre Formel sein. Sie erfreut sich ganz bewusst an den kleinen Dingen. Sie bleibt bei sich und vergleicht sich nicht mit anderen. Sie umgibt sich mit Optimisten. Sie hält Glücksmomente fest. Sie ist Weißmalerin.

Schreiben und seine positiven Wirkungen auf das Selbstwertgefühl

An dieser Stelle möchte ich Ihnen von meinen guten Erfahrungen mit dem Niederschreiben der Trauer erzählen. Es räumt auf mit einer eher negativen, passiven Vorstellung von sich selbst. Plötzlich erfährt der trauernde Mensch, welche Talente in ihm verborgen sind. Er sieht sich in einem anderen Licht als Autor/Autorin eines Briefes, eines kleinen Gedichts, einer Erzählung. Auch das Tagebuchschreiben gehört in diese unvollständige Liste. Ich kann nur von positiven Auswirkungen berichten: auf die Stimmung, das Gefühl, die Selbsteinschätzung. Das Schreiben über die Trauer ist ein wirksames Instrument zur Trauerregulierung, manchmal sogar zur Trauerverminderung.

Eine zusätzliche argumentative Unterstützung für das Schreiben bieten die »schöpferischen Werte« bei Frankl. Als Begleiter versuche ich, die Voraussetzungen für eine aktive Verarbeitung durch das Schreiben zu schaffen und zu fördern.

Es wurde mir und den Trauernden bei dieser aktiven Verarbeitung klar, dass der individuelle Schreibprozess eine intensivere Beschäftigung mit der eigenen Trauer zuließ, jedoch auch verlangte. Dabei ist der Freiwilligkeit des Schreibens der erste Rang eingeräumt worden. Die Themen resultieren aus dem Erzählen, das stets die Sitzungen eröffnet und sich aus dem Impuls des Begleiters entwickelt. Es darf nicht der Eindruck entstehen, in einer Prüfung zu sein.

Der mündlichen Bearbeitung des Themas folgte die Idee, daraus zusätzlich eine Art von Hausaufgabe für die kommende Sitzung zu machen.

Das häusliche Wiederaufbereiten dann in Worte zu fassen war der nächste Schritt. Handschriftliches stand neben Getipptem, WhatsApp-Nachrichten neben E-Mails. Jede Form war nicht nur erlaubt, sondern gewünscht, um dem Schreiben keine Hindernisse in den Weg zu legen. Aus dem anfänglichen Das-kann-ich-nicht wurde dann sehr schnell ein Gerne-versuche-ich-das.
Schließlich kam es beim nächsten Zusammensein zum freiwilligen Vorlesen der Verschriftlichung vor mir, dem Trauerbegleiter, dem Ehepartner oder anderen Anwesenden. Daran schloss sich immer eine Würdigung des Geschriebenen an. Eine Würdigung, keine Beurteilung oder Benotung! Denn es gibt hier kein »besser« oder »sehr gut«. Es geht darum, dass die trauernde Person sich selbst interpretiert. Damit halten wir uns an das Prinzip: »Jeder trauert anders.«
Beim Schreiben wird aus dem Flüchtigen des gesagten Wortes ein Fixiertes auf Papier oder in einem elektronischen Medium. Es kann – z. B. als Tagebuch – gespeichert werden. Später kann man es wieder lesen, neu durchdenken und erleben, von wo man kam und wo man nun ist. Es dokumentiert Ruthmarijke Smedings Spirale der Trauerarbeit oder das Oszillieren zwischen Verlustorientierung und Wiederherstellungsorientierung.
Ich gehe noch weiter: Die schreibende Person schreibt nicht nur für sich, sondern für Leser, und damit offenbart sie ihr Denken zumindest längerfristig als beim Sprechen. Für Trauergruppen bietet es sich direkt an, diese Verschriftlichungen einzusetzen. Wenn er von seinen eigenen Trauerprozessen schreibt, kann der trauernde Mensch zum Tröster anderer werden. Deshalb nimmt dieses Buch auch zahlreiche Texte Trauernder als Impulse im Rahmen der Trauerbegleitung auf.

3.8 Spiritualität

Ich war schon lange Zeit und sehr viele Kilometer auf dem Pilgerweg nach Santiago de Compostela gegangen. Kurz vor Astorga überkam es mich. Ich fühlte mich plötzlich inmitten der hunderttausende Pilger, die diesen Weg schon gegangen waren, und der vielen, die ihn noch gehen würden. In diesem Augenblick gehörte ich dazu. Vergangenheit und Zukunft verschmolzen. Auf dem steinigen und staubigen Pfad war ich in eine andere Welt eingetreten, in der ich einen göttlichen Geist zu spüren wähnte. Ich war geborgen in dieser Gemeinschaft von Menschen aus aller Welt, die »jene Stadt suchen, in der unser unruhiges Herz seine Heimat findet«, wie Hans Aebli es formuliert, der Gleiches erlebt hat.[44] Er starb kurz nach der Vollendung seines Buches »Santiago«. Er hatte sein himmlisches Jerusalem gefunden.

Tage später kniete ich in einer Kirchenbank der Kathedrale in Santiago. Da konnte ich meine Tränen nicht mehr kontrollieren. Ich war gerührt und berührt von diesem Ort. Ich hatte jene Stadt gefunden, die ich suchte – trotz des Gewimmels der Touristen und der Pilger, des Lärms und der sich überschneidenden Eindrücke. Jenseits dieses Äußeren spürte ich wie auf dem Weg Tage zuvor: Das ist ein Kraftort. Mein Körper und meine Seele können sich ausruhen. Ich bin angekommen. Obwohl ich vorher noch nie dort war, hatte ich Heimat gefunden.

Spirituell nenne ich diese Erfahrung, weil ich dabei ganz offen war für diese andere Dimension meines Lebens, jenseits des Dinglichen, Materiellen. In den Worten der Trauerbegleiterin Monika Renz: »Spiritualität ist Erfahrung im Unfassbaren. Sie gibt Antwort auf letzte Fragen.«[45]

Diese andere Dimension spüren wir in der kindlichen Geborgenheit, aber auch in der Liebe. Wir erleben in der ersten Verliebtheit, wie die Zeit stillsteht. Dann rührt uns etwas an, das nicht unserem Alltag angehört. Durch das wir »ver-rückt« werden, aus dem Normalen heraustreten. In der Liebe erfahren wir etwas Göttliches. Die schönsten Stellen der Bibel sprechen deshalb von Gott und der Liebe als einer Einheit: »Gott ist die Liebe, und wer in der Liebe bleibt, bleibt in Gott, und Gott bleibt in ihm« (1. Johannesbrief 4,16).

Wenn Sie mögen, folgen Sie mir auf diesem Weg ein Stück in der Resilienz, im Mitschwingen in der Liebe, auch dieses Göttliche zu ahnen und daraus Kraft für die Trauerbearbeitung oder Trauerbegleitung zu schöpfen. Volker Gerhardt ist überzeugt, dieses Göttliche als »Du« an-

44 Vgl. H. Aebli: Santiago, Santiago ..., S. 245.
45 https://www.monikarenz.ch

sprechen zu können. »Diese Personalisierung ist ein Schritt des Glaubens, wenn er auch im Erleben des Erhabenen, im Bewusstsein der sinnlich präsenten Übermacht des Göttlichen und in der Selbsterfahrung unserer eigenen Würde angelegt ist.«[46] Zum Du wird das Göttliche, »sobald jemand den Anspruch des Ganzen auf sich selbst als Person bezieht und daraus Einsichten für sein eigenes Handeln gewinnt.«[47]
Dieses Erhabene, dieses Ganze aber ist die Liebe: »Denn alles ist nichts ohne die Liebe. Erst sie gibt dem menschlichen Leben seinen dominierenden, Leib und Geist auch im Augenblick erfüllenden und über alle Zeitgrenzen hinausführenden Sinn.«[48]
Mit Frömmigkeit oder Religiosität ist Spiritualität nicht identisch, jedoch verwandt, indem sie eine Haltung der Welt gegenüber meint, eine Offenheit und Resonanzbereitschaft gegenüber einer anderen Dimension. Formelhaft ausgedrückt: Wie die Seele zum Intellekt, steht die Spiritualität zum Wissen.
Wenn wir uns dieser spirituellen tröstenden Gewissheit öffnen, kann das aus der Zerrissenheit, aus dem finsteren Tal, in das Trauernde gestürzt sind, herausführen.

Abbildung 19 Das zerrissene Blatt

Foto: Peter Sury

Wenn Sie das Foto betrachten, kommen Ihnen verschiedene Gedanken. Lassen Sie diese zu. Sie können banal, aber auch tiefgründig sein. Ein zerrissenes weißes Blatt, zwei Hälften, zwei annähernd gleiche Rechtecke. Denken Sie weiter. Dann sehen Sie darin vielleicht einen Abgrund, eine Schlucht, zuunterst einen Tiefpunkt.

46 V. Gerhardt: Der Sinn des Sinns, S. 278.
47 Ebd., S. 217.
48 Ebd., S. 305.

Ins Leben eines Kranken, eines Sterbenden, einer trauernden Person ist etwas eingebrochen, das sich nicht in Worte fassen lässt. Das Foto soll diesen inneren Zustand ausdrücken.
Ich stürze in einen Abgrund. Das Chaos in mir nimmt seinen Lauf. Ich kann das Ruder meines Lebensschiffs nicht mehr steuern. Das Leben scheint mir zu entgleiten. Alles, was mir an Glück, an Sicherheit geschenkt wurde, ist fern. Die Sinnfrage stellt sich. Bin ich in etwas Größeres eingebunden?
Am untersten Punkt des Abgrunds, in der Schlucht, ist es gespenstisch still. Das Göttliche ist entschwunden. Gott antwortet nicht. Ich kann nur noch schreien, klagen, meiner Wut Ausdruck geben. In meinem Leben hat es sinnbildlich einen Riss gegeben. In bin an einem toten Punkt angelangt, bin mehr tot als lebendig. Die Zer-*riss*-enheit ist körperlich zu spüren. Sie lähmt mich.[49]
Erinnerungen an Zeiten, Orte und Erfahrungen des Eingebundenseins in eine spirituelle Welt helfen, den Riss zu kitten, Sinn wiederzufinden. Ein sehr schönes therapeutisches Erlebnis schildert Elisabeth Lukas in der Geschichte jenes alten Mannes, der seine große Liebe an den Krebs verloren hatte und nun keinen Sinn mehr im Leben sah. Indem die Trauerbegleiterin die Erinnerung an diese Liebe wieder hervorrief, trug ihn diese Liebe aus dem tiefen Tal ans Licht. Der Verlust war nicht aufgehoben, aber er war in Dankbarkeit verwandelt und diese wiederum zu einer stillen warmen Kraft geworden.[50] Die Verstorbene, die das Allerbeste für ihn gewünscht und ihm ihre Liebe geschenkt hatte, rettete ihn. Sie war in diesem Wunsch und in dieser Liebe noch da – nicht tot.
Das gleiche Blatt zusammengefügt. Der Abgrund, die Schlucht ist verschwunden. Die Teile passen bis auf die kleinsten Ausrisse wieder zusammen. Der Riss ist zwar noch da, aber nicht mehr in dieser tödlichen Tiefe.

49 Vgl. M. Renz: Hoffnung und Gnade, S. 60f.
50 Vgl. E. Lukas: Heute ist der erste Tag vom Rest deines Lebens, S. 189f.

Abbildung 20 Das zusammengefügte Blatt

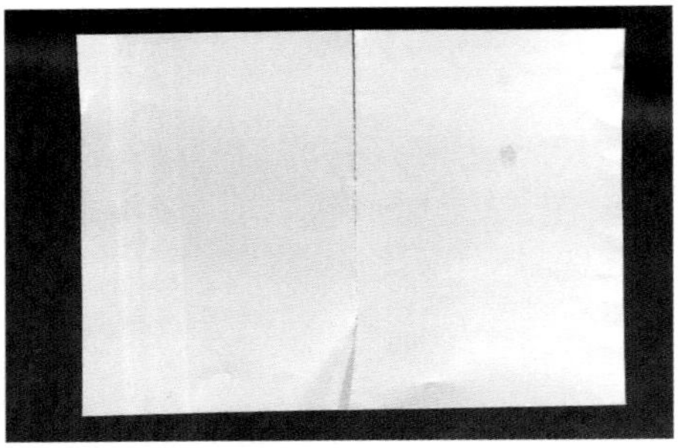

Foto: Peter Sury

Am tiefsten Punkt des Abgrunds ist der *Wende*punkt, da wendet sich die Not ab. Voraussetzung ist: Ich bleibe dran und tue einen kleinen Schritt, und sei es nur eine erste willentliche Entscheidung. Niemand kann einer leidenden Person diese abnehmen. Dieser Schritt braucht Mut, er gleicht einem *Sprung ins Leere*. Sie können diese Menschen einfühlend und resonant begleiten. Die Entscheidung zum Sprung aber können Sie ihnen nicht abnehmen.

Wenn wir Sterbende oder Trauernde begleiten, können wir nicht damit rechnen, dass dieser Wendepunkt schon erreicht ist. Er ist nicht verfügbar. Und doch gibt es immer Momente, wo der Funke springt, wo der Riss sich zu schließen beginnt. Im transzendenten Sinn darf man von Heilung sprechen. Warum sollte man diesen Schritt ins Göttliche, zu dem, was wir Gott nennen, nicht wagen? Es sei denn, alle Grundlagen von Glauben und Spiritualität sind für eine Person nicht schlüssig. Die Erfahrung aber lässt Menschen wachsen und kann zum Geschenk einer eigenen Spiritualität führen. Diese trägt in der Begleitung von Trauernden.

4 Praxis – Trauerbegleitung individuell und in der Gruppe

Nun sind wir im Praxisteil für Begleitende angekommen. Jedoch auch für Trauernde selbst enthalten die folgenden Seiten vieles. Wie das zusammenpasst, lässt sich leicht erklären, da die Materialien des Praxisteils immer einem gleichbleibenden Muster folgen.

Da wir nie mit der Tür ins Haus fallen möchten, sollte jede Begegnung mit einer Einstimmung beginnen; in unserem Fall ist es das vorgeschlagene Material. Dessen Funktion ist es, die Person dort abzuholen, wo sie gerade steht. Gute Erfahrungen habe ich damit gemacht, mit den unterschiedlichsten Mitteln einen Blickfang zu gestalten. Dabei gehen wir in verschiedenen Stufen vor: Der Ein- oder Hinführung folgt die intensivere Begegnung möglichst mit allen Sinnen. Anschließend dringen wir tiefer in das Thema ein, indem wir vom Großen zum Kleinen, vom Allgemeinen zum Speziellen, vom Außen zum Innen, vom Körperlichen zum Seelischen kommen. Am Ende der unterschiedlich langen Phasen kann die Interpretation stehen. Wenn Ihnen an dieser Stelle das Bild einer Spirale in den Sinn kommt, stimme ich Ihnen gern zu. Denn so verlaufen die persönlichen Begegnungen der beteiligten Personen untereinander und mit den Gegenständen oft.

Zuerst finden Sie Material als Einstieg in Trauergespräche – seien es Texte Trauernder, seien es Gedichte, Erzählungen, Parabeln o. Ä., farblich abgehoben zum besseren Erkennen. Sie sind »Impulse« und auch als solche bezeichnet.

Dieses Material ist nach Stationen oder Aufgaben gegliedert, in die sich die Trauernden gestellt sehen: »Verletzungen – Was bei Trauernden als Wunde bleibt – Ressourcen – Was Trauernden Kraft gibt – Trost – Wer und was Trauernde tröstet« etc.[51]

Wenn Sie Präferenzen für bestimmte theoretische Ansätze entwickelt haben, bietet ein Farbschema Ihnen als Begleitperson der Trauernden

51 In diesem Vorgehen lässt sich die Pädagogik von Franz Kett und Hartmut Rosa erkennen: Der Disposition, Berührung, Affizierung folgt die Begegnungsphase/Selbstwirksamkeit, dieser die Vertiefung/Anwendung oder Transformation.

eine Orientierung, zu welchem Konzept mir ein Kapitel anschlussfähig erscheint. Das ist jedoch nur ein Vorschlag. Häufig werden mehrere Konzepte berührt und mehrere Farben verwendet. Dabei wird auch ausdrücklich das duale Prozess-Modell der Trauerbewältigung von Stroebe/Schut,[52] das die Verlust- oder Wiederherstellungsorientierung des jeweiligen Impulses markiert, berücksichtigt.

Abbildung 21 Erläuterung des Farbschemas

verlustorientiert
wiederherstellungsorientiert

Dieses Modell überlappt sich mit Hartmut Rosas Verständnis von Resonanz.
Resonanz

Es gibt Texte, die das Verstummen und solche, die das Resonantwerden zeigen. Das markiere ich mit + und – …
– = Verstummen
+ = Wiedergewinnung von Resonanz

… und führe die beiden Schemata zusammen:
– Verstummen / Verlustorientierung
+ Wiedergewinnung von Resonanz / Wiederherstellungsorientierung

Trauerphasen
Kommunikation
Logotherapie
Coping
Resilienz
Selbstwirksamkeit
Spiritualität

52 Vgl. M. Stroebe/H. Schut: The Dual Process Model of Coping with Bereavement, S. 8.

Obwohl die Texte oftmals mehrere Konzepte berühren, markiere ich meist nur deren zwei mit den passenden Farbpunkten.
An die Texte schließt sich jeweils die praktische Anwendung unter der Bezeichnung *»Vertiefung und Anregung«* für Sie als Begleiterin oder Begleiter an – häufig ergänzt durch Deutungshilfen zu den Texten, damit Sie sich besser vorstellen können, wie Sie mit diesen Texten umgehen könnten. Fühlen Sie sich aber dadurch bitte nur angeregt, nicht gegängelt! Hier kommt es auf Ihre eigene Einfühlung an. Zusätzlich sind einige grundlegende Auszüge aus verschiedenen Kommunikationsmodellen angeschlossen, da wir wissen, dass wir nicht *nicht kommunizieren* können und uns auch nicht *nicht verhalten* können.
»Tipps« sind weiterführende Ideen, wie und wo Sie zusätzliche Materialien finden können. Damit können Sie Ihren Begleitungen methodisch und didaktisch eine ganz persönliche Prägung geben.
Sozusagen als fertige Vorlage schließt jeder Impuls mit *»Fragen und Aufgaben für Trauernde, die Sie stellen können«* ab. Damit folge ich der Idee, Trauer nicht als Phasenablauf, sondern als Reihe von Aufgaben zu verstehen. Die Aufgaben, die ich hier formuliere, sind Anregungen und nicht starr oder fix. Sie sind aber alle ausnahmslos erprobte Vorschläge, wie die oder der Begleitete in einer Sitzung mit dem Material umgehen kann.

Formen der Aufgabenbewältigung für Trauernde

Es hat sich bewährt, offen zu sein für Antworten auf die Impulse in mündlicher Form, aber auch durch Schreiben. Letztlich sind alle Bausteintexte Trauernder von ihnen *geschrieben* worden, oft zu Hause (als »Hausaufgaben«). Das ermöglicht die intensive Reflexion der Texte und der eigenen Antworten. Ausdrücklich möchte ich das Schreiben als Ausdrucksform empfehlen, weshalb Sie es in den *Fragen und Aufgaben für Trauernde, die Sie stellen können* häufig vorfinden, in der Regel als ersten Impuls. Das macht es auch möglich, eine Art Trauer-Reflexions-Tagebuch zu schreiben, später auf frühere Gedanken zurückzukommen und sie neu zu durchdenken. Beim Schreiben kommen neue Perspektiven dazu, weil die Intensität und Tiefe der Gedanken eine größere ist als beim Sprechen. Allein der Gedanke, dass Geschriebenes

Abbildung 22 Beim Schreiben

Grafik: Andreas Rörsch

eine längere Haltbarkeit besitzt als das gesprochene Wort, führt zur Vertiefung.

Eine besondere Form von Texten sind Gedichte. In einem Gedicht können Sprachbilder oder Metaphern die Trauerbegleitung stimulieren: Sie können noch Unsagbares ausdrücken, das wir später interpretieren. Sie ermöglichen uns auch, einzelne Sätze herauszugreifen, auszudeuten und unbewusst darin Ausgedrücktes aufzudecken, zu enthüllen, Verborgenes zu entbergen. Das gilt für selbstgeschriebene Gedichte Trauernder, aber auch für Texte anderer Personen.

Vorschläge, Gedichte zielgerichtet einzusetzen

Wie alle Texte teilen auch Gedichte etwas mit, allerdings in der Form anders als andere Textsorten. Manche sagen auch, sie ver-dichten, weil sie kurz sind. Sie arbeiten mit Rhythmus und Klang, Reime können vorkommen. Sie deuten oft nur an, haben Bilder, Vergleiche, Metaphern und verschlüsseln auch. Ihre Sprache ist nicht alltäglich. Das macht ein Gedicht einerseits schwieriger im Verstehen, andererseits liegt in seiner Mehrdeutigkeit auch die große Chance, dass der trauernde lesende Mensch es so deuten darf, wie er es versteht. Denn es geht hier nie um eine »richtige« Gedichtinterpretation, sondern immer um die Resonanz auf den Text: um Selbst-Interpretation, die vom Gedicht inspiriert ist. Ihren Begleiteten helfen Sie sicherlich mit einer kurzen Einführung in den Umgang mit dieser Form, um Vorbehalte abzubauen, Zugänge zu erleichtern und hoffentlich auch Freude daran zu empfinden.
Empfehlen Sie, den Text häufiger zu lesen, vorzulesen – auch lautes Lesen passt! Dann können Sie vorsichtig fragen und anstoßen:

- *Machen Sie sich auf die Suche nach der Sprecherin oder dem Sprecher des Gedichts (dem lyrischen Ich»«).*
- *Spricht sie/er Sie an?*
- *Spricht das Gedicht Sie an oder nicht?*
- *Welcher Vers ist es?*
- *Welcher Vergleich?*
- *Welches Bild?*
- *Passt der Titel oder möchten Sie ihn ändern?*
- *Und jetzt können Sie für sich fühlen, wissen, empfinden, sagen, auch schreiben, was Ihnen das Gedicht vermittelt.*

4.1 Verlust – Wie Trauernde die ersten Tage nach dem Tod eines Angehörigen erleben

Impuls 1

+ Wiedergewinnung von Resonanz / Wiederherstellungsorientierung

Selbstwirksamkeit

DORIS[53] SCHREIBT ÜBER IHRE REAKTIONEN EINIGE MONATE NACH DEM SUIZID IHRES ERWACHSENEN SOHNES.

Nach dem Tod unseres Sohnes fühlte ich eine Leere in mir. Ich war zunächst wie gelähmt und hatte Schwierigkeiten, mich zu bewegen. Mir war der Boden unter den Füßen weggerissen worden und nun musste ich neu anfangen zu laufen. Ich starrte ins Nichts ohne Gedanken. Meinem Mann und meinem Sohn schien es ähnlich zu gehen. Verwandte kamen und drückten uns. Zusammen saßen wir da und haben überwiegend geschwiegen. Keiner hatte Worte für das Geschehene, geschweige denn Erklärungen. Es gab keinen Abschiedsbrief und auch im Vorfeld gab es zunächst für uns keine Hinweise darauf, dass unseren Sohn derartige Gedanken belasteten. Erst im Nachhinein

53 Fast alle Namen der Trauernden, die in diesem Buch zu Wort kommen, sind auf eigenen Wunsch die Originalvornamen.

erinnerte ich mich an Momente, in denen er in sich gekehrt und traurig wirkte. Nun saß ich also da und empfand nichts. Ich hatte das Gefühl, dass mein Körper komplett heruntergefahren wurde und ich nur noch die nötigsten Dinge leisten konnte. Ich musste etwas essen, aber alles schmeckte gleich und das Schlucken fiel mir schwer.

So langsam mussten wir wieder anfangen zu leben. Wir guckten Fernsehen, um uns abzulenken. Dabei konnten wir nur neutrale Filme sehen, die uns nicht an unseren Sohn erinnerten. Es war gar nicht so leicht, etwas zu finden. Auch im Haushalt musste es weitergehen. Da lag die ganze Bügelwäsche. Natürlich waren auch Kleidungsstücke von unserem Sohn dabei. Sollte ich sie überhaupt noch bügeln? Ich tat es und mir rollten dabei die Tränen herunter. In eine Bluse, die ich auf gemeinsamen Fotos mit ihm häufig anhatte, bügelte ich ein Loch hinein. Die sollte ich wohl nicht mehr anziehen. Dabei musste ich sogar schmunzeln.

Fast täglich kam die Frau vom Bestattungsunternehmen zu uns, um mit uns alles Wichtige zu klären. Allein hätten wir das alles nicht geschafft. Irgendwie sorgten diese Besuche für Ablenkung, aber irgendwie störten sie uns auch. Wir wollten uns nicht mit der Beerdigung unseres Sohns beschäftigen. Aber es musste sein. Für diese »Angelegenheit« hatten wir zum Glück mehr Zeit als andere, da unser Sohn zunächst obduziert werden musste.

Was mir guttat, waren die Gespräche mit unserem Pastor. Er erzählte uns von ähnlichen Fällen, wir waren also nicht allein. Für seine Predigt schrieb ich alles auf, was mich an meinen Sohn erinnerte, wie er war, was wir zusammen erlebt hatten. Das hat mir sehr geholfen. Ich habe dann auch versucht zu verstehen, was in ihm vorgegangen sein mag, damit ich seinen Tod annehmen konnte. Das war wichtig für mich. Ich habe in Gedanken mit ihm gesprochen und ihn um Vergebung gebeten dafür, dass ich seine Not nicht gesehen habe. Da war keine Wut in mir, sondern einfach weiterhin Liebe.

Meine Schwester hatte immer einen guten Draht zu ihm, den hat sie immer noch. Sie benutzte ein schönes Bild für das, was in meinem Sohn vorgegangen sein mag. Sie meinte, dass wir uns unsere Seele vorstellen können wie einen Eimer. Jeder Mensch habe unterschied-

lich große Eimer und einige Eimer haben Löcher. In die Eimer kommen unsere ganzen Erlebnisse und Erfahrungen hinein. Schöne Erlebnisse verdrängen die schlechten Erlebnisse, die durch die Löcher nach außen gelangen. Der Eimer von meinem Sohn sei nicht so groß gewesen und er hatte nur wenige Löcher. Deswegen haben sich dort zu viele schlechte Erlebnisse gesammelt bis der Eimer voll war.
Dieses Bild fand ich sehr schön, denn es gab wirklich viele negative Dinge, die ihm widerfahren waren. Wo ich oft gedacht habe: Warum musste es wieder ihm passieren? Besonders für sein letztes Jahr fielen mir einige schwierige Begebenheiten ein. Wir als Familie versuchten, möglichst viel miteinander über unsere Gefühle und Erklärungsversuche zu reden und nahmen uns häufiger denn je in den Arm, um uns gegenseitig zu stützen. Besonders hart war es für uns, eine Totenanzeige für die Zeitung zu gestalten. So lange es ging, schoben wir diese Aufgabe vor uns her. Zunächst gingen wir mit den Verwandten die Ordner mit Vorschlägen durch und hörten uns deren Ideen an, und dann entschieden wir am Abend allein, was für einen Spruch wir nehmen wollten. Die ganzen vorgeschlagenen Sprüche zu lesen, tat sehr weh und es flossen unendlich viele Tränen.
Dann mussten wir auch noch ein Foto für die Anzeige nehmen. Dafür nahmen wir alle Fotoalben zur Hand auf der Suche nach einem passenden Foto. Erinnerungen an schöne Momente wurden wach und wieder flossen Tränen. Viele Fotos hatten wir auch auf dem PC gespeichert und konnten deshalb die für uns schönsten Fotos in einem Extraordner auf dem Desktop sammeln. Dieser Ordner ist immer noch in der Mitte meines Desktops. Am Ende haben wir uns für ein Bild entschieden, das unsere Schwägerin wenige Stunden vor seinem Tod von ihm und mir gemacht hatte. Er lächelt auf diesem Foto und es ist nichts von dem, was geschehen sollte, in seinem Gesicht zu sehen. Der Mann vom Bestattungsunternehmen brauchte mich nur noch wegzuretuschieren.
In den Tagen bis zur Beerdigung gingen wir viel spazieren. Wir fuhren dafür allerdings weiter weg, wahrscheinlich, um niemanden zu treffen. Auch das Einkaufen erledigten wir in einer anderen Stadt, und zwar gemeinsam. Zuvor war ich häufig mit meinem Sohn einkaufen

gefahren. Er saß dann immer am Steurer, weil er so gern Auto fuhr, und er war ein sehr guter Fahrer. Ich habe mich sehr wohlgefühlt an seiner Seite.

VERTIEFUNG UND ANREGUNG – MIT EINER DEUTUNGSHILFE

Doris schreibt schon in den ersten Sätzen von ihrem Verhalten und dessen heilsamen Wirkungen.

- Sie handelt bewusst und ist damit wiederherstellungsorientiert.
- Sie pflegt Kontakte, ist damit kommunikationsorientiert.
- Sie ist kreativ und damit sinnorientiert, wie Frankl es formulieren würde.
- Ihrem Sohn hat sie einen Platz im Leben gegeben.
- Auch ihr Glaube hat ihr geholfen.

Lassen Sie Trauernden Zeit, bis sie sich in der Lage sehen, im Rückblick auf diese »ersten Tage« ihre Erfahrungen zu beschreiben.
Sie sollen sich daran erinnern, dass Zeit gerade unter Belastungen noch relativer eingeschätzt wird als zu »normalen« Zeiten. Sie und der von Ihnen begleitete trauernde Mensch leben wahrscheinlich in unterschiedlichen Zeiten, was sich nicht leicht in Worte fassen lässt, was Sie jedoch unbedingt bedenken sollten. Auch die Wahrnehmung des Zeitverlaufs ist möglicherweise unterschiedlich.

TIPP

Greifen Sie das Bild vom Eimer und dessen Zustand auf. Wenn dieses Bild nicht als passend registriert wird, kommen wahrscheinlich andere sprachliche Bilder dazu.

FRAGEN UND AUFGABEN FÜR TRAUERNDE, DIE SIE STELLEN KÖNNEN

- *Sie haben einen Text gelesen, den eine Mutter über die Tage und Wochen nach dem Suizid ihres Sohnes schreibt.*
- *Vielleicht haben Sie den einen oder anderen Satz mehrmals gelesen oder sind darüber gestolpert. Können Sie sagen, weshalb Sie von diesen Formulierungen angesprochen werden?*

Impuls 2

Wiedergewinnung Resilienz

MARTINA SCHREIBT EINIGE MONATE NACH DEM TOD IHRES EHEMANNES ÜBER KRAFTRESSOURCEN.

Und plötzlich bin ich Witwe

Der geliebte Partner ist gestorben, ist tot, viel zu früh.

Unbegreiflich, aber doch wahr.

»Bis der Tod uns scheidet«, haben wir uns bei der Trauung versprochen. Jetzt ist dieses Szenario eingetreten. Ohne Wenn und Aber werde ich in diese Situation gestoßen.

Gelähmt muss ich nun den Schritt in ein neues Leben gehen.

Aber wie??

Der Film beginnt ...

Abschied und Begräbnis sind der kurze Vorspann.

Nur wenig Zeit bleibt uns, den Kindern und mir, vom geliebten Partner, Vater und Schwiegervater Abschied zu nehmen und eine würdevolle Beerdigung zu organisieren.

Wer schreibt das Drehbuch, wenn es möglich ist, bei solch einem Schmerz einen klaren Gedanken zu fassen?

Zum Glück gibt es liebe Freunde, Nachbarn und ein einfühlsames Bestattungsinstitut, die uns mit Rat und Tat zur Seite stehen.

Außerdem stelle ich fest, es entwickelt sich eine innere Kraft in mir, die mir hilft, den letzten Gang meines Mannes bis zu seiner Ruhestätte ganz bewusst zu gehen, ihn zu begleiten.

Mit viel Liebe können die Kinder und ich alles gut vorbereiten.

In diesen schlimmen Tagen ist die brennende Kerze beim Foto meines Mannes ganz wichtig.

Das bedeutet: »Gott schütze dich und gebe dir einen guten Platz an seiner Seite. Wir denken an dich und vergessen dich niemals.«

Schon viele Monate entzünde ich nun am Morgen als erste Tätigkeit in der Küche die Kerze und wünsche meinem Mann dabei einen guten Morgen. Es schmerzt, denn früher gab es für uns ein anderes, schöneres Ritual, um in den Tag zu starten.

VERTIEFUNG UND ANREGUNG – MIT EINER DEUTUNGSHILFE

Martina schreibt über sich und die Verarbeitung ihres Verlusts in jeweils kurzen Gedankengängen. Damit lässt sich der Text für andere Trauernde inhaltlich und sprachlich leicht nachvollziehen und übertragen. Er bietet für ein Gespräch mit Ihrer Begleitung zahlreiche Ansätze, die Sie als Frage oder Impuls aufgreifen können.

- ○ Der Tod des geliebten Partners,
- ○ die Akzeptanz,
- ○ die Erinnerung an das Eheversprechen,
- ○ das körperliche Empfinden,
- ○ das metaphorische Sprechen,
- ○ die Spiritualität,
- ○ das Ritual.

Der Text bietet viele Themen für ein Gespräch an. Die Metaphern zum Film fallen auf: Szenario, Film, Drehbuch.

TIPP

Auch das Thema rituelle Handlungen empfiehlt sich zu einer Vertiefung.

Viele Märchen eignen sich für die Trauerbegleitung. Heinrich Dickerhoff hat in seinem Buch »Märchen im Hospiz« (siehe Literaturliste) in einem Kapitel »Märchen als/für Trauerbegleiter« zusammengestellt mit kurzen Deutungen dazu.

FRAGEN UND AUFGABEN FÜR TRAUERNDE, DIE SIE STELLEN KÖNNEN

Die Schreiberin spricht von ihrer inneren Kraft, ihren Beziehungen und ihrem Gottvertrauen.

- ○ *Was sind Ihre Kraftquellen?*
- ○ *Zu welchem Ziel sollen sie führen?*
- ○ *Können Sie sich vorstellen, wieder einmal verzaubert zu werden?*
- ○ *Haben Sie den Mut, wieder zu lieben?*

Impuls 3

Wiedergewinnung von Resonanz / Wiederherstellungsorientierung
Logotherapie

EINE TOCHTER SCHREIBT EINEN BRIEF AN DEN VERSTORBENEN VATER – VORGELESEN BEI DER BEERDIGUNGSFEIER.

Lieber Papa,
ich habe lange überlegt, wie ich Auf Wiedersehen sage.
Und das ist der Grund, weshalb ich diesen Schritt nun wage.
Es lässt sich kaum in Worte fassen,
wie schwer es ist, dich gehen zu lassen.
Ich habe es geliebt, mit dir wandern zu gehen
und vom Wank aus ins Tal zu sehen.
Genau wie die Wanderungen war dein Weg oft steinig und schwer,
umso stolzer bin ich auf dich, so so sehr.
Wenn man es mit deinem geliebten Formel-1-Rennen vergleichen möchte,
kann man sagen, du lagst oft ganz weit vorn. Und doch musstest du irgendwann aufgeben und das weckt in mir einen Riesenzorn.
Es ist einfach nicht fair, dass ein Kämpfer wie du den Kampf verliert.
Und am Ende ist es doch passiert.
Als ich klein war, hieltst du mich beschützend in deinen Händen.
Und nun hielt ich dich in meinen, so sollte es wohl enden.
Es fühlt sich an, als wären wir jetzt allein,
aber du wirst für immer in jedem Schritt, in jeder Erinnerung
in all unseren Herzen sein.
Und wenn deine Enkel durch deinen Garten toben,
werde ich in den Himmel blicken und wissen, du passt auf uns auf, da oben.
Mit jeder Erinnerung an dich bist du bei mir,
doch unser Zusammensein, das endet nun hier.
Der Abschied fällt mir unendlich schwer,
aber ich hab dich lieb und das so sehr!
Auf Wiedersehen!

VERTIEFUNG UND ANREGUNG

Ermuntern Sie zum Schreiben, indem Sie Sicherheit vermitteln. Zum Beispiel die Sicherheit, dass das Geschriebene wie in einem Tagebuch nur für den Schreiber oder die Schreiberin zugänglich ist, dass er/sie entscheidet, ob auch andere den Text sehen oder hören dürfen.
Lassen Sie sich den Brief vorlesen, sozusagen vor Ihnen als dem kleinstmöglichen Publikum. Es geht dabei um die Überwindung, seine tiefsten Gefühle zu veröffentlichen.

TIPP

Dieser Vorgang ist nur zu empfehlen, wenn das gegenseitige Vertrauen Zeit hatte zu wachsen.

FRAGEN UND AUFGABEN FÜR TRAUERNDE, DIE SIE STELLEN KÖNNEN

- *Mit eigenen konzentrierten Worten sich öffentlich vom geliebten Vater zu verabschieden, half sowohl der Tochter als auch den anderen Angehörigen. Die Liebe ist das stärkste Gefühl des Menschen. Pflegen Sie deshalb auch die Liebe zu sich selbst.*
- *Wenn Sie darin eine Hilfe sehen und die Kraft besitzen, können Sie für sich einen Abschiedsbrief an Ihren Verstorbenen verfassen. Wann auch immer.*

Impuls 4

+ Wiedergewinnung von Resonanz / Wiederherstellungsorientierung

Logotherapie

DIE URENKELIN MARICA SCHREIBT EINEN BRIEF AN IHRE VERSTORBENE UROMA – VORGELESEN BEI DER BEERDIGUNGSFEIER.

Uroma

Das Wort besteht aus fünf Buchstaben.
Und jeder dieser fünf Buchstaben hat eine andere Bedeutung.
Für mich steht das **U** für unvergesslich. Denn ich denke, wir werden sie niemals vergessen. Außerdem haben wir alle unvergessliche Momente mit ihr erlebt.

R steht für respektvoll. Sie respektierte uns und war dankbar für jede Blume, jede Karte und jeden Besuch.
O bedeutet für mich offen. Sie war offen für alles und für jeden. Offen für jedes Gespräch und jeden kleinen Ausflug zum Bratwurststand.
M könnte für Martina stehen. Ja, es ist ihr Name. Aber ihr Name machte sie aus. Denn immer, wenn ich an den Namen Martina dachte, hatte ich sie vor Augen. Die Martina, die immer fröhlich über den Hof lief und mir Multivitaminsaft anbot. Die Martina, die am Tisch saß, mit uns redete und uns aufmerksam zuhörte.
Und damit komme ich zum letzten Buchstaben **A**. Wie ich schon erwähnte, war sie sehr aufmerksam. Aber zu ihr passte auch das ausgezeichnet. Sie war nämlich eine ausgezeichnete Uroma.

VERTIEFUNG UND ANREGUNG

Die junge Marica hat hier das Akronym für sich ausgebaut und ihre Uroma gewürdigt, indem sie nicht nur ein Wort für jeden Buchstaben setzte. Sie hat ihre Uroma mit charakterisierenden Sätzen aus-gezeichnet.

TIPP

Dieser Text eignet sich hervorragend als nachahmenswertes Beispiel, wenn Sie Kinder oder Jugendliche begleiten.

FRAGEN UND AUFGABEN FÜR TRAUERNDE, DIE SIE STELLEN KÖNNEN

- *Sie haben viele Erinnerungen an den Menschen, um den Sie trauern.*
- *Nutzen Sie die Anfangsbuchstaben seines Namens als Stütze dieser Erinnerungen.*
- *Erzählen oder schreiben Sie kleine Erinnerungsgeschichten, die den Alltag mit der/dem Verstorbenen aufleuchten lassen.*

Impuls 5

Wiedergewinnung von Resonanz / Wiederherstellungsorientierung

Selbstwirksamkeit

Fragen an mich selbst

Wofür bin ich da?
Wofür möchte ich da sein?
Wofür muss ich da sein?
Wofür kann ich da sein?
Wo ist meine Grenze?
Woher nehme ich meine Kraft?
Was sind meine Wurzeln?
Was gibt mir Kraft?
Was gibt mir Halt?
Was verlange ich vom Leben?
Was hat mir das Leben versprochen?
Was verlangt das Leben von mir?
Wie sehe ich die Welt?
Wovon lasse ich mich berühren?

Grafik: Petra Rörsch

VERTIEFUNG UND ANREGUNG

Die Fragestellungen berühren alle das Thema Spiritualität und Sinnfindung. Deshalb sollen Sie die Antworten äußerst vorsichtig behandeln. Das heißt, die Äußerungen zunächst zu hören, sie vielleicht zu wiederholen.
Die letzte Frage können Sie noch präziser formulieren, wenn es passt: Wie sehe ich mich in der Welt?

TIPP

Bringen Sie eine Lupe mit. Assoziieren Sie mit den Trauernden, welche Gedanken sie spontan mit der Lupe verbinden. Notieren Sie diese auf einem großen Blatt. Dann erst setzen Sie den Text ein, um herauszufinden, welche Frage(n) unter der Lupe besonders groß erscheinen und warum.

FRAGEN UND AUFGABEN FÜR TRAUERNDE, DIE SIE STELLEN KÖNNEN

- *Beantworten Sie die für Sie wichtigste Frage erst einmal leise für sich – und dann eventuell nach einiger Zeit auch laut und bestimmt.*
- *Trauen Sie sich.*
- *Wundern Sie sich nicht, wenn Ihre Antworten von einem Tag auf den anderen wechseln.*
- *Umwege sind manches Mal die besseren Wege zum Ziel.*

Impuls 6

– Verstummen / Verlustorientierung

Das Muss-soll-kann-Prinzip

HUBERT SCHREIBT ÜBER DAS, WAS WICHTIG IST.

Vor allem in den ersten Tagen nach dem Tod meiner Frau ging mir alles durch den Kopf. Ich wusste nicht mehr, wie mir war, wer ich war und was wichtig war. Ich wollte und musste nur funktionieren. Aber wie?

VERTIEFUNG UND ANREGUNG

Diese vier Sätze drücken Verzweiflung aus über die Priorisierung im Denken und Handeln.

Sie können vor allem auf der Handlungsebene helfen.

Versuchen Sie deshalb, sowohl Alltägliches anzusprechen als auch später die Werteebene.

Wichtiger als die endgültigen Antworten ist das sich einstellende Gespräch über Prioritäten.

Als Inszenierung schlage ich vor: Formen Sie mit einer schönen Kordel eine Spirale. Ins Zentrum legen Sie ein Herz aus Filz oder Holz. Laden Sie die trauernde Person ein, die Fragen schriftlich zu beantworten. Anschließend legt die Person nun die Antworten entsprechend der Wichtigkeit und Herzensnähe in die Spirale.

TIPP

Wenn Sie zusammen mit dem/der Begleiteten die Fragen durchgehen, können die Antworten noch wirksamer sein. Trennen Sie bewusst zwischen der Handlungsebene und der Werteebene.
Sie können auch eine Tabelle anlegen mit den Spalten muss, soll, kann.

FRAGEN UND AUFGABEN FÜR TRAUERNDE, DIE SIE STELLEN KÖNNEN

- *Was muss ich in der nächsten Zeit tun?*
- *Was soll ich tun, damit es mir gut geht?*
- *Was kann ich getrost auf später verschieben?*

- *Gibt es sozusagen eine unveränderliche Wichtigkeit in meinem Leben?*
- *Gibt es etwas, das immer wichtig sein sollte?*
- *Was ist sonst noch wichtig?*

- *Diese zweimal drei Fragen können Ihnen, falls scheinbar alles über Sie hereinbricht, helfen zu entscheiden, was als Erstes zu tun ist.*
- *Sie können darüber hinaus auch zeigen, was immer Bestand hat, was in allen Lebenslagen für Sie wichtig ist und Sie damit hält.*
- *Halten Sie die Antworten auf diese Fragen schriftlich fest.*

Impuls 7

− Verstummen / Verlustorientierung
+ Wiedergewinnung von Resonanz / Wiederherstellungsorientierung

VERTIEFUNG UND ANREGUNG

Die Darstellung lebt von den Gegensätzen und dem Wort dazwischen, sowohl farblich wie gestalterisch. Das Wort »WUNDE-R« dazwischen ist ein wichtiges Bindeglied für die Deutung. Es bildet eine Brücke zwischen dem oberen und dem unteren Bild.

TIPP

Lassen Sie die begleitete Person das Bild selber erschließen. Vermeiden Sie eine Deutung Ihrerseits. Das Bild erklärt sich langsam von allein. Es führt, wenn sich die Person öffnet, direkt in ein anschließendes persönliches Gespräch. Sollte es anders sein, machen Sie sie sacht auf die Farben, die Hände, die Arme, auf Formen aufmerksam.

FRAGEN UND AUFGABEN FÜR TRAUERNDE, DIE SIE STELLEN KÖNNEN

- *Wandern Sie mit den Augen durch das Bild.*
- *Lassen Sie es auf sich wirken.*
- *Womit haben Sie Schwierigkeiten?*
- *Können Sie sich in dem Bild wiederfinden?*

Abbildung 23 WUNDE-R

Bild: Jürg Lenggenhager, Foto: Peter Sury

4.2 Verletzungen – Was bei Trauernden als Wunde bleibt

Impuls 1

Verstummen / Verlustorientierung   Kommunikation

DORIS SCHREIBT ÜBER DAS THEMA ERINNERUNGEN UND DEREN AUSLÖSER.

Eine große Leidenschaft von mir ist die Musik. Ich singe sehr gern. Genau das konnte ich anfangs nicht, ich konnte nicht mehr singen. Ich konnte auch einige Lieder anfangs nicht ertragen, Lieder, in denen ein »You« oder »du« vorkommt oder wo der Inhalt des Liedes mich an meinen Sohn erinnert hat. Dann habe ich sofort den Sender gewechselt. Das Mitsingen/Singen von Liedern musste ich mir nach und nach zurück »erkämpfen«. Zunächst gingen mir einzelne Worte über die Lippen, dann einige Zeilen bis hin zu ganzen Strophen. Ich weiß nicht, warum mir das Singen so schwerfiel. Klar, durch die Texte wurde ich an Situationen erinnert, aber vielleicht war es auch so, dass ich mir anfangs keine Freude erlaubt habe. Wie sollte ich fröhlich singen und gleichzeitig trauern? Ich musste erst erkennen, dass es da keinen Widerspruch gibt und dass es wahrscheinlich das Letzte ist, was mein Sohn wollte, dass ich nicht glücklich sein darf. Er ist nicht gegangen, um uns traurig zu machen, sondern um sich zu erlösen.

Anfangs konnte ich sein Zimmer nicht betreten, es war zu schmerzhaft. Seine Zimmertür blieb meist verschlossen. Dennoch musste ich beim Staubsaugen des Flures immer wieder meine Hand an seine Tür halten, irgendwie habe ich dann eine Energie gespürt. Manchmal hat mich das zum Weinen gebracht, aber manchmal hat es mir einfach gutgetan.

Manchmal kamen mir schon Tränen, wenn ich auf dem Rückweg nach Hause seine Zimmerfenster gesehen habe, hinter denen kein Leben mehr war.

Unser Sohn ist im Dezember verstorben. Ich konnte es im Frühjahr darauf kaum ertragen, die Frühlingsblumen wachsen zu sehen.

Jede erste Begegnung mit Menschen, denen ich in meiner »Schonfrist« nicht begegnet war, war besonders. Es war schwer, die ersten Worte zu finden. Meistens war ich diejenige, die zu reden anfing, über das Wetter oder etwas Belangloses. Ich hatte das Gefühl, dass es den Menschen hilft, mit mir umzugehen. Mir war schließlich klar, dass sie mir Beileid wünschen. Mit einigen Bekannten habe ich bis jetzt noch nicht wieder geredet.

Als ich im Wartebereich im Impfzentrum war, traf ich eine ehemalige Kollegin. Wir unterhielten uns und sie fragte mich, wie es denn meinen Kindern ginge. Das war das erste Mal, dass ich hätte erklären müssen, dass mein ältester Sohn nicht mehr lebt. Ich stockte etwas und fing dann an über meinen jüngsten Sohn zu reden. Schließlich waren wir nicht die einzigen in dem Raum. Zum Glück sprang sie ein und erzählte über ihre Kinder.

Mir hat es anfangs nicht gutgetan, Fotos von meinen beiden Kindern in trauter Zweisamkeit bei Verwandten zu sehen.

Anfangs konnte ich es nicht gut ertragen, wenn andere mir von ihren Kindern erzählt haben. Oder Freunde von meinem verstorbenen Sohn zu sehen.
Es war schwer, Verwandte zu besuchen, bei denen wir abends vor dem Tod unseres Sohnes gemeinsam gesessen hatten. Es hat ein halbes Jahr gedauert, bis wir wieder dort waren.

VERTIEFUNG UND ANREGUNG

Ihre Begleitung sollte eine Ermutigung sein, sich ähnlicher Situationen zu erinnern und davon zu erzählen.
Sie hören ideal zu, wenn Sie das aktive Zuhören beherrschen.

Aktives Zuhören

Die Verben paraphrasieren, verbalisieren, nachfragen, zusammenfassen, klären, weiterführen, abwägen, sogar drastifizieren finden Sie zur Kennzeichnung des so wichtigen aktiven Zuhörens in der entsprechenden Literatur. Ich verstehe aktives Zuhören jedoch nicht primär als eine Gesprächstechnik, eine spezielle Formulierungskunst, sondern als eine bestimmte Art, mit Menschen umzugehen. Es ist eher eine Gesprächshaltung als eine Kommunikationstechnik. Indirekt bin ich damit schon auf dem Weg, mit Ihnen zusammen die Welt- und Menschenbeziehung nach Hartmut Rosa zu praktizieren.

EIN ÜBUNGSVORSCHLAG, AUF ÄUSSERUNGEN VON TRAUERNDEN ANGEMESSEN ZU REAGIEREN

- ○ Formulieren Sie Ihre persönlichen Reaktionen auf die folgenden Sätze (die jeweilige Situation können Sie selbst frei wählen).
- ○ Beachten Sie die Merkmale des aktiven Zuhörens (Zurückhalten der eigenen Position, fragendes Versichern des richtigen Verstehens).
- ○ Versuchen Sie verschiedene Varianten (a–c).
- ○ Geben Sie sich selbst eine Rückmeldung oder lassen Sie sich eine geben.

Äußerung des/der Begleiteten	Meine sprachliche Reaktion
1 Sie verstehen mich nicht.	a)
	b)
	c)
2 Niemand hilft mir.	a)
	b)
	c)
3 Wenn Sie mal so krank wären wie ich.	a)
	b)
	c)
4 Sie können da gar nicht mitreden.	a)
	b)
	c)
5 Wenn nur dieser Tag zu Ende wäre.	a)
	b)
	c)
6 Ich weiß nicht, was ich nachts machen soll.	a)
	b)
	c)
7 Das Warten macht es nur noch schlimmer.	a)
	b)
	c)

CHECKLISTE FÜR DIE BEGLEITENDE PERSON

Waren meine Reaktionen sinnvoll und angemessen, um als resonant zu gelten?

ZU DEN EINZELAUSSAGEN UND MEINEN ANTWORTEN

- ○ Aussage 1 und die Antwort darauf:
  Habe ich nachgefragt, woran die begleitete Person das gemerkt hat (+)? Habe ich diese Empfindung ernst genommen (+) oder sie »weggewischt« (-)? Habe ich im Sinne des aktiven Zuhörens alternative Deutungen ins Gespräch gebracht?
- ○ Aussage 2:
  Habe ich die Allaussage vorsichtig hinterfragt? Habe ich aus dieser Äußerung das gefühlte Alleinsein herausgehört (+)?

- ○ Aussage 3:
  Habe ich über diesen indirekten Wunsch hinweghören und angemessen reagieren können (+)? Habe ich empathisch und authentisch reagiert, wie Carl R. Rogers es empfiehlt?
- ○ Aussage 4:
  Habe ich diesen Vorwurf überhören und nicht als auf mich persönlich gemünzt verstehen können? Habe ich dem anderen ermöglicht, sich selbst hinter dieser Äußerung zu entdecken (++)?
- ○ Aussage 5:
  Habe ich die Themen der begleiteten Person in diesem Satz erkannt? Habe ich mit ihr über Zeit und persönliche Wünsche gesprochen (+)?
- ○ Aussage 6:
  Habe ich die Frage ernst genommen (-), aber auch zugegeben, keine Antwort zu wissen (+)? Habe ich mit Allgemeinplätzen (-) Rat gegeben?
- ○ Aussage 7:
  Habe ich nach dem »es« gefragt (+) oder es bewusst überhört (-)?

FRAGEN ZUM GESAMTTENOR MEINER REAKTIONEN

- ○ War ich insgesamt empathisch, freundlich, geduldig?
- ○ Hat die trauernde Person meine Reaktionen positiv aufgenommen?
- ○ War ich mutig, Stille auszuhalten?
- ○ Habe ich sie zum Sprechen gebracht?
- ○ Habe ich ihre Zunge lösen können?
- ○ Habe ich sie zu einer Neuansicht ihrer Situation angeregt?

Blättern Sie nochmals zurück zu 3.2 Kommunikation, wenn für Sie die theoretischen Begründungen für diese Fragen wichtig sind.

TIPP

»Schonfrist« nennt Doris eine bestimmte Zeit. Fragen Sie, ob die oder der Begleitete noch eine längere Schonfrist braucht.

FRAGEN UND AUFGABEN FÜR TRAUERNDE, DIE SIE STELLEN KÖNNEN

- *Diese Sätze erzählen eindringlich von verschiedenen Situationen, die die Trauer immer wieder auslösten.*
- *Trauer ist widerspenstig und oft unkontrollierbar.*
- *Sie müssen sie nicht im Griff haben.*
- *Erzählen Sie von Ihren Trauer-Auslösern, wie es Doris beschreibt.*
- *Wodurch, wo und von wem wurden sie ausgelöst?*

Impuls 2

– Verstummen / Verlustorientierung   Kommunikation

IRENE SCHREIBT KURZ NACH DEM TOD IHRES 21-JÄHRIGEN SOHNES DURCH EINEN VERKEHRSUNFALL ÜBER DEN SCHUTZ VOR (UNBEABSICHTIGTEN) SPRACHLICHEN VERLETZUNGEN.

»Wie geht's?« Sofort fahren meine Gefühle Achterbahn. Mein Gefühl signalisiert mir: Achtung! Ist die Frage ehrlich formuliert oder ist das nur die übliche Floskel?

»In einem Jahr ist alles besser.« Die Zukunftsaussage geht mir unter die Haut, darauf kann ich als Mutter nicht antworten. Denn mir wurde der Boden unter den Füßen abrupt weggerissen. Um Himmels willen, wie können Personen so eine Zukunftsbehauptung artikulieren, wenn sie so ein Verlustschicksal nicht selbst durchlebt haben?

»Du hast Philipp 21 Jahre gehabt. Sei dankbar für die Zeit.« Ich fühle mich gekränkt und bin tiefgründig entsetzt. Wie können Mitmenschen mir so eine krasse Kernaussage anbieten und vermutlich von mir eine bestärkende Antwort erwarten?

»Ich möchte nicht in deiner Haut stecken.« Ich auch nicht, ich habe mir das nicht ausgesucht. Mir wurde es auferlegt. Der Satz macht fassungslos und beschämt.

»Ich kann dir den Schmerz nicht nehmen.« Ich fühle mich miserabel, es fühlt sich an, als ob ich eine Erwartungshaltung von anderen Erdenbürgern einfordere. Meinen vollgepackten Lastenrucksack und den Verlustschmerz kann mir keiner abnehmen. Ich fühle mich verunsichert und unverstanden. Ich erwarte von keinem ein Wunder, mein Wunsch ist nur, gehört zu werden. Ich möchte mir eine Stimme geben.

»Seid ihr immer noch am Trauern?« Ja! Ja! Mein Sohn ist immer noch tot. Ich fühle mich, als ob Philipp nochmals stirbt bei dieser Frage. Wieder durchlebe ich schreckliche Minuten in meinem Körper, die mein Mutterherz durchbohren mit so einer unüberlegten Rätselfrage.

Ob ich die Trauer mit einem Buch abarbeiten könnte? Tiefbetroffen und verärgert fühle ich, dass meine Seele angegriffen wird.

»Ihr müsst das Zimmer auflösen!« Ich fühle mich entsetzt und zerrissen über eine solche Aussage. Wie schmerzhaft durchläuft diese Aussage jede Zelle in meinem Körper. Ich fühle mich ohnmächtig. Das ist das Zimmer von meinem geliebten Sohn und nicht von einem fremden Untermieter.

Ich bitte alle Mitmenschen: Bevor ihr so eine Frage an trauernde Eltern stellt, haltet ein paar Sekunden inne und überlegt, ob der Trauernde das hören möchte. Kann er damit gut leben? Alle trauernden Eltern sind nur traurig und fassungslos, dass ihre Kinder nicht mehr in ihrer Mitte sind. Wir sind nicht außergewöhnlich, nur unsere Situation ist außergewöhnlich.

VERTIEFUNG UND ANREGUNG / TIPP / FRAGEN UND AUFGABEN FÜR TRAUERNDE, DIE SIE STELLEN KÖNNEN

Siehe Impuls 3, da es sich um ähnliche, manchmal identische Verletzungen handelt.

Impuls 3

Verstummen / Verlustorientierung Kommunikation

Alexandra schreibt nach dem Tod ihrer Grossmutter über Sätze, die in der Trauer verletzen.

Abbildung 24 Verletzungen in der Trauer

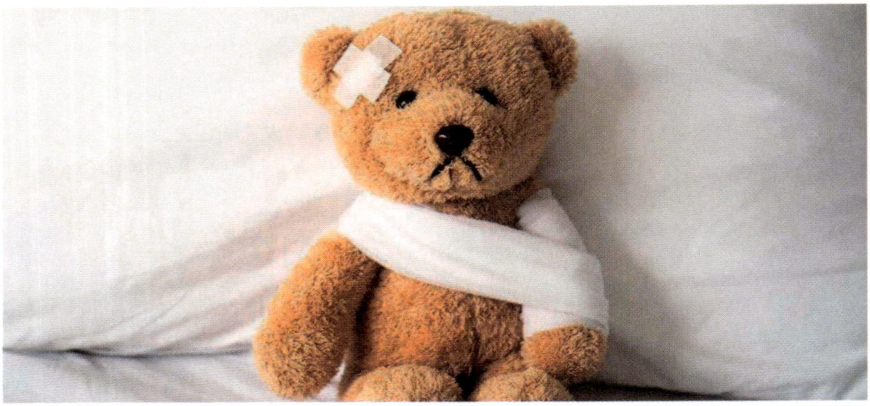

Foto: Alexandra

Wir sterben alle irgendwann.
Er/Sie war doch schon so alt.
Er/Sie war doch so krank.
Sei froh, dass ihr überhaupt so lange zusammensein konntet.
Trauerst du immer noch? Das ist doch schon so lange her.
Ich weiß genau, wie du dich fühlst.
Du bist doch noch so jung, denk an deine Zukunft.
Du bist doch erwachsen. Du brauchst keine/n Oma/Opa mehr in dem Alter.
Andere Menschen haben auch keine Großeltern mehr.
Das wird schon wieder.
Er/Sie hat sein/ihr Leben doch gelebt.
Die Zeit heilt alle Wunden.
(Bei Kranken) Du wusstest doch, dass er/sie sterben wird.
Er/Sie hätte nicht gewollt, dass du traurig bist (weinst, trauerst).

Hör auf, in Selbstmitleid zu ertrinken.
Nun gib endlich ihrer/seiner Seele Frieden.
Er/Sie leidet im Grabe. / Seine/Ihre Knochen finden keine Ruhe.
Du musst dich zusammenreißen und für ... stark sein.
Jetzt reiß dich mal zusammen, das Leben geht weiter.
Es ist an der Zeit, mit deiner Trauer abzuschließen.
Du musst mehr unter Menschen gehen (dich ablenken).
Du musst dich aber mal langsam aufrappeln.
Du musst ... / Du musst ... / Du musst ...«

Abbildung 25 Gebrochenes Herz

Grafik: Alexandra

VERTIEFUNG UND ANREGUNG

Ihre kommunikative Expertise ist gefragt, um zu vermitteln, dass aus den zitierten Sätzen meist Hilflosigkeit spricht und damit die gute Absicht zerstört wird. Die Sprecher sind oft überfordert, desinteressiert, wenig sensibel, können mit der Situation nicht umgehen.

Das lässt sich mit dem Vier-Ohren-Modell gut erklären. Die menschliche Sprache transportiert mehr, als die meisten Sprechenden ahnen. Deshalb soll an Friedemann Schulz von Thuns Modell der vier Ohren und der vier Schnäbel erinnert werden. Jede Nachricht enthält vier Ebenen, formuliert er, die er Beziehung, Selbstoffenbarung, Appell und Sache nennt. Da diese Annahme für alle kommunikativen Akte gilt, spricht er dementsprechend von den vier sprechenden Schnäbeln und den vier hörenden Ohren.

Abbildung 26 Mit vier Ohren hören

Grafik: Andreas Rörsch

Wenn Sie als begleitende Person die Überlegungen von Friedemann Schulz von Thun hier einsetzen, können Sie dabei helfen, die gehörten Sätze für Ihre Begleitung zu be- und zu verarbeiten, indem Sie anhand dieser Fragen vorgehen:
Mit welchen Ohren kann ich wann, wo, wen, wie hören? In der Bibel finden Sie sehr viele Textstellen, in denen das Hören angesagt ist. Das Ohr scheint wichtiger zu sein als das Auge. Mit welchen Mündern kann ich wann, wo, wie, mit wem sprechen? Dahinter steht die Erfahrung, dass wir Menschen manches Mal mit dem Beziehungsohr, dann mit dem Sachohr und dann wieder mit dem Appellohr hören. Auch das Ohr für die Selbstoffenbarung ist bereit.
An einem Beispiel erläutere ich die vier Ebenen. Die Freundin einer trauernden Witwe sagt: »Es ist endlich an der Zeit, mit der Trauer abzuschließen.«

- *Inhalts- oder Sachebene:* Die Trauerzeit dauert zehn Monate. Die Witwe ist in tiefer Trauer.
- *Beziehungsebene:* Die Beziehung soll aufrechterhalten bleiben, aber die Freundin meint, hier belehrend sein zu dürfen.
- *Selbstoffenbarungsebene:* Ich bin nicht mehr bereit, dich noch länger als trauernde Witwe zu sehen. Mir reicht es.
- *Appellebene:* Beende deine Trauer möglichst schnell.

TIPP

Setzen Sie folgenden Satz als Impuls ein: »Jeder soll von da, wo er ist, einen Schritt näher kommen«. *Das ist der Titel eines Buches von* Navid Kermani, in dem es um das Verständnis anderer Religionen und um Toleranz geht.
Damit können eventuell, wie oben angeregt, neue Sichtweisen eröffnet werden.

FRAGEN UND AUFGABEN FÜR TRAUERNDE, DIE SIE STELLEN KÖNNEN

- *Sie kennen auch solche Sätze.*
- *Markieren Sie, streichen Sie durch, schwärzen Sie, unterstreichen Sie gedanklich oder tatsächlich das, was sie selbst hören mussten.*
- *Können Sie der Ungeschicktheit, die aus diesen Sätzen spricht, vergeben?*
- *Können Sie gegen die Unangemessenheit, die aus diesen Sätzen spricht, eine Strategie entwickeln, die Sie schützt?*
- »Die Zeit *heilt nicht alle Wunden, aber sie macht den Schmerz erträglicher.« Können Sie diesem Satz zustimmen?*

Impuls 4

verlustorientiert — Kommunikation

ALEXANDRA SCHREIBT ÜBER DAS THEMA WEINEN UND TRÄNEN.

Ich weine. Ich bin traurig. Ich trauere. Ich habe einen geliebten Menschen verloren. Der Tod hat mir meine geliebte Oma genommen.
Meine Oma, die immer da war, seitdem ich denken kann. Meine Oma, die mich getröstet hat, wenn ich als kleines Kind hingefallen bin. Meine Oma, die mir immer die schönsten Sachen gekocht hat und der ich immer dabei zuschauen durfte. Meine Oma, zu der ich lief, wenn meine Eltern mit mir schimpften. Meine Oma, in deren Armen ich lag, wenn ich Geborgenheit spüren wollte. Meine Oma, bei der ich auch als Erwachsene Kind sein durfte ...
Nun ist sie nicht mehr da ...
Erst kam das Vergessen ... dann die Leere in ihren Augen; die Krankheit hatte meine Oma fest im Griff und wollte sie nicht loslassen. Spä-

ter wusste meine Oma nicht mal mehr, wer ich bin, aber ich habe nicht eine Sekunde vergessen, wer sie war.
Es bricht mir das Herz. Ich vermisse sie. Ich möchte weinen. Ich möchte schreien. Ich möchte mit Sachen durch die Gegend schmeißen. Ich möchte allen Menschen, die meinen, mir sagen zu müssen, wie ich meine Trauer zu durchleben habe, am liebsten an den Kragen gehen. Ich zerreiße innerlich. Wieso sieht das keiner?
»Hör endlich auf zu weinen«, sagen sie. »Reiß dich zusammen«, »sie war doch so krank«, »sie hat ihr Leben doch gelebt«, sagen sie. »Deine Tränen helfen ihr auch nicht mehr«, sagen sie. Sie verstehen mich nicht. Aber meine Tränen verstehen mich. Sie kommen, wenn mein Herz wehtut, und nicht, weil ich sage: »Oh kommt, liebe Tränen« ... Sie kommen, wenn ich an das denke, was ich verloren habe. Es tut weh und ich möchte in diesen Momenten weinen und nicht ständig ermahnt werden, dass das nicht gut sei.
Ich möchte weinen und diesen furchtbaren Kloß in meinem Hals loswerden. Ich möchte weinen und mich besser fühlen. Ich möchte weinen und meine Tränen sollten mich in meiner Trauer begleiten dürfen, ohne dass ich sie verstecken muss.
Wieso nur denken Menschen immer, dass Tränen etwas Schlimmes sind? Fühlen sie sich gestört? Gehört sich das nicht? Ist es schlimm? Schon bei Kindern wird Weinen unterbunden: »Komm, hör auf zu weinen, das ist doch nicht so schlimm« ... Und bei Erwachsenen ist es geradezu ein Verbrechen. Nein, verdammt. Lasst mich in Ruhe weinen, wenn ich das möchte. Vermutlich seid ihr überfordert mit meinen Tränen oder wisst nicht, was ihr sagen sollt, und deshalb sind Tränen und das Weinen etwas Negatives für euch.
Aber das müsst ihr gar nicht sein! Ich weine nicht euretwegen. Ich weine mit mir selber! Ich weine, weil das meine Gefühle sind. Meine Tränen begleiten meine Trauer. Meine Tränen begleiten mich auf meinem Weg. Sie werden immer wieder mal kommen. Versucht diese doch mal anzunehmen ohne irgendwelche Sprüche. Schenkt mir doch einfach mal eine aufrichtige Umarmung oder hört nur zu, wenn ich weine, warum ich weine. Wir müssen aber auch nicht reden, wir kön-

nen auch nur schweigen, das ist vollkommen in Ordnung, ihr müsst nichts sagen ...
Ich versuche doch nur meine Trauer zu bekämpfen, ich lasse doch nur meinen Emotionen freien Lauf. Ich mache nichts Schlimmes und tue keinem Menschen etwas. Ich mache nichts Unverschämtes und ich möchte mich nicht durch eure Blicke noch schlechter fühlen, als ich mich schon fühle ...
Ich bin traurig. Ich denke, meine Oma hätte mich einfach in den Arm genommen und mich weinen lassen, bis ich mich erleichtert fühle und von allein aufhöre ... Sie hätte mich niemals gezwungen, damit aufzuhören ... Wir brauchen manchmal unsere Tränen, und ich schäme mich nicht deswegen! Und wenn ich mich selber in meiner Verzweiflung nur so trösten kann, so lasst mich doch nur weinen ...

VERTIEFUNG UND ANREGUNG

Der Schreiberin ist es sehr wichtig, sich für ihre Tränen nicht rechtfertigen zu müssen. Sie formuliert sogar Bitten an ihre Umgebung.
In ihren Formulierungen kommen viele für Sie einfach zu realisierende Lösungsvorschläge vor, an die Sie anknüpfen können.
Eine erfahrene Trauerbegleiterin und verwaiste Mutter hat einen sehr durchdachten Satz formuliert als Antwort auf ungeschickte und verletzende Worte: »Ich wünsche dir, dass du mich nie verstehen musst.«

TIPP

Schauen Sie zum Thema Tränen und Weinen bei der empfohlenen Grundausstattung nach (Kapitel 7).
Sie können mit einigen Formulierungen einen Einstieg in das Thema – oder auch den Ausstieg daraus – begleiten:

- *Tränen sind ein Spiegel der Seele.*
- *Tränen sind natürlich.*
- *Tränen reinigen die Seele.*
- *Tränen sind hilfreich.*
- *Wozu gibt es Tränen?*

FRAGEN UND AUFGABEN FÜR TRAUERNDE, DIE SIE STELLEN KÖNNEN

- *Alexandra schreibt über den Zusammenhang von Trauer und Tränen: »Meine Tränen begleiten meine Trauer.« Sie ermutigt, Tränen zuzulassen.*
- *Welche heilsame Wirkung hat das Weinen für Sie?*
- *Versuchen Sie, Gedanken und Gefühle wertzuschätzen, indem Sie sie nicht vor sich selbst rechtfertigen.*

Impuls 5

Wiedergewinnung von Resonanz / Wiederherstellungsorientierung

Spiritualität

JÜRGEN SCHREIBT EINEN BRIEF AN SEINEN VERSTORBENEN VATER.

Haben wir alles richtig gemacht?

Lieber Papa,
du musstest in deinem Leben viele Schicksalsschläge verkraften!
Krieg, Gelbsucht, Herzschrittmacher mit 46 Jahren, krankheitsbedingte Berufswechsel, deinen körperlichen und psychischen Verfall aufgrund der sehr spät diagnostizierten Hashimoto-Thyreoiditis, und zu allem Überfluss auch noch deinen künstlichen Blasenausgang und die Demenz.
Wie habe ich dich dafür bewundert, dass du trotz aller Schicksalsschläge deine überaus positive Lebenseinstellung nie verloren hast. Niemals hörte man dich klagen, dein Glas war immer halbvoll!
Statt in Selbstmitleid oder Depressionen zu verfallen, hast du deine Energie darauf verwendet, deinen Heimatverein zu unterstützen. Da dein Langzeitgedächtnis trotz deiner Demenz bestens funktionierte, konntest du jedem Foto die abgebildeten Personen, Gebäude und Örtlichkeiten zuordnen, den geschichtlichen Kontext herstellen und unzählige Geschichten und Anekdoten beisteuern.
Was bin ich stolz auf dich, dass der Heimatverein in der Hauptgeschäftsstraße unserer Stadt eine Gedenktafel über deine Rettungsaktionen während der Hochwasserkatastrophe 1946 aufstellen ließ.

Deine ganze Liebe und Fürsorge galt bis zum Schluss deiner Familie. Du warst immer für uns da, wenn wir Hilfe brauchten. Egal, ob in finanziellen Engpässen, mit handwerklicher Unterstützung beim Hausbau oder mit Rat und Hilfe bei kleinen oder größeren Problemen des täglichen Lebens. In deinen letzten Jahren galt dein besonderes Interesse und deine Hingabe deinen Enkeln. Wie liebevoll hast du dich um sie gekümmert, wie wichtig war es für dich, an ihrem Leben aktiv teilzuhaben. Besonders lag dir außerdem am Herzen, dass unsere Mutter nach deinem Tod gut versorgt ist. Aufgrund deiner Demenz konntest du diesen Aspekt nicht mehr richtig beurteilen; deine außergewöhnliche Fürsorge wurde dadurch offensichtlich, dass du meine Brüder und mich bei jedem Familientreffen auffordertest, uns nach deinem Tod um Mutter zu kümmern.
Danke, Papa, für den Blick voller Liebe und Hochachtung, mit dem du Mama auf eurer diamantenen Hochzeit nach 60 Jahren Ehe angeschaut hast, für das Strahlen auf dem Gesicht unseres Sohnes, wenn wir ihm sagten, dass du kommst oder wir euch besuchen wollen, für das Leuchten in deinen Augen, wenn wir bei unseren Familientreffen alle beisammen waren.
Wie liebe ich dich dafür!
Leider haben dich in deinen letzten Jahren häufig Infektionskrankheiten befallen, die auch Krankenhausaufenthalte mit massiven Antibiosen erforderten. Diese haben dich zwar zurückgeworfen, konnten aber deinen Lebensmut und deine positive Lebenseinstellung nicht brechen. Das galt auch nach dem ersten operativen Eingriff nach dem Pneumothorax. Da sich dein Zustand nach der OP aber nicht besserte, wurdest du in die Uniklinik Münster verlegt. Hier wurde dir zu einer weiteren Operation geraten, der du aufgrund deiner dir eigenen Zuversicht direkt zugestimmt und die entsprechenden Papiere unterschrieben hast. Telefonisch wurde uns mitgeteilt, dass eine weitere Lungendrainage gelegt werden sollte.
Wie groß war der Schock, als wir erfuhren, dass die Chirurgen in einer sehr langen und aufwendigen Operation mehrere Entzündungsherde aus deiner Lunge entfernt hatten!

Wie groß war der Schock, als wir dich nach zweitägigem künstlichem Koma auf der Intensivstation besuchen durften! Du hattest sehr starke Schmerzen, deine Arme waren geschwollen, konntest kaum noch hören. Das Schlimmste aber war, dass du nicht mehr verständlich sprechen konntest!
Haben wir uns zu sehr auf die telefonische Auskunft der Stationsärztin verlassen? Hätten wir uns mehr kümmern müssen? Diese OP hätten wir verhindern müssen!
Dein Zustand verbesserte sich in den folgenden Tagen nicht wirklich; vor allem konnten die Ärzte den Erreger, der dich infiziert hatte, trotz massiven Antibiotikaeinsatzes nicht stoppen. Deine Nieren waren so geschwächt, dass sie zu versagen drohten. Die Ärzte erbaten unser Einverständnis für eine Dialyse.
Mein Herz, mein Mitgefühl und mein schlechtes Gewissen drängten danach, dem Eingriff zuzustimmen.
Gottseidank hattest du frühzeitig eine Patientenverfügung verfasst! Dein Wille war, dass in der gegebenen Situation keine lebensverlängernden Maßnahmen durchgeführt werden sollten. Trotzdem zerriss uns die Entscheidung, die meiner Mutter, meinem Bruder und mir im Gespräch mit dem Chefarzt der Intensivstation und dem Chirurgen abverlangt wurde, das Herz. Sind wir schuld, wenn du an Nierenversagen sterben solltest? Die Selbstzweifel waren unerträglich! Trotzdem haben wir deinem Willen entsprechend entschieden, die Dialyse wurde nicht durchgeführt.
In den folgenden Tagen verbesserten sich die Nierenwerte, nicht aber dein Gesamtzustand. Aufgrund fehlender Behandlungsperspektive wurdest du zurück in das Krankenhaus unseres Heimatortes verlegt, wo du auf der Intensivstation isoliert wurdest. Auch hier konnten die Ärzte den Erreger nicht bekämpfen, dein Zustand verschlechterte sich. Da du nicht mehr kommunizieren konntest, mussten wir wiederum entscheiden, ob weitere lebensverlängernde Medikamente verabreicht werden sollten. Wieder mussten wir aussprechen, dass wir dieses in deinem Namen ablehnen. Damit mussten wir deinem sicheren Tod zustimmen. Natürlich war ich innerlich zerrissen. Hättest du nicht doch eine Chance gehabt? Hättest du nicht doch überleben können?

Die Selbstzweifel waren unerträglich, die Entscheidung war die schwerste meines Lebens.
Das Einzige, was wir für dich erreichen konnten, war, dass du keine Schmerzen und Ängste mehr erleiden musstest; einen Tag später bist du leider verstorben. Nach deinem Tod haben mich die Selbstzweifel weiterhin verfolgt und gequält. Haben wir wirklich alles richtig gemacht? Heute bin ich davon überzeugt, dass wir in deinem Sinne gehandelt haben. Besonders hilfreich bei diesem Entscheidungsprozess waren für mich folgende Aspekte oder Momente: Für die Verhinderung der OP fehlten uns die notwendigen Informationen über die Art des Eingriffs. Letztendlich bist du gestorben an einem multiresistenten Bakterium, das durch Antibiotika nicht zu bekämpfen war; alle medizinischen Maßnahmen haben nur eine Aufschiebung bewirkt. Du wärest, selbst wenn du genesen wärest, ein Pflegefall geworden. Das wäre niemals in deinem Sinne gewesen. Die Aussage des Chefarztes der Intensivstation in Münster: »Nicht Sie entscheiden, ob Ihr Vater stirbt oder nicht, entscheiden tut er selber!« Die unnachahmlich liebevolle Art, wie sich Mutter direkt nach deinem Sterben von dir verabschiedete, und ihre Worte: »Er hatte einfach keine Kraft mehr!« Heute kann ich mit Liebe und Bewunderung an dich denken, mich an deinen Bildern und meinen Gedanken an dich erfreuen.
Danke für alles, Papa. Bis später!

VERTIEFUNG UND ANREGUNG

Jürgen blickt zurück in Liebe und Dankbarkeit. Gleichzeitig stellt er sich die Frage nach Versäumnissen, er selbst nennt es »Selbstzweifel«. Er versucht, rationale Gründe zu finden, um seine Selbstzweifel auszuräumen. Trotz des analytischen Vorgehens dominiert die Liebe, es ist ein Liebesbrief.

TIPP

Suchen Sie in dem Brief nach dem dialogischen Fundament von Frage und Antwort.

AUFGABEN UND AUFGABEN FÜR TRAUERNDE, DIE SIE STELLEN KÖNNEN

- ○ *Nehmen Sie sich viel Zeit* für die Lektüre dieses Briefs.
- ○ *Finden Sie die grundlegende Fragehaltung heraus.*
- ○ *Haben Sie die Kraft, auch einen Liebesbrief an Ihren Verstorbenen zu schreiben!*

Impuls 6

Wiedergewinnung von Resonanz / Wiederherstellungsorientierung

Selbstwirksamkeit

Unerfüllbare Wünsche – eine Anregung mit Selbstbezug

> Sei nicht wütend,
> dass du andere nicht so machen kannst,
> wie du sie gern hättest,
> denn du kannst dich selber nicht so machen,
> wie du sein möchtest.
> *Quelle unbekannt*

VERTIEFUNG UND ANREGUNG

Die letzte Zeile kann zu den entscheidenden Fragen führen: Wer bin ich? Wer möchte ich sein? Wie möchte ich sein?

TIPP

Entscheidend in der Begleitung sind das einfühlende Zuhören und der Blickkontakt. Beides ist Voraussetzung für ein gutes Gespräch über derartige existentielle Themen. Die Augen erlauben einen Blick in die Seele, die Ohren lassen die Seele klingen.

FRAGEN UND AUFGABEN FÜR TRAUERNDE, DIE SIE STELLEN KÖNNEN

- ○ *Veränderungen sind in Ihr Leben eingedrungen und haben vieles, vielleicht alles auf den Kopf gestellt. Deshalb sind Wünsche an Ihre Umgebung normal. Ihre Erfüllung ist es nicht.*

- *Diese fünf Verse regen an, darüber nachzudenken, was machbar ist und was außerhalb unserer Macht und Verfügung liegt. Machbar für Sie selbst.*
- *Warten Sie weniger auf andere, Sie selbst sind gefragt.*

4.3 Ressourcen – Was Trauernden Kraft gibt

Impuls 1

Wiedergewinnung von Resonanz / Wiederherstellungsorientierung

Coping

DORIS SCHREIBT, WAS IHR GUTTUT.

Malen nach Zahlen: Nicht viel überlegen müssen, sondern einfach nach Farbvorgabe kreativ sein und am Ende ein schönes Bild vor sich haben. Ein Bild von einem Teich im Frühlingswald hängt vor unserer Sauna und ich kann es sehen, wenn ich in der Sauna sitze.
In die Sauna gehen und die Wärme spüren, die mich umschließt.
Ich habe die Balken unserer Scheune neu gestrichen und dafür viel Lob bekommen.
Meine Arbeitskollegen haben beschlossen, mir nach meiner Rückkehr kein herzliches Beileid auszusprechen, sondern zu sagen: »Es ist schön, dass du wieder da bist!« Das hat meinen Wiedereinstieg ins Berufsleben nach zwei Wochen sehr erleichtert.
Wieder zur Arbeit gehen, um eine Ablenkung zu bekommen und seine Gedanken auf gewohnte Tätigkeiten zu lenken. Mit einer guten Freundin walken. Den Blick nach vorn gerichtet. Ich konnte so viel über meine Gedanken reden, wie ich wollte. Sie hat meine Erzählungen nicht kommentiert, sondern nur hin und wieder etwas nachgefragt oder einfach »Ja!« gesagt. Sie hat keine blöde Floskel verwendet. Ein guter Seelenheiler. Sie hat meinen Blick wieder auf alltägliche Themen gelenkt und mit mir gelacht.
Für eine andere gute Freundin habe ich angefangen, eine Decke zu stricken. So hatte ich abends vor dem Fernseher eine doppelte Be-

schäftigung und konnte zudem bewundern, wie die Decke immer länger wurde.
Drei Monate nach dem Tod unseres Sohnes haben die Züchter, bei denen wir im Jahr zuvor schon unser Interesse an einem Welpen geäußert hatten, uns die frohe Botschaft gemacht, dass das Decken der Hündin erfolgreich war und bald Nachwuchs anstünde. Zu Muttertag (wie passend, ein Zufall?) konnten wir die kleine Hündin abholen. Ich kann gar nicht in Worte fassen, wie gut uns dieser Hund tut. Wir haben nun übrigens zwei Hunde. Die Labradordame ist nun schon 13 Jahre alt. Auch sie ist wichtig für uns. Vermutlich war sie die Letzte, mit der unser Sohn gesprochen hat, bevor er von uns ging.
Natürlich ist alles gut, was man gemeinsam mit der Familie, mit dem Partner macht. Das kann auch nur gemeinsames Kochen oder Gartenarbeit sein.
Zeitungsanzeigen, in denen steht, dass ein junger Mensch verstorben ist. Das klingt vielleicht makaber, aber mir sagt es, dass es da oben weitere junge Menschen gibt und dass ich/wir nicht allein sind mit solch einer Situation. Auch andere Paare haben ein Kind verloren.
Der Glaube daran, dass es ein Leben nach dem Tod gibt. Dass unsere Seele den Körper verlässt und weiterhin bei uns ist. Als meine Urgroßmutter im Sterben lag, hat sie zu meiner Großmutter auf Plattdeutsch gesagt: »Heini kommt und holt mich«, und verstarb. Ich glaube, dass wir im Tod wieder vereint werden.
Ich habe einige Lieblingsfotos mit unserem verstorbenen Sohn in verschiedenen Zimmern aufgestellt. Nicht zu viele, aber auch nicht zu wenige. Wenn ich möchte, sehe ich sie mir an.
In Gedanken führe ich Gespräche mit meinem Sohn. Ich weiß nicht, ob er es ist, der mir Antworten gibt, Fakt ist, ich bekomme Antworten und es reicht ja mein Glaube daran, dass sie von meinem Sohn kommen. Genauso ist es mit Bildern, die ich sehe, oder Liedern, die ich höre. Manchmal ist es so, als wenn meine Gedanken in eine bestimmte Richtung gelenkt werden und ich in einem bestimmten Moment genauer hinsehen oder hinhören soll, weil darin eine Botschaft steckt.
Ich habe immer wieder den Gaming-Stuhl, auf dem er häufig saß, umarmt. Das hat mir Energie gegeben.

Nach zwei Jahren haben wir das Schlafzimmer unseres Sohnes komplett renoviert. Es ist jetzt das Zimmer, in das ich ausweiche, wenn mein Mann zu laut schnarcht. Anfangs dachte ich, es würde schwer für mich sein, in dem Zimmer zu schlafen. Komischerweise ist es das aber nicht. Vielleicht bin ich dort ja nicht allein.
Irgendwie hat mir die Corona-Notbremse gutgetan, denn so konnte ich auf Menschen verzichten und zur Ruhe kommen. Ich hatte Zeit, mich wiederzufinden, zu trauern.
Wir haben einen Teelichthalter mit Herzen neben dem Foto in unserer Stube stehen. Dort haben wir im ersten Jahr nach seinem Tod jeden Tag eine brennende Kerze hineingestellt.

VERTIEFUNG UND ANREGUNG – MIT EINER DEUTUNGSHILFE

Doris erfasste schon im ersten Satz ihr Verhalten und dessen heilende Wirkung.

- Sie handelt und ist damit wiederherstellungsorientiert.
- Sie pflegt den Kontakt und ist damit kommunikativ aktiv.
- Sie ist kreativ und damit sinnorientiert, wie Frankl es formulieren würde.
- Ihr Sohn hat seinen Platz in ihrem Leben gefunden, was alle bekannten Trauermodelle als gelingende Trauer bezeichnen.
- Auch ihr Glaube hat sie gefestigt.

Aus dem Text ergeben sich die Themen Selbstmotivation, Spiritualität und Glaube.
Sie können sich mit dem begleiteten Menschen auf die Suche machen nach derartigen Aktivitäten, die die Trauer zumindest einschränken und bekämpfen. Beweglich zu sein oder es zu werden, sollte Thema sein. Der Wortbestandteil »Weg« in be-weg-lich ist vielleicht bisher nicht aufgefallen.

TIPP

Schreiben Sie und Ihr Gast spontan, ohne viel zu überlegen, auf Karten Aktivitäten, welche die Trauer erträglicher werden lassen. Anschließend gruppieren Sie diese Karten gemeinsam nach Oberbegriffen wie

Natur, Kultur, Musik, Religion. Sie werden staunen, wie viele neue Möglichkeiten Sie zusammen gefunden haben.
Zusätzlich finden Sie dazu viele sogenannte PsychGyms zur Steuerung des Unbewussten bei Storch/Kuhl, »Die Kraft aus dem Selbst« (im Literaturverzeichnis).

FRAGEN UND AUFGABEN FÜR TRAUERNDE, DIE SIE STELLEN KÖNNEN

- *Bei aller Trauer hat Doris es vermocht, ihre Gefühle in den Griff zu bekommen, sie zu regulieren. Sie tröstet sich selbst, indem sie mit ihrem Sohn spricht, sie sucht sich selbst Kraftquellen. Können Sie hier eigenes Erleben wiederfinden?*
- *Welche Gedanken, Erinnerungen und Gegenstände helfen Ihnen?*
- *Glauben Sie, dass es ein Leben nach dem Tod gibt?*

Impuls 2

Wiedergewinnung von Resonanz / Wiederherstellungsorientierung
Selbstwirksamkeit

Kai schreibt nach dem Unfalltod seines Sohnes über seine Erinnerungen.

Sein Standardspruch beim Heimkommen war: »Was geht ab?« Antwort von mir: »Du schon mal nicht!«
Urlaub auf Malle. Philipp war im Meer gewesen und lief am Strand auf uns zu: »Mama, mein Oberteil friert.« Er hatte zu lange mit Dominik im Wasser gespielt.
Zu Dominik hat er oft »Studenti« gesagt, da jener am Studieren war. Umgemünzt auf Papa hieß es dann »Beamti«, weil bei den Handwerkern – er war Heizungsbauer und Jonas ist Elektriker – immer etwas geschaffen wird, anders als bei den Studierten und Beamten.
Philipp war seit 2009 Feuer und Flamme für die Feuerwehr im Ort. Er hat alle Einsätze mitgemacht, waren sie auch noch so aufreibend und zeitintensiv. Auch hat er sich gefreut, dass er endlich den Lkw-Führerschein gemacht hatte und mal ein Fahrzeug im Einsatz hätte fahren können. Leider hat er dazu nicht mehr die Möglichkeit gehabt.

In einem Pfingstzeltlager, das immer von einer Freiwilligen Feuerwehr im Landkreis ausgerichtet wird, war Philipp krank. Er war heiser, hatte einen leichten Sonnenbrand und etwas Fieber. Er sollte eigentlich mit uns nach Hause kommen, als wir ihn am Sonntag besuchten. Er ließ sich aber nicht dazu bewegen. Mit einem Betreuer machten wir daraufhin aus, unseren Sohn bei Bedarf abzuholen.
Einmal war für die Herbstferien ein gemeinsamer Urlaub für die gesamte Familie geplant. Als wir ihn bei seinem örtlichen Verein für die angesetzten Spiele abmeldeten, wurde er richtig sauer und böse. Die Spiele waren wichtiger als der Urlaub mit uns.
Nach einer Blutspendeaktion wieder zu Hause angekommen, löste Philipp das Pflaster von der Blutentnahme und fing an zu schreien, zu schimpfen, und legte sich auf den Boden. Er schrie: »Keiner hilft mir, ihr seht zu, wie ich verblute, und lasst mich sterben.« Wir konnten ihn kaum beruhigen und zur Vernunft bringen. Diese Situation war schon komisch. Es war ca. ein halbes Jahr vor seinem Unfalltod.
Philipp mochte sehr gerne mit der Achterbahn fahren. Wir waren einmal mit mehreren Familien und Verwandten in einem Freizeitpark. Dort konnten wir Philipp nicht von der Achterbahn losbekommen. Da war es dann so, dass er immer wieder anstehen musste. Die anderen Bekannten standen aber an anderer Stelle in der Schlange, sodass er den Vorteil ausnutzte und immer wieder in der Schlange nach vorne durchgereicht wurde. An diesem Tag ist er mit Sicherheit doppelt so oft gefahren wie wir.
Zum Geburtstag hat Philipp ein Poker-Set bekommen. Das wollte er immer mit uns spielen, was wir jedoch nicht stets wollten. Einmal haben wir gesehen, wie Philipp in seinem Zimmer auf dem Boden pokerte. Um ihn herum saßen mehrere Kuscheltiere. Wir fragten Philipp, was er denn da spiele. Seine Antwort war, er spiele gegen seine Kuscheltiere und James Bond.
Unsere Kinder haben viel mit Lego-Bausteinen gespielt. Sie bauten verschiedene Gebäude und auch Fahrzeuge. Philipp wollte natürlich mitspielen. Er war ca. zwei Jahre alt, konnte aber noch nicht gut aufbauen. Also riss er die Legobausteine wieder auseinander. Das ließen sich die beiden Brüder Jonas und Dominik, sie waren älter, nicht gefal-

len. Sie verbannten Philipp aus ihren Zimmern und verfrachteten ihn auf den Flur und machten die Zimmertüren zu.
Unterwegs zu einem Aussichtspunkt. Eine Wanderung in den Bergen von ca. zwei Stunden entpuppte sich als Reinfall, da man am Aussichtspunkt nicht mehr sehen konnte als hohe Bäume und eine verfallene Bank. Philipps Aussage: »Blöde Wanderung zu einem Aussichtspunkt, an dem man nichts sieht, Papa!« Ich hatte den Kindern erzählt, man könne dort schön ins Tal schauen auf den Zeller See. In Schutz genommen wurde ich von Dominik. »Papa hatte den Aussichtspunkt als Kind erwandert, da konnte man ins Tal schauen auf den See.«

VERTIEFUNG UND ANREGUNG

Es geht um das Narrativ. Damit ist gemeint, dass jeder Mensch seine Welt anders wahrnimmt und für sich einordnet. Für den Erzähler wird sie damit sinnstiftend.
Deshalb gilt:

- Jeder Mensch konstruiert sich seine Wirklichkeit und ist damit für seine Realität selbst verantwortlich.
- Wie wir die Welt individuell sehen, bilden wir in sogenannten »Landkarten« ab. Die Landkarte ist jedoch nicht die Wirklichkeit selbst.
- Unsere inneren Landkarten bestimmen und steuern unser Verhalten und Erleben.
- Unsere inneren Landkarten sind individuell und daher für uns immer »richtig«. Sie sind jedoch von Mensch zu Mensch sehr unterschiedlich.

TIPP

Ich verdeutliche diese Sätze mit einer Zeichnung:

Abbildung 27 Unsere Wahrnehmung

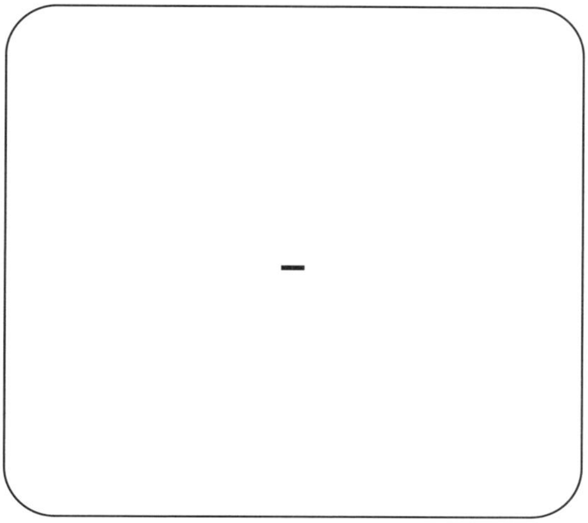

Grafik: Peter Rörsch

Was sehen Sie?

Sie sehen einen kleinen schwarzen Balken. Aber wer hat die riesige weiße Fläche gesehen?

Vielleicht liegt das Problem darin: Wir neigen dazu, uns auf Kleinigkeiten zu konzentrieren, ohne das viel Größere und Schönere darum herum zu sehen.

FRAGEN UND AUFGABEN FÜR TRAUERNDE, DIE SIE STELLEN KÖNNEN

- *Erinnern Sie sich an alles, was für Sie wichtig ist, an alles in Bezug auf den Verstorbenen.*
- *Schreiben Sie es auf, um es noch besser zu bewahren.*
- *Sie können sich ein Erinnerungsheft anlegen.*
- *Die schönsten Erinnerungen sind oft die schmerzlichsten.*

Impuls 3

Wiedergewinnung   Selbstwirksamkeit

Mario (32) schreibt zwei Jahre nach dem Tod seines Vaters.

Ziemlich genau vor zwei Jahren erfuhr ich, dass mein Vater schwer an Lungenkrebs erkrankt ist und uns nur noch ganz wenig gemeinsame Zeit bleibt.
Diese Nachricht hat unsere gesamte Familie wie eine Lawine überrollt. Ich würde sagen, dass die Trauer bereits mit der Bekanntgabe dieser Schreckensnachricht begann und nicht erst mit dem Eintreten des Todes.
Es war die Trauer um das gewohnte, alltägliche Leben mit meinem geliebten Vater, das so niemals wieder stattfinden würde. Die Trauer darüber, dass er seine Enkelkinder nicht aufwachsen sehen würde.
Von der Diagnose bis zu seinem Tode vergingen gerade einmal vier Wochen. Vier sehr intensive und emotionale Wochen, in denen wir, so oft es ging, Zeit bei ihm am Krankenbett verbrachten; dafür bin ich im Nachhinein unendlich dankbar. Die besonderen Vorschriften im Krankenhaus durch die Corona-Krise haben die Besuche allerdings ein wenig erschwert.
Wir konnten jedoch Abschied nehmen und noch einmal alles aussprechen, was im Alltag oft zu selten gesagt wird über Ängste und Sorgen, aber auch über die Liebe und Zuneigung füreinander.
Den größten Rückhalt nach dem schweren Verlust fand ich bei meiner Familie. Wir rückten alle so sehr zusammen, führten ehrliche, emotionale Gespräche und schwelgten in Erinnerungen an die »guten alten Zeiten«.
Zudem waren wir von der riesigen Anteilnahme durch Außenstehende extrem berührt und überwältigt. Zu wissen, dass so viele Menschen an meinen Vater und unsere Familie gedacht haben und ebenfalls Trauer empfanden, gab uns allen viel Kraft und wir wussten, dass wir nicht allein sind.
Wie sagt man so oft: »Geteiltes Leid ist halbes Leid.« Und genauso ist es auch!

Ich bin kein Mensch, der die Emotionen der Trauer stark nach außen trägt. Viel machte ich mit mir allein aus oder versuchte mich durch die Arbeit abzulenken.
Denn: Der »normale« Alltag geht leider schonungslos weiter. Das war einerseits hart, hat aber auch geholfen, nicht in ein großes, schwarzes Loch zu fallen.
Natürlich war ich auch besorgt um das Wohl meiner Familie und besonders um das Wohl meiner Mutter.
Ich wollte sie in dieser schweren Zeit so gut es ging unterstützen, für sie da sein, Aufgaben übernehmen, die sonst mein Vater ausgeführt hat.
Der Besuch am offenen Sarg und auch das Vorbereiten und Durchführen einer würdigen Trauerfeier halfen, das Geschehene zu begreifen.
Im Kreise der Familie pflanzten wir einen »Baum der Erinnerung« im Garten meiner Mutter. Diesen Garten hatte mein Vater mit großer Hingabe gehegt und gepflegt. Ihm würde der Baum gefallen und uns erinnert er jeden Tag an die wunderbare gemeinsame Zeit.
Der Schmerz über diesen Verlust wird für immer bleiben, aber all diese Dinge haben mir geholfen, mit diesem Schmerz besser umgehen zu können und ihn zu akzeptieren.

VERTIEFUNG UND ANREGUNG

Die Familie als Quelle des Trostes, der Gedanke an den Schutz der Mutter dominieren diese Trauergedanken.
Der »Baum der Erinnerung« wird gepflanzt als beständiges Zeichen der Trauer, die bereits früh begann, und des Erinnerns.
Das Funktionieren im Alltag und im Beruf wird, wie bei anderen Trauernden auch, ebenfalls genannt.

TIPP

Schauen Sie zur Bedeutung eines Baumes bei der empfohlenen Grundausstattung nach (Kapitel 7).

FRAGEN UND AUFGABEN FÜR TRAUERNDE, DIE SIE STELLEN KÖNNEN

- *Was löst dieser Text in Ihnen aus?*
- *Haben Sie Worte für Ihre Empfindungen?*

Impuls 4

+ Wiedergewinnung Selbstwirksamkeit

WAS MICH BEWEGT UND WAS ICH BEWEGEN KANN.

Ich bin stark,
- weil ich eine Familie und Freunde habe,
- weil ich den Mut habe, zur Trauerbegleitung zu gehen,
- weil ich die Trauer zulasse,
- weil ich die Tränen zulasse,
- weil ich Pläne habe,
- weil ich meine Pläne umsetze,
- weil ich einen anderen Weg suche,
- weil ich Fragen offenlassen kann,
- weil ich andere Menschen besuche, obwohl es mir sehr schwerfällt,
- weil ich trotz meiner Trauer häufig mehr an andere Menschen denke als an mich,
- weil ich hoffe, dass die Last geringer wird.

VERTIEFUNG UND ANREGUNG

Alle diese Sätze können Trauernde bestärken.
Da sie selbst am besten wissen, worin sie stark sind, ist eine Fortschreibung dieser Liste empfehlenswert.

TIPP

Bei diesem Vorgehen lernt der trauernde Mensch viel über sich selbst und seine Fortschritte. Wem das Wort lernen zu belastet erscheint, kann es ersetzen durch die Verben *erfahren, einsehen, erfassen.*

FRAGEN UND AUFGABEN FÜR TRAUERNDE, DIE SIE STELLEN KÖNNEN

- *Schauen Sie sich ab und an diese Begründungen für Stärke an und sehen Sie nach, ob ein Satz zutrifft, den Sie dann aufschreiben möchten.*
- *Diesen Satz können Sie auf einem damit beschrifteten Haftzettel oder Post-it gut sichtbar in der Wohnung anbringen.*
- *Nehmen Sie dabei auch Ihren Körper mit. Der sagt uns sehr viel, wenn wir es hören möchten.*

Impuls 5

+ Wiedergewinnung Selbstwirksamkeit

Märchen: Der siebente Vater im Haus

Es war einmal ein Wanderer, der war schon lange unterwegs. Da kam er zu einem schönen großen Gutshof, so herrschaftlich, es hätte auch ein kleines Schloss sein können. »Hier lässt sich wohl gut Rast machen«, dachte er, als er durchs Tor in den umzäunten Hof trat. Eben da stand ein graubärtiger Alter und hackte Holz. »Guten Abend, Vater«, sagte der Wanderer, »kann ich heut Nacht in Eurem Hause bleiben?« – »Ich bin nicht der Hausvater hier«, sagte der Graubart, »geh in die Küche und sprich mit meinem Vater.«

Da ging der Wanderer in die Küche, und da traf er einen noch älteren Mann, der lag auf den Knien vor dem Herd und blies das Feuer an. – »Guten Abend, Vater«, sagte der Wanderer, »kann ich heut Nacht in Eurem Hause bleiben?« – »Ich bin nicht der Hausvater hier«, sagte der Greis, »geh in die Stube und sprich mit meinem Vater; der sitzt da drinnen am Tisch.«

Da ging der Mann in die Stube und sprach mit dem, der am Tisch saß. Der war noch viel älter als die beiden andern, er saß da und war ganz zittrig und tattrig und seine Zähne klapperten, und er las in einem großen Buch, fast wie ein kleines Kind. – »Guten Abend, Vater, kann ich heut Nacht in Eurem Hause bleiben?« – »Ich bin nicht der Hausvater hier«, sagte der zittrige, tattrige Alte mit den klappernden Zähnen, »sprich mit meinem Vater, der sitzt da vorn auf der Bank.«

Da ging der Wanderer zu dem Steinalten auf der Ofenbank; der wollte sich grad eine Pfeife stopfen; er war aber so verhutzelt und seine Hände zitterten so, dass er die Pfeife kaum halten konnte. – »Guten Abend, Vater, kann ich heut Nacht in Eurem Hause bleiben?« – »Ich bin nicht der Hausvater hier«, brummte der Hutzelgreis, »sprich mit meinem Vater, der liegt da drüben im Bett.«

Da ging der Wanderer also zu dem Bett; darin lag einer, der war älter als alt und so eingetrocknet, er war kaum größer als ein Kind. Nichts an ihm schien lebendig als nur seine großen starren Augen. – »Guten Abend, Vater, kann ich heut Nacht in Eurem Hause bleiben?« – »Ich bin nicht der Hausvater hier«, hauchte der Alte mit den starren Augen, »sprich mit meinem Vater, der liegt da hinten in der Wiege.«

Da ging der Mann zu der Wiege, und darin lag einer, uralt war der und so eingeschrumpft, er war nicht größer als ein Säugling. Und dass er noch am Leben war, konnte man nur an seinen Lippen sehen, die unablässig murmelten. – »Guten Abend, Vater. Kann ich heut Nacht in Eurem Hause bleiben?« – Es dauerte lange, bis der Uralte Antwort gab, noch länger, bis er sie über die Lippen brachte: »Ich bin nicht der Hausvater hier. Sprich mit meinem Vater, der hängt in dem Horn an der Wand.«

Da suchte der Wanderer die Wände ab, bis er zuletzt das Horn entdeckte. Und wie er da hineinschaute, war nichts darin zu sehen als eine Handvoll Asche, die sah aus wie das Gesicht eines ururalten Menschen. Dem Wanderer war ganz schlecht vor Angst und er stammelte: »Guten Abend, Vater, kann ich heut Nacht in Eurem Hause bleiben?« Da zirpte es oben im Horn, als wär eine kleine Meise drin, es war kaum zu verstehen, aber es klang wie: »Ja, mein Kind!« Und im gleichen Augenblick kam ein Tisch in die Stube gefahren, der war mit den besten Speisen gedeckt und mit Met und Bier und Branntwein. Und als der Wanderer geschmaust und getrunken hatte, kam ein Bett hereingerollt, ein gutes Bett mit Rentierfellen. Ja, und da war der Wanderer wirklich froh, dass er am Ende doch noch den rechten Hausvater gefunden hatte.

Es wird aber auch noch erzählt: Bevor der Wanderer sich schlafen legte, habe ihn der Ururalte in dem Horn gefragt, wo er denn her sei.

»Aus Selgjord«, sagte der Mann. »Lass sehen«, zirpte es da in dem Horn, »ob die Männer von dort noch so stark sind wie in den alten Zeiten. Gib mir deine Hand.« Da gab der zittrige tattrige Alte, der am Tisch saß, der mit den klappernden Zähnen, dem Wanderer ein Zeichen, er solle dem Ururalten im Horn nicht die Hand geben, sondern eine von den Eisenstangen, die an der Wand lehnten. Das tat der auch, und der Ururalte presste die Eisenstange so fest, dass Wasser heraustropfte. »Du hast ja noch Mark in den Fingern«, zirpte es, »aber wenn ich dran denke, wie stark deine Landsleute in den alten Zeiten waren, so ist's doch nur Schafsmilch.«
Am andern Morgen zog der Wanderer weiter. Und als er sich nach ein paar Schritten noch einmal umdrehte und zurücksah, waren Haus und Hof verschwunden.
Märchen aus Norwegen[54]

VERTIEFUNG UND ANREGUNG – MIT EINER DEUTUNGSHILFE

Dieses Märchen aus Norwegen verweist schon im Titel auf die Zahl sieben – eine in vielen Religionen und Märchen vorkommende Zahl, die in der christlichen Deutung als Zahl der Vollkommenheit gilt: sechs Tage der Schöpfungsgeschichte und der siebte Tag, 7 Sakramente, 7 Gaben des Heiligen Geistes, 7 Brote und 7 gesammelte Körbe beim Wunder der Speisung, aber auch 7 Wochentage, 7 Weltwunder. Auch als Summe von (göttlicher) 3 und (weltlicher) 4 zu verstehen: Dreieinigkeit von Vater, Sohn und Hl. Geist plus die menschliche Dimension: 4 Elemente, 4 Himmelsrichtungen, 4 Jahreszeiten usw.
Mir fallen als herausragende Eigenschaften des Wanderers auf: seine Geduld, seine Ausdauer, die sieben Stationen zu durchlaufen, und sein Vertrauen, selbst als ihm »ganz schlecht vor Angst« ist.
Wenn wir jemanden fragen, woher er komme, umgehen wir die ernsthaftere Frage, wer er sei. So auch hier: Der Alte fragt ihn nach seiner Identität.
Bemerkenswert auch das gegenseitige Ansprechen als »Vater« und »Kind«.

54 Aus: H. Dickerhoff: Trau deiner Sehnsucht mehr als deiner Verzweiflung, S. 54–56.

TIPP

Die beiden in der Literaturliste genannten Bücher von Heinrich Dickerhoff bieten zusätzliche Interpretationen.

FRAGEN UND AUFGABEN FÜR TRAUERNDE, DIE SIE STELLEN KÖNNEN

- *Was hat dieses Märchen mit Ihrer Trauer zu tun?*
- *Verstehen Sie die »Angst« des Wanderers?*
- *Der Wanderer vertraut dem Rat des dritten Sohnes. Haben Sie eine Erklärung dafür, dass sein Vertrauen größer ist als seine Angst? Erzählen Sie von Ihrer Vermutung!*
- *Am Ende heißt es: »...waren Haus und Hof verschwunden«. Was ist eventuell außer dem Gebäude auch verschwunden?*

Impuls 6

Logotherapie Kommunikation

DER EVANGELIST LUKAS ERZÄHLT.

Als sie weiterzogen, kam er in ein Dorf. Eine Frau namens Marta nahm ihn gastlich auf. Sie hatte eine Schwester, die Maria hieß. Maria setzte sich dem Herrn zu Füßen und hörte seinen Worten zu. Marta aber war ganz davon in Anspruch genommen zu dienen. Sie kam zu ihm und sagte: Herr, kümmert es dich nicht, dass meine Schwester die Arbeit mir allein überlässt? Sag ihr doch, sie soll mir helfen! Der Herr antwortete: Marta, Marta, du machst dir viele Sorgen und Mühen. Aber nur eines ist notwendig. Maria hat den guten Teil gewählt, der wird ihr nicht genommen werden. (Lk 10,38–42)

VERTIEFUNG UND ANREGUNG

In diesem Evangelium ist der entscheidende Ort nicht geografisch zu verstehen; er wird durch die Beziehung zu einer Person und deren hörender Haltung beschrieben.
Trauernde sind gern körperlich aktiv. In diesem Evangelium wird jedoch die kontemplative Seite eindeutig bevorzugt.

Versuchen Sie, auf die entscheidenden Textstellen zu schauen:
»Marta aber war ganz davon in Anspruch genommen zu dienen.«
»Marta, Marta, du machst dir viele Sorgen und Mühen.«
»Maria hat den guten Teil gewählt, der wird ihr nicht genommen werden.«

TIPP

(Er-)Finden Sie gemeinsam Situationen, in denen das ruhige Zuhören angebrachter ist als das Handeln.
Als Unterstützung kann das Bild »Christus im Haus von Marta und Maria« von Jan Vermeer (entstanden ca. 1655) dienen.[55]

Abbildung: Wikimedia Commons / Google Art Project

FRAGEN UND AUFGABEN FÜR TRAUERNDE, DIE SIE STELLEN KÖNNEN

- *Mit welcher Person sind Sie eher solidarisch?*
- *Mit unseren Wertvorstellungen zu Gastfreundschaft kollidiert das, was Jesus sagt. Warum?*

55 Fundort: https://commons.wikimedia.org/wiki/File:Johannes_(Jan)_Vermeer_-_Christ_in_the_House_of_Martha_and_Mary_-_Google_Art_Project.jpg

Impuls 7

Verstummen / Verlustorientierung Kommunikation

Die Geschichte mit dem Hammer

Ein Mann will ein Bild aufhängen. Den Nagel hat er, nicht aber den Hammer. Der Nachbar hat einen. Also beschließt unser Mann, hinüberzugehen und ihn auszuborgen. Doch da kommt ihm ein Zweifel: Was, wenn der Nachbar mir den Hammer nicht leihen will? Gestern schon grüßte er mich nur so flüchtig. Vielleicht war er in Eile. Aber vielleicht war die Eile nur vorgeschützt und er hat etwas gegen mich. Und was? Ich habe ihm nichts angetan; der bildet sich da etwas ein. Wenn jemand von mir ein Werkzeug borgen wollte, ich gäbe es ihm sofort. Und warum er nicht? Wie kann man einem Menschen einen einfachen Gefallen abschlagen? Leute wie dieser Kerl vergiften einem das Leben. Und dann bildet er sich noch ein, ich sei auf ihn angewiesen. Bloß weil er einen Hammer hat. Jetzt reicht's mir wirklich. Und so stürmt er hinüber, läutet, der Nachbar öffnet, doch noch bevor er »Guten Tag« sagen kann, schreit ihn unser Mann an: »Behalten Sie Ihren Hammer, Sie Rüpel!«

Paul Watzlawick[56]

ANREGUNG UND VERTIEFUNG

Der verstorbene österreichische Sprachwissenschaftler Paul Watzlawick hat ein kleines Büchlein geschrieben mit verschiedenen Geschichten über die zwischenmenschliche Kommunikation. Die Geschichte von dem Mann, der sich einen Hammer ausleihen möchte, steht stellvertretend für unsere Fähigkeit, Situationen zu konstruieren und daraus Handlungen abzuleiten. Dass sich die Konstruktion ohne kommunikative Resonanz durch ein Gegenüber immer verselbstständigt, macht den Reiz der Erzählung aus und verdeutlicht damit gleichzeitig die Gefahr unbegründeter, die Realität ersetzender Vermutungen. Den sozialpsychologischen Mechanismus, anderen Menschen Eigenschaften und Dinge zuzuschreiben, ohne dass es dafür belastbare reale Zusammenhänge gibt, nennt man Attribution.

56 P. Watzlawick: Anleitung zum Unglücklichsein, S. 37f.

- Was sagt uns diese Geschichte im Kontext der Trauer?
- Gehen Sie auch auf den Humor dieser Geschichte ein.
- Erzählen Sie von sich persönlich, wie Sie in die Falle der Wirklichkeitskonstruktion tappten.
- Lassen Sie erzählen.

TIPP

Es lohnt, über die Wichtigkeit von Vertrauen in unseren Beziehungen zu sprechen. Wenn Sie Beispiele wie das kindliche Ur-Vertrauen anschaulich erzählen, folgen sicherlich ähnliche Schilderungen der begleiteten Person.

FRAGEN UND AUFGABEN FÜR TRAUERNDE, DIE SIE STELLEN KÖNNEN

- *Paul Watzlawick erzählt diese Geschichte in seiner »Anleitung zum Unglücklichsein«. Wie sich aus einer ersten Annahme eine Vermutung und schließlich ein scheinbar sicheres Urteil entwickelt, zeigt diese Erzählung eindrucksvoll.*
- *Geben Sie allen »Nachbarn« und damit auch sich eine Chance, solchen selbstgestellten Fallen zu entgehen, denn Sie benötigen häufiger einen »Hammer«, gerade in Zeiten der Trauer.*

4.4 Selbstmotivierung – Wie Trauernde sich selbst helfen

Impuls 1

+ Wiedergewinnung von Resonanz / Wiederherstellungsorientierung

Logotherapie

Sigrid schreibt ein Jahr nach dem Tod des Ehemanns, was ihr bei ihrer Trauerarbeit geholfen hat.

Bei aller Traurigkeit und Verlassenheit überwog bei mir das Gefühl tiefer Dankbarkeit meinem Mann gegenüber. Wir hatten in einem langen gemeinsamen Eheleben (50 Jahre) ein aktives, erfülltes Leben. Sein Tod traf uns im August 2019. Er starb nach einem Schlaganfall innerhalb einer Woche. Zum Glück konnte er bis zum letzten Tag sprechen und uns trotz vorliegender Patientenverfügung seinen Willen und seine Entscheidungen mitteilen. Berührt hat uns seine anscheinend rationale konsequente Sterbeentscheidung bei Verzicht auf lebensverlängernde Maßnahmen. Schwer war für mich und unsere Töchter, den Willen meines Mannes bei den Ärzten durchzusetzen. Mich beschäftigt noch immer sein Bemühen, uns durch sein Verhalten in dieser Situation zu schonen. Die nötige Kommunikation zwischen mir und den Töchtern verlief harmonisch und reibungslos.

Den Töchtern, ihren Familien, unseren Freunden und näheren Verwandten danke ich, dass sie mich über längere Zeit aufgefangen haben und ein Ohr für mich hatten. Natürlich habe ich mich auch bemüht, möglichst selbstständig fertig zu werden, denn die jungen Familien sind gut ausgelastet, ihr Leben mit Kindern und Beruf auszubalancieren. Private Einladungen habe ich nie abgesagt, auch wenn es mir manchmal sehr schwerfiel und ich häufig hinterher das heulende Elend bekam. Ich brauche die Verbundenheit mit Menschen und lade auch gerne ein. In der Corona-Zeit gestaltete sich vieles schwierig und ich fühlte mich ausgebremst.

Körperliche Betätigung und Sport wie z. B. Gartenarbeit, Radfahren, Schwimmen. Tennis und Volleyball vermitteln mir Gemeinschaft, Freude, Anspannung und Entspannung.

Meine ehrenamtliche Hospizarbeit habe ich ohne Pause weitergeführt. Sie war so etwas wie eine Therapie, mich um Menschen zu kümmern, denen es offensichtlich schlechter ging als mir.

Die Leidenschaft zu lesen kommt erst allmählich wieder, da ich das erste Jahr viel zu unruhig und unkonzentriert war. Jetzt geht es allmählich wieder, doch mir fehlt häufig die Zeit, da ich Alleinunterhalter für alles bin.

Wenn ich mich sehr schlecht fühle, habe ich mir angewöhnt, ein Tagebuch zu führen, um meine Gedanken zu ordnen. Die zeitlichen Abstände meiner Eintragungen werden allmählich größer, was wohl ein gutes Zeichen ist.

Zusammenfassend kann ich sagen, dass mir auf meinem Trauerweg Folgendes geholfen hat: die Erinnerung an meinen Mann und unser gemeinsames Leben, möglichst viele menschliche Kontakte, möglichst viel Arbeit und viel Bewegung. Ersteres war das Wichtigste.

VERTIEFUNG UND ANREGUNG

»Alleinunterhalterin für alles«, so definiert sich Sigrid: Fragen Sie nach; erstens nach dem Verständnis von »Alleinunterhalter« und zweitens, ob es um »alles« geht oder um einzelne Bereiche des Lebens; drittens nach dem Tagebuchschreiben und der Einbettung in ein resonantes Umfeld.
Auffällig ist das Verhältnis von Reflexion und Tätigsein. Ich sehe darin eine hilfreiche Gleichgewichtsübung.

TIPP

Allaussagen bieten sich oft als Einstieg in ein Gespräch an: ALLES geht schief. KEIN Mensch denkt an mich. NIEMAND versteht mich. Gewöhnlich sind diese Sätze nicht wortwörtlich zu verstehen, sondern unterstreichen die empfundene Not.

FRAGEN UND AUFGABEN FÜR TRAUERNDE, DIE SIE STELLEN KÖNNEN

- *Kontakterhaltung und Aktivität ist der Schreiberin wichtig. Auf welche Weise gestaltet sie ihr soziales Leben?*
- *Ist das Führen eines Tagebuchs etwas für Sie?*
- *Wie bewahren Sie Ihre Erinnerungen auf?*

Impuls 2

Resilienz — Selbstwirksamkeit

WERNER SCHREIBT FÜNF JAHRE NACH DEM TOD SEINES LANGJÄHRIGEN FREUNDES ÜBER SEINE VERARBEITUNGSAUFGABEN.

Mein glücklicher Lebensweg begleitet durch den Tod mit unterschiedlichen Intensitäten.
Plötzlicher Tod nach einer vorangegangenen langen Liste mit Todesfällen sowohl inner- als auch außerhalb meiner Familie.
Todesfälle durch Suizid.

Altersbedingte Todesfälle. Plötzliche Todesfälle meiner Mutter und meiner Schwester.
Nach den plötzlichen Todesfällen meiner Mutter und meiner Schwester dachte ich, dass man vorbereitet sei in so einer Situation. Doch wieder ist da dieses Gefühl von Ohnmacht, Wut und Machtlosigkeit.
In den letzten Jahren waren Robert und ich uns auf Grund seiner langen Krankengeschichte wieder nähergekommen und hatten noch einige gemeinsame Unternehmungen im Rahmen seiner Möglichkeiten geplant. Durch den vorherigen plötzlichen Tod seiner Tochter und meiner Schwester war das Thema Tod immer präsent.
Eine persönliche Verabschiedung von Robert am Sarg war nicht möglich.
Danach viele Gespräche mit meiner Familie, meinen Freunden und seinen Geschwistern. Versuche, das Geschehene zu verstehen. Lange Spaziergänge, Radfahren, Musik hören, Gedanken fliegen lassen. Wichtigkeiten im Leben feststellen und eventuell neu ordnen. Realität anerkennen.
Die geschenkte Zeit dankbar annehmen. Nach vorne blicken. In guter Erinnerung behalten.

VERTIEFUNG UND ANREGUNG

Werner schreibt in zwei Schritten, die sich deutlich unterscheiden. Die angedeutete Auflistung ist keine einfache Aufzählung, da sie versucht, die Verluste einzuordnen, für sich selbst verständlicher zu machen.
Der zweite Teil ist die Erinnerung an den Freund.
Dazwischen lesen wir immer wieder von seinen Verarbeitungen.

TIPP

Setzen Sie den Text nur ein, wenn Ihre Begleitung in einer etwa vergleichbaren Situation ist.

AUFGABEN FÜR TRAUERNDE, DIE SIE STELLEN KÖNNEN

- *Die letzten fünf Sätze sind eine Art von Verarbeitungsaufgaben, die Werner sich selbst stellt. Sind das auch sichere Trittsteine* für Sie?
- *Variieren Sie, ergänzen Sie, löschen Sie.*

Impuls 3

Wiedergewinnung von Resonanz / Wiederherstellungsorientierung

Kommunikation

Der blinde Fleck

Eine Einladung, sich Rückmeldung geben zu lassen

VERTIEFUNG UND ANREGUNG

Das Modell des Johari-Fensters (Johann Luft und Harry Ingram[57]) hilft seit 1955 dabei, unsere Schwachstellen zu erkennen und vielleicht auch zu verkleinern. Die Bezeichnungen der vier Felder des Fensters lassen sich variieren je nach Bedarf und Einfallsreichtum.
Ich verstehe Feedback als ein Instrument, um Resonanz zu ermöglichen.

Abbildung 28 Das Johari-Fenster

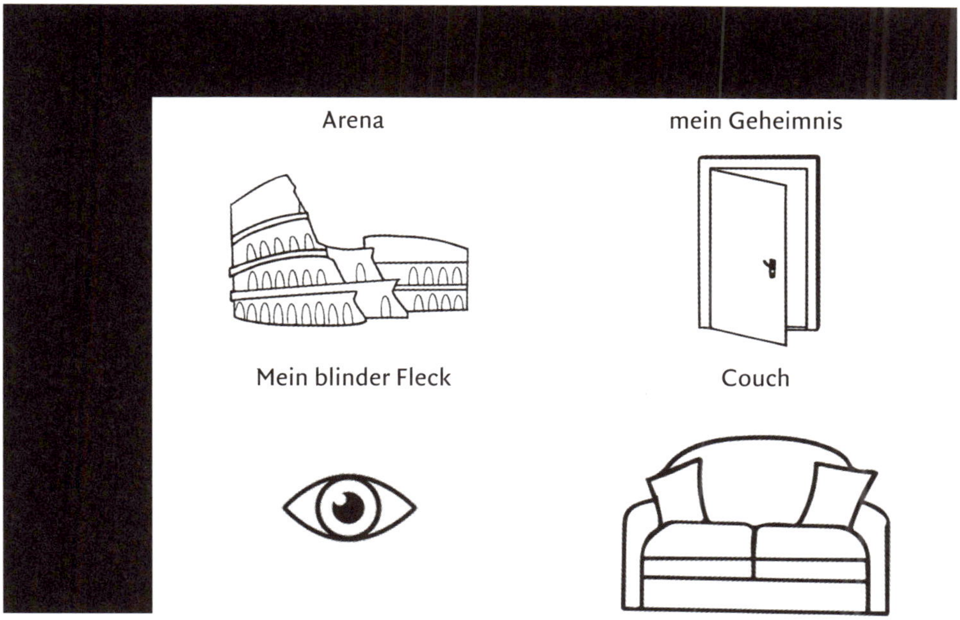

Grafik: Petra Rörsch

57 B. Langmaack: Soziale Kompetenz, S. 151.

Diese Darstellung zeigt vier Fenster, die durch mein Wissen bzw. Unwissen und das der anderen entsteht.

- Die »Arena« meint ein allen zugängliches Wissen, das Offensichtliche, das Öffentliche.
- Mein Geheimnis erschließt sich anderen nicht, gehört nur mir allein.
- Die »Couch« steht für das Unbewusste, welches eventuell ein Psychologe herausfinden könnte.
- Hier geht es jedoch allein um den sogenannten blinden Fleck. »Auf dem Auge bist du blind«, sagt ein Sprichwort. Nur wenn ich mir von anderen das sagen lasse, was ich nicht wissen kann, kann dieser Fleck kleiner werden.
- Vertrauen ist die eine Säule, wenn Sie sich Feedback geben lassen oder es anderen geben; die andere heißt Freiwilligkeit.

TIPP

Lassen Sie sich Feedback geben von der Person, die Sie begleiten, das erhöht das Vertrauen. Ob die oder der Trauernde ebenfalls ein Feedback möchte, ist nicht entscheidend für die weitere Begleitung.

FRAGEN UND AUFGABEN FÜR TRAUERNDE, DIE SIE STELLEN KÖNNEN

- *Zu meinem Bild, das ich mir von mir mache, gehört das Bild, das andere sich von mir machen.*
- *Von anderen Menschen etwas Kritisches gesagt zu bekommen, erfordert stets ein Maß an Akzeptanz. Besonders in der Trauerzeit ist die Seele extrem hellhörig und nimmt deshalb manche Sätze als besonders verletzend wahr. Wenn wir jedoch wissen und es annehmen, dass wir unseren blinden Fleck nur mit Hilfe unserer Mitmenschen erkennen können, nehmen wir solche Aussagen zumindest leichter an. In den besten Fällen verkleinern sie den blinden Fleck.*

Impuls 4

Resilienz Coping

Warten

Abbildung 29 Warten

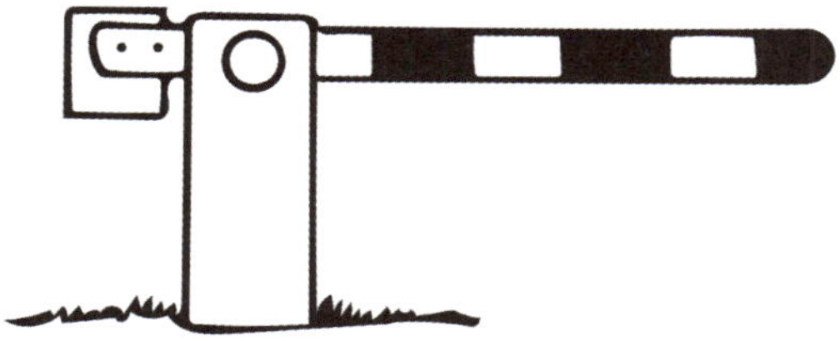

Grafik: Petra Rörsch

Wie warte ich persönlich?	Worauf?
Beim Warten passiert bereits viel ...	Was?
Beim Warten stellen wir uns etwas vor ...	Was?
Beim Warten entwickeln wir Phantasie ...	Worüber?
Denn Warten ist Vorfreude ...	Worauf?
Denn Warten ist Hoffnung ...	Worauf?
Warten erfordert Haltung ...	Welche?
Warten können ist Haltung ...	Welcher Art?

VERTIEFUNG UND ANREGUNG

Die meisten der Fragen lassen es zu bzw. regen dazu an, sie in erlebte Geschichten zu kleiden.

Als Türöffner für einen Dialog können Sie von einer persönlichen Wartesituation erzählen, an die sich dann leichter anschließen lässt.

Einen biblischen Bezug finden Sie in Psalm 37, Vers7: »Sei still vor dem Herrn und harre auf ihn.«

TIPP

Im absurden Theaterstück »Warten auf Godot« von Samuel Beckett warten Estragon und Wladimir vergeblich. Wahrscheinlich finden Sie einen passenden Auszug aus dem Stück.

FRAGEN UND AUFGABEN FÜR TRAUERNDE, DIE SIE STELLEN KÖNNEN

- *Im Verlauf des Lebens warten Menschen oft. Wie haben Sie als Kind gewartet?*
- *In ihrer persönlichen Situation warten Sie jetzt worauf?*
- *Können und möchten Sie diese Fragen beantworten?*
- *Haben Sie einen ruhigen Lieblingsplatz in Ihrer Wohnung? Suchen Sie diesen auf und verweilen sie dort. Nehmen Sie die Ruhe in sich auf. Beantworten Sie die Fragen. Wiederholen Sie das Szenario mehrmals im zeitlichen Abstand. Sie werden sehen, wie Sie Stück für Stück weiterkommen.*

Impuls 5

○ Trauerphasen ● Kommunikation

KAI SCHREIBT ZU DEN TRAUERAUFGABEN VON J. WILLIAM WORDEN:

Die Realität des Verlustes akzeptieren
»Zurzeit habe ich den Verlust von Philipp realisiert. Die Trauer überwiegt nicht mehr, sondern die Freude, dass Irene und ich das Trauerjahr zusammen bearbeitet haben. Wir sind dabei, an einem Strang zu ziehen und sind nicht nach links oder rechts als einzelne Person abgebogen.«

Den Trauerschmerz erfahren
»Ich habe erfahren müssen, dass die Trauer um Philipp sehr stark brennt. Es ist ein Feuer in meinem Körper, das so heiß ist, dass ich davon unruhig und nervös werde, wenn etwas nicht sofort gelingt. Dann würde ich am liebsten loslaufen.«

Sich an eine Umwelt anpassen, in der der Verstorbene fehlt
»Für die Umwelt muss ich funktionieren. Egal, wie stark der Schmerz und die Trauer sind. Für mich selbst hoffe ich, dass Philipp immer in meinem Herzen ist und ich ihn mit in meine Umwelt tragen kann.«

Emotionale Energie abziehen und in eine andere Beziehung investieren
»Die Energie umleiten und in meine eigene Beziehung zu Irene stecken. Das musste ich lernen, und ich glaube, dass die Liebe zu ihr stärker geworden ist. Nichtdestotrotz muss auch noch Energie für Philipp da sein, damit die Trauer erträglich wird.«

Zu der Tafel der Gezeiten nach Ruthmarijke Smeding schreibt Irene:

Die Schleusenzeit
»Letztes Jahr, als wir die Nachricht bekamen, war der Schleusenkanal viel mit Trauer, Ohnmacht, Sprachlosigkeit, Schmerz voll.«

Die Januszeit
»Ich schau viel in die Vergangenheit, weil Philipp gelebt hat und mir viel geschenkt hat, seine liebevolle Art, Humor. Ich erinnere mich gerne an die Vergangenheit, weil sie mir geblieben ist. Und die Zukunft mit Philipp bleibt mir verwehrt.«

Die Labyrinthzeit
»In vielen Situationen fühle ich mich wie in einem Labyrinth. Die Gedanken an den Unfall von Philipp durchlaufen meinen Kopf, ohne einen Ausweg zu finden, weil mein Schmerz sich wie ein Gewitter in mir ausbreitet. Ich fühle mich so mutlos, weil ich ohne Philipp leben muss. Endgültig, ohne Ausweg.«

Die Regenbogenzeit
»Mein Wunsch: Mit dem Regen (Philipp) und mit der Sonne (Familie) verschmelzen und in die Welt tragen die leuchtenden Farben des Regenbogens.«

VERTIEFUNG UND ANREGUNG

In Ihrer Ausbildung haben Sie verschiedene Modelle des Trauerverlaufs kennengelernt. Wahrscheinlich haben Sie sich von dem einen oder anderen Modell besonders ansprechen lassen. Die Unterschiede zwischen den Theorien habe ich oben genannt (Kapitel 3.1). Die Modelle – von Worden und nach Smeding – haben ihre Berechtigung darin, dass sie aus einer intensiven Beschäftigung mit Trauernden zumindest einen Prozess mit definierbaren Abfolgen erkannt haben. Die Begrifflichkeit ist bei J. William Worden als eindeutige Aufgabe genannt; Smeding benutzt eine Bildsprache, deren Metaphern erläutert werden sollten.

TIPP

Wenn der zeitliche Abstand zum Verlust groß genug ist, kann der begleitete Mensch seinem Trauerprozess vielleicht selbst Namen geben.

FRAGEN UND AUFGABEN FÜR TRAUERNDE, DIE SIE STELLEN KÖNNEN

- *Wir haben in unseren gemeinsamen Gesprächen Ihrer Trauerbegleitung über Trauerarbeit gesprochen und uns mit einigen Modellen näher beschäftigt.*
- *Falls Ihnen eines der Trauermodelle zusagt / Sie ein wenig mit ihm vertraut sind / Sie sich Hilfe von ihm versprechen, dann könnten wir gemeinsam darüber reden, wie weit es Ihnen hilft.*

Impuls 6

Wiedergewinnung von Resonanz / Wiederherstellungsorientierung

Resilienz

Resilienz, Akzeptanz und Lösungsorientierung

DIE ELTERN CINDY UND BERND SCHREIBEN MONATE NACH DEM UNFALLTOD IHRES 11-JÄHRIGEN SOHNES MORITZ AUF DEM SCHULWEG.

Cindy:
Meine Wünsche und Ziele heißen, irgendwann mit der Trauer umgehen zu können, dass die Familie wieder ins »normale« Leben zurückfindet, dass wir wieder mehr Lebensfreude zurückbekommen, mehr Antrieb, dass ich meine Ängste überwinden kann, dass ich nichts vergesse. Wenn ich an Moritz denke, sollen Gefühle wie Dankbarkeit, Stolz und schöne Erinnerungen überwiegen.

Bernd:
Meine Wünsche und Ziele sind es zu lernen, neue Perspektiven zu finden, den Alltag wieder besser zu meistern, arbeiten zu gehen, die Erinnerungen an Moritz aufrechtzuerhalten, mein Gedächtnis zurückzubekommen, mit Moritz in Kontakt zu bleiben, von ihm erzählen zu können mit einem Lachen und ihn weiterzutragen, meine Belastbarkeit zu erhöhen, richtige Entscheidungen zu treffen. Dass wir als Familie zusammenbleiben, dass unsere Mädchen sich nicht unwichtig fühlen, nicht noch mehr Schaden erleiden. Dass wir ihnen wieder mehr Freiheit geben, ohne uns immer wieder zu ängstigen.

VERTIEFUNG UND ANREGUNG

Cindy und Bernd haben den Mut aufgebracht, ihre Wünsche und Ziele für sich und mich als Begleiter aufzuschreiben und vorzulesen. Im Zentrum stehen dabei die Erinnerungen an Moritz, der Zusammenhalt der Familie und der Wunsch nach mehr Kraft für den Alltag.
Ich sehe darin die Resilienzsäulen Akzeptanz und Lösungsorientierung.

TIPP

Gehen Sie auf den Begriff der Resilienz ein und finden Sie dabei gemeinsam ein Wort, das vielleicht besser passt (widerstehen, abprallen, zurückweisen).

Resilienz: siehe Kapitel 3.6

Akzeptanz

FRAGEN UND AUFGABEN FÜR TRAUERNDE, DIE SIE STELLEN KÖNNEN

- *Wahrscheinlich haben viele Menschen von Ihnen gefordert oder sie werden es noch tun, den Tod Ihres Kindes oder Ihres Angehörigen endlich zu akzeptieren. Und vermutlich konnten Sie diesem hilfreich gemeinten Satz nicht folgen. Verständlicherweise.*
- *Wenn Sie die sich anschließenden kleinschrittigen Anregungen eher als Impulse verstehen können, werden Sie sich über sich selbst klarer werden:*

- *Warum kann ich (noch) nicht akzeptieren, dass mein Kind/mein Angehöriger gestorben ist?*
- *Wann kann ich akzeptieren, dass mein Kind/mein Angehöriger gestorben ist?*
- *Kann ich den Verlust je akzeptieren?*
- *Was kann ich akzeptieren?*
- *Allgemeiner ausgedrückt: die Akzeptanz der Krise, des Verlustes. Davon hängt es ab, ob ich aus der Krise herauskomme.*
- *Ich füge mich in das Unumkehrbare, weil ich es nicht ändern kann.*
- *Akzeptiere ich es nicht, dann klammere ich mich an eine Hoffnung, für die nur die Hoffnung spricht.*
- *Akzeptanz des Todes heißt nicht, dass ich emotional einverstanden bin.*

Lösungsorientierung

FRAGEN UND AUFGABEN FÜR TRAUERNDE, DIE SIE STELLEN KÖNNEN

- *Auch hier beginnt der Weg mit dem ersten Schritt.*
- *Die Lösungsorientierung beginnt mit der Suche nach Lösungswegen.*
- *Dazu gehört der Wille, der Entschluss, sich auf den Weg der Suche zu machen.*
- *An Lösungen können Sie sich annähern, sie müssen nicht sofort da sein.*
- *Lösungen sind keine Er-Lösungen, sondern nur Stufen einer Leiter.*

Impuls 7

Wiedergewinnung von Resonanz / Wiederherstellungsorientierung

Resilienz

Stufen

Wie jede Blüte welkt und jede Jugend
Dem Alter weicht, blüht jede Lebensstufe,
Blüht jede Weisheit auch und jede Tugend
Zu ihrer Zeit und darf nicht ewig dauern.

Es muss das Herz bei jedem Lebensrufe
Bereit zum Abschied sein und Neubeginne,
Um sich in Tapferkeit und ohne Trauern
In andre, neue Bindungen zu geben.
Und jedem Anfang wohnt ein Zauber inne,
Der uns beschützt und der uns hilft, zu leben.
Wir sollen heiter Raum um Raum durchschreiten,
An keinem wie an einer Heimat hängen,
Der Weltgeist will nicht fesseln uns und engen,
Er will uns Stuf' um Stufe heben, weiten.
Kaum sind wir heimisch einem Lebenskreise
Und traulich eingewohnt, so droht Erschlaffen;
Nur wer bereit zu Aufbruch ist und Reise,
Mag lähmender Gewöhnung sich entraffen.
Es wird vielleicht auch noch die Todesstunde
Uns neuen Räumen jung entgegensenden,
Des Lebens Ruf an uns wird niemals enden.
Wohlan denn, Herz, nimm Abschied und gesunde!
Hermann Hesse[58]

VERTIEFUNG UND ANREGUNG

Bereits der Titel »Stufen« verweist auf Bewegung und suggeriert eine ständige Bewegung nach oben.
Suchen Sie gemeinsam diese Stufen.

TIPP

Da der »Weltgeist«[59] in dem Gedicht einen aktiven Part übernimmt und fast grenzenloser Optimismus aus den letzten Versen spricht, sollten Sie die Person, die Sie begleiten, sehr gut kennen – damit dieser Optimismus sie nicht überfordert.

58 H. Hesse: Mit der Reife wird man immer jünger, S. 87f.

59 Ein Begriff aus der Philosophie Hegels (1770–1831), der einen in der Geschichte herrschenden und die Geschichte beherrschenden Geist annimmt.

FRAGEN UND AUFGABEN FÜR TRAUERNDE, DIE SIE STELLEN KÖNNEN

- *Verbunden mit dem Thema Abschied und Neubeginn verspricht Hesses Gedicht ein Fortschreiten und Entwickeln. Können Sie sich diesem optimistischen Gedanken anschließen?*
- *Der Appell heißt eindeutig, sich in Bewegung zu setzen. Fühlen Sie sich im Moment in der Lage, sich auf diesen Weg zu begeben?*

Impuls 8

Wiedergewinnung von Resonanz / Wiederherstellungsorientierung

Selbstwirksamkeit

Die schwersten Wege
werden alleine gegangen,
die Enttäuschung, der Verlust,
das Opfer,
sind einsam. Selbst der Tote,
der jedem Ruf antwortet und sich keiner Bitte versagt,
steht uns nicht bei
und sieht zu,
ob wir es vermögen.
Die Hände der Lebenden,
die sich ausstrecken,
ohne uns zu erreichen,
sind wie die Äste der Bäume im Winter.
Alle Vögel schweigen.
Man hört nur den eigenen Schritt
und den Schritt, den der Fuß noch nicht gegangen ist,
aber gehen wird.
Stehenbleiben und sich Umdrehn hilft nicht.
Es muss gegangen sein.

Nimm eine Kerze in die Hand
wie in den Katakomben,
das kleine Licht atmet kaum.
Und doch, wenn du lange gegangen bist,

bleibt das Wunder nicht aus,
weil das Wunder immer geschieht,
und weil wir ohne die Gnade
nicht leben können:
die Kerze wird hell vom freien Atem des Tags,
du bläst sie lächelnd aus,
wenn du in die Sonne trittst
und unter den blühenden Gärten
die Stadt vor dir liegt,
und in deinem Hause
dir der Tisch weiß gedeckt ist.
Und die verlierbaren Lebenden
und die unverlierbaren Toten
dir das Brot brechen und den Wein reichen –
und du ihre Stimmen wieder hörst ganz nahe bei deinem Herzen.
Hilde Domin[60]

VERTIEFUNG UND ANREGUNG (MIT EINER DEUTUNGSHILFE)

Unterstützungsideen

Die schwersten Wege
werden alleine gegangen *(in dieser Eingangsthese ist das Alleinsein als unausweichlich festgestellt),*
die Enttäuschung, der Verlust,
das Opfer,
sind einsam. Selbst der Tote,
der jedem Ruf antwortet und sich keiner Bitte versagt *(Allaussagen),*
steht uns nicht bei *(als Zeichen der äußersten Einsamkeit)*
und sieht zu,
ob wir es vermögen *(eine Bewährungsprobe).*
Die Hände der Lebenden,
die sich ausstrecken,
ohne uns zu erreichen *(Kontaktverlust),*

60 H. Domin, Sämtliche Gedichte, S. 95.

sind wie die Äste der Bäume im Winter *(Vergleich).*
Alle Vögel schweigen *(wie Kälte, Tod).*
Man hört nur den eigenen Schritt *(alles andere ist verstummt)*
und den Schritt, den der Fuß noch nicht gegangen ist,
aber gehen wird *(Voraussage, Vorhersehung).*
Stehenbleiben und sich Umdrehn hilft nicht.
Es muss gegangen sein *(unausweichlich).*
Nimm *(Imperativ)* eine Kerze in die Hand
wie in den Katakomben *(in denen die Gebeine der Toten liegen),*
das kleine Licht atmet kaum.
Und doch, wenn du lange gegangen bist *(Bewegung als Voraussetzung),*
bleibt das Wunder nicht aus *(ein Versprechen),*
weil das Wunder immer geschieht *(Steigerung des Versprechens),*
und weil wir ohne die Gnade *(Heilsversprechen)*
nicht leben können:
die Kerze wird hell vom freien Atem des Tags *(eine Art von irdischer Auferstehung),*
du bläst sie lächelnd aus,
wenn du in die Sonne trittst *(Steigerung Kerze, Licht, Sonne)*
und unter den blühenden Gärten
die Stadt vor dir liegt *(vom Großen zum Kleinen, vom Weiten zum Nahen),*
und in deinem Hause *(in deinem Eigentum)*
dir der Tisch weiß gedeckt ist *(Farbe verweist auf Freude, Fest).*
Und die verlierbaren Lebenden
und die unverlierbaren Toten *(gemeinschaftliche Handlung der Lebenden und der Toten)*
dir das Brot brechen und den Wein reichen – *(Eucharistie)*
und du ihre Stimmen wieder hörst ganz nahe bei deinem Herzen *(bei dir selbst).*

TIPP

Schon der Titel lässt sich als Metapher verstehen für das Leben. Andere Bilder können Sie anbieten oder gemeinsam suchen. Straße des Lebens? Einbahnstraße? Steiniger Weg?

FRAGEN UND AUFGABEN FÜR TRAUERNDE, DIE SIE STELLEN KÖNNEN

- *Dieses Gedicht spricht von der Schwere der Trauer, und zugleich weist es auf einen Weg »in die Sonne«. Lernen Sie zu vertrauen in die eigenen Fähigkeiten.*
- *Suchen Sie sich einen Vers des Gedichtes aus. Notieren Sie ihn auf ein großes Blatt und verzieren Sie diesen ausgesuchten Vers nach Ihrem Geschmack. Machen Sie ihn wertvoll. Hängen Sie das Blatt an einem gut sichtbaren Platz in Ihrer Wohnung auf.*

4.5 Eigeninitiative – Was Trauernde an Gedenktagen machen

Impuls 1

− Verstummen + Wiedergewinnung der Resonanz

IRENE SCHREIBT ZUM ERSTEN JAHRESTAG IHRES BEI EINEM UNFALL GESTORBENEN SOHNES. GELESEN VON IHREM MANN KAI AUF DEM FRIEDHOF IM BEISEIN EINIGER FAMILIENMITGLIEDER, EHEMALIGER KOLLEGEN UND DES PFARRERS, DER DIE GEDENKFEIER MODERIERT.

Philipp.
Ein Jahr ohne dich. Vier Worte, und so schwer zu ertragen. Tag für Tag, 8760 Stunden schmerzhaft und traurig mussten wir diese Zeit ohne deine Stimme, dein Lachen, dein Zuhören, deine Umarmung, dein Weinen aushalten. Für uns ist die Welt stehengeblieben. Wir bewegen uns im tiefsten Nebel. Wir sind so benebelt, wir sehen nicht klar, unsere Herzen sind in kleine Stücke zersplittert. Das macht uns so müde und leer, weil wir auf die Hoffnung nicht zählen können.
Weil du aus unserer Mitte herausgerissen wurdest und nie mehr heimkommst. In deinem Zimmer sind keine Bewegung, kein Atem und

keine Geräusche, es herrscht nur Stille. Es ist unfassbar, mit dieser Stille umzugehen.
Ich befülle deinen Mülleimer in deinem Zimmer, nur damit ich deine Stimme in meinem Ohr habe, wie du sagst: »Werfe deinen Müll in deinen Mülleimer!« Oder wenn ich mich aufhübschte, hast du gleich gefragt: »Mutti, wo willst du hin?«
Das ist so präsent, als ob du in der Tür stehst und mich beobachtest.
Du bist so ein guter und großzügiger Sohn und Bruder. Wir vermissen dich in jeder Situation und bei jedem Schritt, den wir gehen. Dein Leben war so zart und zerbrechlich wie eine Rose, dabei fügen uns die Dornen einen tiefen Schmerz zu. Wir können dein Schicksal immer noch nicht akzeptieren, dass du als Erdenbürger nicht mehr unter uns bist und dein Platz leer bleibt in deinem Elternhaus. In unserem Herzen bleibst du eingebettet für immer.
Tag für Tag versuchen wir, uns zu trösten mit Geschichten, die wir mit dir erleben durften. Dafür sind wir dankbar.
Philipp, danke, dass du unser Sohn und Bruder bist. Forever. Unser Zukunftstag ist vergangen, aber ein Teil von dir bleibt bei uns. Philipp, du hast Spuren und Wunden bei uns und unseren Mitmenschen hinterlassen. Hinter der Regenbogenbrücke sehen wir uns wieder. Philipp, es ist schwer für uns, es auszuhalten ohne dich. Die Liebe zu dir bleibt für immer.
Philipp, wir lieben dich. Gruß und Kuss. Deine crazy Family.
Liebe wird sein, Liebe, was sonst.

VERTIEFUNG UND ANREGUNG

Der erste Jahrestag ist ein sehr schmerzlicher Tag. Deshalb ist es sehr wichtig, dass dieser Tag vorbereitet wird und nicht nur in Passivität erlitten wird.
Geben Sie Hinweise, welche Möglichkeiten Sie sehen.
Entwickeln Sie zusammen mit dem trauernden Menschen ein Konzept für diesen Tag und andere Gedenktage wie Geburtstag, Namenstag, Feiertage.
Denken Sie auch an den Advent als Erinnerungsmonat. Die Trauernden warten – wie die Christen auf die Ankunft ihres Heilands – darauf,

dass ihr Leben irgendwann wieder in Ordnung kommt. Es wird eine andere sein, aber etwas, bei dem sie vielleicht »in Ordnung« denken können.

TIPP

Erinnerungen an diesen Tagen führen immer wieder zur Trauer. Allerdings gilt auch, dass ein Leben ohne Erinnerung (fast) nicht stattgefunden hat. Grundsätzliches zu Ritualen finden Sie bei Gratz / Roser, Curriculum Spiritualität, S. 138–148.
Wenn die Begleiteten katholisch sind, könnten sie auch die Termine der Kirche wie den »Dreißigsten« (einen Monat nach der Beerdigung) und den Jahrestag (nach einem Jahr) nutzen, um Angehörige in der Kirche zu versammeln und Freunde einzuladen und des Toten zu gedenken.

FRAGEN UND AUFGABEN FÜR TRAUERNDE, DIE SIE STELLEN KÖNNEN

- *Sie erinnern sich an viel Erzählenswertes aus dem Leben des Verstorbenen. Wenn Sie die Augen schließen, können Sie sich bestimmt noch besser erinnern.*
- *Erzählen Sie sich und anderen von dem, was Ihnen auf dem Herzen liegt.*
- *Laden Sie Verwandte, Freunde, Bekannte ein, mit Ihnen diesen Tag zu begehen.*
- *Bleiben Sie nicht allein an diesem Tag.*
- *Findet der Gedenktag Anfang Dezember statt, kann ein »Barbarazweig«, der Zweig eines Kirschbaumes, in eine Vase gestellt werden. Er blüht an Weihnachten.*
- *Im Januar blüht als Erstes der Seidelbast. Stellen sie einen Zweig in eine Vase ein.*
- *Findet der Gedenktag in der Osterzeit statt, blühen die Forsythien. Ein Zeichen neuen Lebens.*
- *Immer und jederzeit können Sie eine Kerze mit Wachsfolien verzieren. Wählen Sie ein Motiv aus, das Ihnen guttut. Zünden Sie die Kerze am Gedenktag an.*
- *Vielleicht fallen Ihnen noch weitere Ideen zur Gestaltung eines Gedenkens ein; Texte, Bilder, Musik …*

Impuls 2

Kommunikation — Verstummen / Verlustorientierung

IRENE SCHREIBT EIN JAHR NACH DEM UNFALLTOD IHRES SOHNES ÜBER SELBSTVORWÜRFE.

In meinem Inneren Team gibt es viele Sprecher und auch Schweigende. Da sind: Die *Einsame, die Unselbstständige, die Ängstliche, die Gekränkte, die Schüchterne.*

Die Mutige ist fast immer hinter Gittern, ich kann sie sehr selten befreien und für mich reden lassen. Manchmal bei der Arbeit, da könnte ich sie gut gebrauchen, wenn mich jemand fragt, wie es mir geht, und ich es seinem Gesicht ansehe, dass er gar keine echte Antwort hören möchte. Dann wäre ich gerne so mutig, ihm zu sagen, dass ich auf eine ehrliche Frage gerne antworte, jedoch nicht auf eine Höflichkeitsfloskel.

Doch einen kann ich kaum bändigen. Ich nenne ihn der Einfachheit halber *Schwarzredner oder -flüsterer* in Anlehnung an den, der alles schwarzsieht. Ja, meist flüstert er nur in mein Ohr, doch das oft minutenlang. Wenn er mich fragt, dann ist es meist die Warum-Frage. Warum hast du nicht besser ...? Warum hast du nicht öfter ...? Warum freust du dich? Warum triffst du dich mit Freunden? Und immer dabei der Satzanhang *»..., obwohl dein Sohn tot ist«.*

Was ich dann unternehme? Ich suche die *Erlauberin,* die ich selten finde. Sie spricht immer mit dem üblichen *»ja, aber«.* Und damit ist sie fast schon wie eine vorwurfsvolle Teamspielerin. Ich brauche jemanden, der mich stark macht.

Doch mittlerweile gehe ich einen anderen Weg: Ich sage nicht mehr »man.« Man sollte, man müsste. Ich benutze manches Mal die Ich-Botschaft.

Das Innere Team

Die Karikatur versucht zu zeigen, dass wir nicht ein-stimmig sprechen, wenn wir denken und dann auch entscheiden, was wir tun, sondern mehr-stimmig.

Abbildung 30 Das Innere Team

Grafik: Petra Rörsch

Sie können mit der karikaturhaften Darstellung des Inneren Teams arbeiten. Lassen Sie neue, andere Bezeichnungen für die verschiedenen Rollen formulieren.

Der Kommunikationsforscher Friedemann Schulz von Thun verbildlicht anschaulich, dass es bei Entscheidungen fast immer um eine Auseinandersetzung zwischen unterschiedlichen »Teammitgliedern« in uns selbst geht. Er ist davon überzeugt, dass erst Klarheit und Klärung in uns selbst eine eindeutige Kommunikation mit anderen ermöglicht. Begrifflichkeit aus dem Sportbereich (Teamplayer, Angreifer, Verteidiger) und auch die Theatermetaphern (Ensemble auf der inneren Bühne) versinnbildlichen, was Schulz von Thun unter »Team« versteht. Bei ihm ziehen aber nicht alle an einem Strang und kämpfen zusammen um den Sieg oder den Erfolg. Es gibt Quertreiber und Störenfriede.

Auch in Trauernden kämpfen verschiedene Seelen. Manche helfen, andere schießen quer. Manche sprechen laut, andere schweigen, einige sind verstummt, kommen nicht mehr zu Wort. Ihnen können wir beistehen, wieder ihre eigene Sprache zu finden. Wieder resonant zu werden, sich zu öffnen, wieder zu hören, sich wieder anderen zuzuwenden und sich zu äußern.

Da die Schuldfrage in der Trauer oft eine große Rolle spielt, können Bezeichnungen wie Schuldiger, Ankläger, Richter oder Verteidiger helfen, den inneren Spannungen auf die Spur zu kommen. Ankläger sind mitunter nur Agenten »fremder Mächte«, seien es Eltern, Geschwister, das allgegenwärtige »man«.

Die Ich-Botschaft

Die Ich-Botschaft eignet sich hervorragend zur Übermittlung von eigenem Empfinden und Wünschen.

Sie besteht in der Regel aus vier Teilen: Sie

- drückt eigenes Erleben aus,
- beschreibt, was zur Situation führt,
- benennt konkret die Wahrnehmung der Situation,
- äußert einen Wunsch.

Beispiel

- Unsere Frage: »Du wirkst heute auf mich sehr bedrückt, weil du immer auf den Boden schaust. Kannst du mir etwas dazu erzählen?«
- Die Antwort des Begleiteten erfolgt dann als Ich-Botschaft, weil wir direkt nach seinem eigenen Empfinden gefragt haben.

Gerade die direkte Frage nach dem Empfinden des anderen setzt potentiell eine resonante Kommunikation in Gang. Sie nimmt ihn ernst und macht ihm deutlich, dass wir ihn wichtig finden. So legen wir den Grund dafür, dass er uns auch zuhört in dem, was wir empfinden, und sich uns so zuwendet wie wir uns ihm.
Was für Ehe- oder Partnerkonflikte hilft, ist auch für die Begleitung Trauernder grundlegend, wenn sie resonant sein und also gelingen soll.

TIPP

Machen Sie darauf aufmerksam, dass Selbstgespräche gut geeignet sind, die verschiedenen Mitglieder des »Inneren Teams« reden zu lassen.

FRAGEN UND AUFGABEN FÜR TRAUERNDE, DIE SIE STELLEN KÖNNEN

- *Wahrscheinlich kennen Sie Tage, an denen Sie selbst nicht wissen, was Sie alles hätten anders machen können oder müssen. Hätte ich doch ... Ach, wäre ich doch ... Das sind Stimmen des Inneren Teams. Sie selbst können am besten wissen, wer da laut spricht, wer schweigt, wer sich nicht wagt, wer querschießt, wer ...*
- *Wenn Sie sich jetzt einmal Ihr Inneres Team anschauen, werden Sie vielleicht entdecken, wer da dominiert und Ihre Selbstvorwürfe anhäuft. Schauen Sie sich die einzelnen Teammitglieder genau an, vor allem die Stammspieler. Versuchen Sie bewusst, Ihr Inneres Team zu benennen, um dann mögliche interne Konflikte zu lösen. Die Wirkung nach innen und nach außen wird vieles leichter machen.*
- *Visualisieren Sie. Machen Sie eine Zeichnung von Ihren inneren Teamplayern und geben Sie ihnen einen Namen.*

Impuls 3

Kommunikation — Wiedergewinnung von Resonanz / Wiederherstellungsorientierung

IRENE SCHREIBT EIN JAHR NACH DEM UNFALLTOD IHRES SOHNES, WIE ES IN DER VORWEIHNACHTSZEIT IN IHREM INNEREN TEAM AUSSIEHT.

Dr. Schlechtes Gewissen spricht zu mir: »Weihnachten! Bloß nicht so zelebrieren wie vor Philipps Unfall.«
Der Denker grübelt nach: »Ob ich das mit meinem Gewissen vereinbaren kann?« Und stellt fest: »So kann ich auf keinen Fall Weihnachten feiern.«
Der Moderator für Philipp führt mich auf einen anderen Weg: »Wir begehen das Fest der Liebe mit Philipp an unserer Seite – so wie es möglich ist und wir es angenehm ertragen können.«
Mrs. Selbstlos klopft an: »Aber der Tannenbaum kommt uns auf keinen Fall ins Haus.« Einige Zweige und ein großer Zweig für Philipps Grab. Damit kann ich mich anfreunden. Es entsteht damit Verbundenheit. Ich möchte auch die Geschenke klein halten. Damit habe ich keinen Druck und keine schlaflosen Nächte. Ob Team Kids, Jonas, Dominik und Klara, mit den Geschenken zufrieden sind?
Ich möchte gemeinsam am großen Esszimmertisch speisen, Gespräche führen, gemeinsam an Philipp denken und über ihn sprechen. Toll wäre es, gemeinsam ein Geschenk zu basteln. Möglichst zufrieden den Tag ausklingen lassen.
Der Denker: »Ob ich alles richtig ausgerichtet habe – auch für die anderen?«
Mrs. Selbstlos: »Ich will auch gesehen und gehört werden. Auch wenn ich nach außen tough erscheine, so komme ich schnell an meine Grenzen und bin oft zerrissen und leer.«
Der Moderator für Philipp: »Pusch mich, damit ich für Philipp und mich das Leben in die Hand nehme und die Feiertage hoffnungsvoll und ein bisschen friedvoll mit mir selbst erlebe.«

VERTIEFUNG UND ANREGUNG

Erinnern Sie an kleine und große Entscheidungen in der Vergangenheit.

TIPP

Lassen Sie das Innere Team mit Strichmännchen zeichnen und benennen.

FRAGEN UND AUFGABEN FÜR TRAUERNDE, DIE SIE STELLEN KÖNNEN

- *Wollen Sie es auch allen recht machen?*
- *Wie heißen Ihre Redner?*
- *Gibt es einen, der sich meist durchsetzt?*

Impuls 4

Selbstwirksamkeit Logotherapie

KAI SCHREIBT EINIGE MONATE NACH DEM UNFALLTOD SEINES SOHNES ÜBER RITUALE.

Wie komme ich durch den Tag? Oft stehe ich auf und sofort ist der Unfalltod von Philipp präsent. Dabei helfen mir strukturierte Tagesabläufe/Rituale. Schon beim Aufstehen ist der Gedanke da: Ist das Frühstück fertig? Wie gestalte ich den weiteren Tag? Wenn ich den Tag im Vorfeld plane, gibt es mir Sicherheit. Besonders gilt diese Struktur/Ritual, wenn besondere Tage anstehen. Die zum Beispiel sind: Geburtstage des engsten Familienkreises, Mutter, Vater, Kinder, oder auch Weihnachten und Ostern. Auch andere Tage wie Pfingsten und Hochzeitstage gehören dazu.

Wenn diese im Vorfeld so genau wie möglich geplant werden, hilft dieses, den genannten Tagen Struktur zu verleihen und sie zu erleben. Denn wird nichts getan, tut sich an diesem Tag ein großes schwarzes Loch auf, in das wir garantiert hineinfallen. Aber das ist zu verhindern, auch wenn es noch so schwerfällt.

Gib dem Tag Struktur! Wie könnte das aussehen? Anfangen sollten wir z. B. mit einem schönen ausgedehnten Frühstück. Wobei das zu Hause oder auch auswärts, mit Angehörigen oder auch ohne gesche-

hen kann. Im Anschluss könnte ein ausgedehnter Spaziergang und Bummeln am Strand/Urlaubsort folgen. Dabei kann den Gedanken freier Lauf gelassen werden.
Auch sollte dabei ein stiller Gedanke an den Sohn Philipp nicht fehlen und der Besuch der Grabstelle, natürlich nur, wenn es geht, dazugehören.
Mir tut es z. B. auch gut, wenn ich bei einer Feier für Philipp ein Gedeck mehr oder sein Bild mit auf den Tisch stelle. So ist er gleich mit dabei und begleitet uns von Anfang an durch den Tag.
Mit solchen Ritualen wie dem Frühstück wird dem ganzen Tag Struktur gegeben. Da ist alles möglich, was ein gutes Bauchgefühl auslöst. Lasst euren Gedanken freien Lauf, ihr werdet merken, dass alles besser ist, als im schlimmsten Fall den Tag im Bett zu verbringen.
Ein weiteres Ritual ist, dass, wenn wir zusammen sind, wir ein alkoholfreies Hefeweizen mit Philipp trinken. Es war sein Lieblingsgetränk. Des Weiteren wird im Haus einmal am Tag eine Kerze angezündet. Dazu haben wir an mehreren Orten im Haus ein Bild mit etwas Persönlichem für ihn oder von ihm eingerichtet.
Auch gehört es für uns dazu, einmal am Tag zu seiner Grabstelle zu gehen und dort immer durch die Erde zu harken und die Blumen und das Bild in Ordnung zu halten.
An seinem ersten Geburtstag nach seinem Unfall haben wir uns mit Jonas, Dominik und Klara dort getroffen und jeder eine Flasche Bier getrunken und auf Philipp angestoßen. Seitdem steht auch eine volle Flasche Bier auf dem Grab für Philipp.
Ein weiteres Ritual ist dieses inzwischen geworden. Gibt es Eierpfannkuchen, wird einer als Gedenken an Philipp mit Nutella bestrichen. Dann hatte Philipp gerade sein erstes Auto gekauft. Dieses habe ich nach mehrmaligem Probefahren, »ob ich mich wohlfühle«, für mich genommen und den anderen Zweitwagen verkauft. Da bei dem Auto von Philipp auch der TÜV fällig war, wurde es am 26. 4., seinem Geburtstag, über den TÜV gebracht.
Da Philipp noch zu Hause gelebt hatte, wurde sein Zimmer so belassen, wie es am Tag seines Unfalls gewesen ist. Es sieht noch genauso aus, als ob er gleich hereinkäme und wieder da wäre. Dabei achten wir

darauf, dass z. B. seine Hausschuhe oder seine Hefeweizengläser so stehen, wie Philipp sie hingestellt hatte.
An der Unfallstelle steht seit dem Unfalltod ein Holzkreuz mit einer Blumenvase. Dieses wird auch regelmäßig fußläufig besucht, da es in einer Kurve liegt. Wenn wir daran vorbeifahren, da es für uns auf dem direkten Weg zwischen zwei für uns wichtigen Orten liegt, wird direkt am Kreuz »Hallo, Philipp« gesagt. Er wird immer gegrüßt. Es ist für mich zu einem Ritual geworden, als ein Bekannter von uns erzählt hat, dass der das genauso macht.

Vertiefung und Anregung, Tipp sowie Fragen und Aufgaben für Trauernde, die Sie stellen können finden Sie nach Impuls 5.

Impuls 5

Selbstwirksamkeit   Logotherapie

Auch scheinbar Zusammenhangloses kann seine Funktion erfüllen, dem anderen etwas Wichtiges mitzuteilen. Irene und Kai nutzen ihren auf der Treppe stehenden »Wichtel« dazu, sich wortlos über die zurzeit empfundene Stimmung zu informieren, indem sie den Wichtel unterschiedlich positionieren.

Abbildung 31 Stimmungsbarometer

Fotos: Kai Wehmeier

Unser Stimmungsbarometer

Um Weihnachten herum hat Irene einen Wichtel gekauft. Irene erzählte mir, dass der Wichtel in der Höhe verstellbar sei und wir ihn auf die Treppe stellen. So fand er sehr schnell seinen Platz auf der Holztreppe im Flur.

Nach einigen Tagen begannen wir, den Wichtel in der Höhe zu verstellen. Alsbald gewöhnten wir uns daran, den Wichtel immer mal wieder in der Höhe anzupassen. Einige Tage später stellten wir seine Höhe nach unserer Stimmungslage ein. Wurde der Wichtel ganz nach unten gestellt, so war die Stimmung gedrückt und auch getrübt. Wurde er ganz hoch gestellt, hatten wir gute Laune und gute Stimmung.

So hatte es sich schnell eingebürgert und wurde zu einem Ritual als Stimmungsbarometer.

VERTIEFUNG UND ANREGUNG

Die Beachtung des Stimmungsbarometers »Wichtel« kann ein tägliches Ritual werden sowohl für die Trauernden selbst als auch für ihre Umgebung. Rituale sind bewusst durchgeführte und wiederholbare Handlungen mit einem hohen Symbolgehalt. In Übergangsphasen des Lebens helfen sie, sich von Altem zu trennen und etwas Neues zu beginnen. Wenn sie in Gemeinschaft durchgeführt werden, sind sie meist wirksamer als für jemanden allein.

Die Übung erfordert Reflexion über das eigene Be- und Empfinden und kann auch zur Selbstmotivierung führen.

TIPP

Die Geschichte von den Glücksbohnen ist ebenfalls eine Erzählung mit motivierender Kraft:

Die Glücksbohnen

Eine sehr alte, weise Frau verließ ihr Haus nie, ohne vorher eine Handvoll Bohnen einzustecken. Sie tat dies nicht, um unterwegs die Bohnen zu kauen. Nein, sie nahm die Bohnen mit, um so die schönen Momente des Lebens besser zählen zu können.

Für jede Kleinigkeit, die sie tagsüber erlebte – zum Beispiel einen fröhlichen Schwatz auf der Straße, ein köstlich duftendes Brot, einen Moment der Stille, das Lachen eines Menschen, eine Berührung des Herzens, einen schattigen Platz in der Mittagshitze, das Zwitschern eines Vogels – für alles, was die Sinne und das Herz erfreut, ließ sie eine Bohne von der rechten in die linke Jackentasche wandern. Manchmal waren es auch zwei oder drei Bohnen, die auf einmal den Platz wechselten.

Abends saß die weise Frau zu Hause am Kamin und zählte die Glücksbohnen aus der linken Jackentasche. Sie zelebrierte diese Minuten. So führte sie sich vor Augen, wie viel Schönes ihr an diesem Tag widerfahren war, und freute sich darüber. Sogar an den Abenden, an denen sie nur eine einzige Bohne zählte, war der Tag für sie glücklich verlaufen – es hatte sich gelohnt, ihn zu leben.

Verfasser unbekannt

Schenken Sie ein selbstgemachtes Säckchen, gefüllt mit getrockneten Bohnen (oder Glasperlen).

FRAGEN UND AUFGABEN FÜR TRAUERNDE, DIE SIE STELLEN KÖNNEN

- *Überlegen Sie oder/und schreiben Sie auf, welche Rituale Ihnen helfen.*
- *Rituale werden noch wichtiger als vor dem Verlust. Deshalb kommen zu den bleibenden Ritualen neue dazu.*
- *Sie sind kreativer, als Sie denken. Erfinden Sie ein neues Ritual, das Ihnen hilft.*

Impuls 6

– Verstummen / Verlustorientierung

Carsten stellt sich vier Monate nach dem Tod seiner Mutter Fragen.

Gedanken zum Gedenken
Warum?
Warum gerade jetzt?
Warum du?
Warum so?
Warum so grausam?
Warum waren wir beide so unvorbereitet?
Warum nicht erst in 10 oder 20 Jahren?
Warum war ich nicht ausreichend für dich da?
Warum habe ich diesen Moment so lange verdrängt?
Warum war ich vorher so manches Mal lieblos?
Warum war ich kein besserer Mensch?
Warum habe ich nicht besser auf dich Acht gegeben?
Warum? Warum? Warum?
Warum finde ich auf all das keine befriedigende Antwort?
Ich weiß nur, dass mir vor lauter Warum der Schädel platzt.

VERTIEFUNG UND ANREGUNG

Das »Warum« in diesen Sätzen wird immer stärker zu einer Selbstanklage und Selbstbeschuldigung.
Falls Ihre Begleitung sich diesen Sätzen inhaltlich anschließt, benötigt sie eine Stärkung des Selbst.
Führen Sie sie dazu, über ihre guten Beziehungen mit der gestorbenen Person zu sprechen. Verstärken Sie dann beim Zuhören das Erzählte, indem Sie Schlüsselworte daraus aufgreifen.

TIPP

Ermuntern Sie, beim Erzählen den Kopf zu heben und die Augen nach oben zu richten. Da in der Trauer der Kopf und damit die Blickrichtung gern nach unten zeigen, kann diese kleine Aufmunterung genutzt werden, gute Erinnerung an Verstorbene zu unterstützen. Es ist belegt, dass die meisten Menschen beim angenehmen Erinnern nach oben links schauen.

FRAGEN UND AUFGABEN FÜR TRAUERNDE, DIE SIE STELLEN KÖNNEN

- *Dieses Fragewort* Warum *ist Ihnen bekannt!?*
- *Brauchen Sie immer eine Antwort darauf?*
- *Könnten Sie dem Schreiber eine hilfreiche Antwort geben, falls Sie ihn träfen? Wenn ja, welche würde das sein?*
- *Eine aufwändige und handlungsorientierte Alternative:*
- *Schicken Sie ihre gefühlte Schuld bachabwärts. Im Alten Testament luden die Israeliten ihre Schuld, ob gefühlt oder wahrhaft, auf einen Ziegenbock und trieben den Bock in die Wüste. Das ist archaisch. Sie können Ihr Warum und die Selbstanklage auf ein Blatt Papier schreiben, dieses zu einem Schiffchen falten und ganz bewusst dem Bach übergeben.*

4.6 Besinnungsorte – Welche Orte Trauernde besuchen

Impuls 1

– Verstummen / Verlustorientierung Logotherapie

IRENE SCHREIBT EINIGE MONATE NACH DEM TOD DES SOHNES ÜBER FRIEDHOF UND GRABSTEIN.

Grabstein aussuchen für den eigenen Sohn. Ich will weglaufen, damit ich bloß nicht in Berührung komme damit. Und trotzdem überholt mich die Realität und spritzt mir in meinen Körper den puren Cocktail ein: Dein Sohn ist tot, und du musst einen Grabstein aussuchen! Ich fühle mich beengt wie eine Gefangene in einer Zelle. Wieso für unseren Sohn? Das ist ein Irrtum. Die Kinder suchen den Grabstein für die Eltern und nicht wir für unseren Sohn. Die Welt dreht sich plötzlich anders herum. Unser Sohn wurde aus der Familie herausgerissen, und mit dem Verlust müssen wir jetzt leben. Hilflos und wehr-

los müssen wir Tag für Tag überleben. Und jetzt sollen wir einen Grabstein aussuchen. Nein, schreit meine Seele, und ich bekomme keine Luft und meine Kehle schnürt sich zu. Das Wort allein zerschlägt mich und macht mich traurig.
Vielleicht müssen wir für das Wort Grabstein ein anderes Wort einsetzen: Erinnerungsstein. Für die Seele ist das Balsam. Ich bin kraftlos und matt, mich mit der Suche zu beschäftigen, um einen Grabstein oder Erinnerungsstein für unseren Sohn auszuwählen.
Ich habe Angst, den Namen meines Sohnes auf dem Stein zu lesen. Der Name ist dann in den Stein gemeißelt. Allein der Gedanke daran durchläuft meinen Körper. Schockstarre stellt sich ein.
Ich hätte gerne ein Geschenk für seine Hochzeit mit Begeisterung aussuchen wollen. Und mein Körper wird so schwer wie Blei. Kein Hochzeitsgeschenk, sondern verdammt, verdammt ein Grabstein.
Wir haben mehrere Versuche gestartet und mussten feststellen, dass es für unseren Sohn keinen Grabstein gibt, der zu ihm passt. Wie auch?
Vier Wochen nach der Beisetzung wurde uns das zweite Mal der Boden unter den Füßen weggerissen. Wir haben die Tage schockiert und niedergeschlagen überlebt. Wir wussten teilweise nicht, was die rechte Hand oder die linke Hand mit uns veranstaltet hat. Ohne auf unsere Gefühlswelt Rücksicht zu nehmen, flatterte ein Hochglanzkatalog mit Grabsteinen ins Haus. Uns wurde bei lebendigem Leibe stückweise das Herz herausgerissen. Ich fühlte mich wie in eine Außenwelt versetzt.
Wir beweinen unseren geliebten Sohn, und die Geschäftsmänner denken nur an das geliebte Geld. So wenig Würde wird den Trauernden entgegengebracht. Ich wünsche mir, dass wir Trauernden von solchen Aktionen verschont bleiben. Für uns ist das eine Kränkung. Wir suchen uns einen Steinmetz selber aus! Werbung ist vielleicht in anderen Bereichen sinnvoll. Wenn wir jedoch einen geliebten Menschen verloren haben, sind wir aufgeschreckt und entsetzt, wenn solche Firmen sich derart in den Vordergrund stellen.
Mit viel Geduld und immer aufs Neue mit kleinen Schritten haben wir uns auf die Suche gemacht. Die Reise war sehr schmerzhaft und wir

haben immer und immer wieder pausieren müssen. Unsere Emotionen sind oft Achterbahn mit uns gefahren. Mein Mann und ich haben uns gegenseitig gestützt und mit vielen Tränen und Gesprächen und guten Wünschen füreinander einen Erinnerungsstein gefunden. Wir haben einen Stein gefunden, der noch Bewegung spiegelt, und ein paar kleine Details eingearbeitet, die unseren Sohn ausmachen. Meine Ängste lauern in meinem Körper. Was macht das mit mir, wenn der Erinnerungsstein am Grab steht?

VERTIEFUNG UND ANREGUNG

Die Endgültigkeit, wenn etwas »in Stein gemeißelt ist«, macht diesen Schritt derart schwer. Deshalb kann es sein, dass Sie wieder einmal als Zuhörer gebraucht werden.
Der Tod ist unverfügbar. Das ist eine Tatsache. Es ist Ihre schwierige Aufgabe, dies so zu vermitteln, dass die trauernde Person sich diese Tatsache eingesteht, falls sie noch in der Schleusenzeit ist.

TIPP

Von der Friedhofskultur vor Ort ist manches vorgegeben. Erkundigen Sie sich über die aktuellen Vorgaben.

FRAGEN UND AUFGABEN FÜR TRAUERNDE, DIE SIE STELLEN KÖNNEN

- *Mit der Wahl eines Grabsteins verbinden sich unendlich viele verschiedene Gefühle. Irene hat dazu ihren Weg beschrieben. Schreiben Sie über Ihren Weg – vor oder nach der Lektüre von Irenes Erfahrungen.*
- *Auf dem Erinnerungsstein lässt sich einiges über den Verstorbenen in Wort oder Bild sagen. Gibt es ein Symbol, einen Text oder ein Bild, die auf den Gedenkstein passen würden?*
- *Auch eine für Sie hilfreiche andere Wortwahl für den Grabstein kann die Wucht des Steins verringern.*

Impuls 2

Wiedergewinnung von Resonanz / Wiederherstellungsorientierung

Logotherapie

BARBARA ERZÄHLT EIN JAHR NACH DEM TOD DES EHEMANNS ÜBER EINEN ORTSWECHSEL.

Sie sei dabei gewesen beim Sterben, habe jedoch nichts gespürt, sei leer gewesen, habe keine Träne vergossen. Sie musste ihren Alltag bewältigen, sie funktionierte nur noch. Auch mit Hilfe von Fotos habe sie ihren Mann nicht wiedergefunden, den Mann, den sie mit 17 Jahren kennengelernt hatte. In der Erinnerung tauchten jedoch nur die letzten fünf schweren Jahre der Betreuung und Entfremdung auf.
Enttäuschung. Wut über ihn dominierte, Wut über das sehr anstrengende Miteinander. Er sei wie ein fremder Mensch für sie gewesen. Auch durch die Nebenwirkungen der Medikamente bedingt, vermutet sie.
Dann kam die Idee, ihn auf der Insel Norderney wiederzufinden, wo sie oft gemeinsam zur Erholung waren und wo sich der Schlaganfall ereignet hatte. Sobald es die Corona-Beschränkungen erlaubten, fuhr Barbara auf die Insel und fragte sich noch während der Reise, ob das der richtige Weg sein könne. Doch die Zweifel setzten sich nicht durch. »Ich wundere mich, dass das Meer nicht übergelaufen ist.« So beschreibt sie ihr tränenreiches Weinen am Strand der Insel. Dann habe sie seinen Namen in und gegen den Wind gebrüllt. Die Wut verrauchte dadurch tatsächlich. Und dann die Verwandlung in den Erinnerungen. Sie kam ihm wieder näher und näher, so wie sie ihn als 17-Jährige und vor über 50 Jahren kennengelernt hatte, so konnte sie sich wieder an ihn erinnern. Ihr Mann lebe in ihr, sein Ort sei in ihr. Losgelassen habe sie ihn nie, denn dann hätte sie ihn verloren. Soweit ihr Verständnis zum Verb loslassen.

VERTIEFUNG UND ANREGUNG

Trauer lässt sich in der Regel verorten, d. h. dass es bestimmte, bevorzugte Orte der Trauer gibt. Machen Sie den trauernden Menschen behutsam darauf aufmerksam, damit er weiß, seine Trauer in bestimmtem Umfang selbst steuern zu können.
Wir wissen aus Erfahrung, dass die Trauer geringer wird, wenn sie einen Ort hat, der Frieden verspricht (Friedwald, Friedhof). Kirchen, Kapellen, Wegkreuze sind andere Erinnerungsorte.
Der Ort der Bestattung braucht ein Zeichen. Er ist selbst ein Zeichen für die Singularität des einzelnen Menschen.
Fragen Sie immer danach, wenn es um lokale Ziele geht, ob die trauernde Person präzise irgendwo hin möchte oder einfach nur weg vom jetzigen Ort.

TIPP

Wenn es möglich und gewünscht ist, begleiten Sie zu einem derartigen Ort.
Unfallorte werden heute sehr häufig mit einen Kreuz versehen und sollen an die Verstorbenen erinnern. Irene und Kai pflegen und besuchen regelmäßig die Stelle neben der Landstraße, an der ihr Sohn bei einem Unfall starb.

FRAGEN UND AUFGABEN FÜR TRAUERNDE, DIE SIE STELLEN KÖNNEN

- *Mit einem Ortswechsel ist immer ein Perspektivwechsel verbunden. Barbara sieht darin eine Chance, und deshalb geht sie der Welt entgegen.*
- *Wo ist Ihre Insel Norderney?*
- *Sie kann ganz in der Nähe sein. Schließen Sie die Augen, um sie besser sehen zu können.*
- *Welche anderen Orte erinnern Sie an schöne oder schwere Zeiten mit dem verstorbenen Menschen? Könnten Sie sich vorstellen, dort eine Art Erinnerungsort zu finden? Evtl. könnten Sie ihn auch gestalten (einen Blumenstock pflanzen etc.; wenn es ein Unfallort ist, ein Kreuz aufstellen etc.).*

Impuls 3

Logotherapie — Kommunikation

LUDGER ERZÄHLT EIN JAHR NACH DEM SUIZID SEINES SOHNES ÜBER SEINEN FRIEDHOFSBESUCH.

Mein Gang zum Friedhof ist wie ein Besuchsdienst, nein, er ist ein Besuch. Ich besuche meinen Sohn, um mit ihm zu reden. Auf dem Friedhof kann ich das besser als zu Hause. Ich stehe dann vor dem Grab und sehe meinen lebendigen Sohn, nicht den toten im Sarg. Ich sage ihm, dass ich ihn liebe. Ich sage ihm auch, dass es mir wehtut und mir leidtut, dass wir so wenig gesprochen haben. Warum? Darauf gab und gibt er mir keine Antwort. Meistens bete ich auch ein Vaterunser, bevor ich wieder gehe. Fahre ich beruflich an der Unfallstelle vorbei, stellt sich immer die Frage nach dem Warum, während meine Frau Umwege in Kauf nimmt, um diese Stelle nicht passieren zu müssen.

VERTIEFUNG UND ANREGUNG

Da sich unsere Friedhofs- und Bestattungskultur in den vergangenen Jahren radikal verändert hat, können wir nicht mehr von einer traditionellen Beerdigung ausgehen. Wir müssen uns erkundigen, ob Erdbestattung, Feuerbestattung, Seebestattung, anonymes Grab, Friedwald oder eine andere Art und Weise der Beisetzung gewählt wurde. Wenn wir das wissen, können wir angemessener begleiten. Schlagen Sie bei passender Gelegenheit vor, gemeinsam zum Bestattungsort zu gehen. Verstehen Sie es als Wertschätzung, wenn Sie eingeladen werden, mitzukommen.

TIPP

»Uneingestandene Enttäuschungen aber lassen das Herz erblinden. Wir werden blind, weil wir nicht mehr verletzt werden wollen. Ein Mensch, der beschlossen hat, nicht mehr verletzt oder enttäuscht zu werden, hat auf eine ernüchterte Weise beschlossen, nicht mehr zu lieben.« (Martin Schleske[61])

---

61 M. Schleske, Herztöne, S. 192.

Dieses Zitat passt in seiner Konsequenz sehr gut zu Gedanken verwaister Eltern, die ihr Kind durch Suizid verloren haben. Der Autor spricht von notwendiger Verletzbarkeit, um wieder lieben zu können.

FRAGEN UND AUFGABEN FÜR TRAUERNDE, DIE SIE STELLEN KÖNNEN

- *Ludger erzählt, wie er mit seinem Sohn spricht. Er erzählt von sich, er stellt ihm Fragen und sagt ihm, dass er ihn liebt. Und Sie? Möchten Sie erzählen?*

Impuls 4

+ Wiedergewinnung von Resonanz / Wiederherstellungsorientierung

Selbstwirksamkeit

Markus plante, zu Fuß eine geführte Überquerung des Alpenkamms zu unternehmen. Bei den Planungen war sein Papa immer begeistert dabei. Der Vater starb völlig unerwartet an einem Herzinfarkt und ließ Frau und zwei erwachsene Kinder zurück. Kurz nach der Bestattung machte sich der Sohn zusammen mit anderen auf den Weg von Oberstdorf nach Meran.

MARKUS SCHREIBT ZEHN MONATE NACH DEM TOD SEINES VATERS ÜBER SEINE WANDERUNG.

Ich habe verschiedene Techniken bei mir bemerkt, auf den plötzlichen Tod meines Vaters zu reagieren. Bei der ersten Nachricht – dein Vater ist tot – habe ich mir eingeredet, der Anrufer habe einen Scherz gemacht. Sozusagen meine letzte Hoffnung. Ich wollte es nicht wahrhaben.
In der langen Zeit, bis der Bestatter nach zweieinhalb bis drei Stunden endlich kam, habe ich den Mann mit den starken Schultern »gespielt«, habe organisiert. Wie schlafend lag er da auf dem Boden, sodass ich von ihm Abschied nehmen konnte wie alle anwesenden Freunde und seine Frau auch. Habe ihn berührt und ohne laute Worte gesagt: Papa, was machst du denn da gerade.

Mein rettender Strohhalm: Papa, so wie du gegangen bist, so möchte ich auch sterben. Ohne Vorbereitung, ohne Schmerzen, in der Urlaubsvorbereitung, mit Freunden, beim Bier, bei schönen Themen, ohne Leiden.
Kurze Zeit nach der Bestattung begann die geplante Wanderung über die Alpen. Papa hatte sich im Vorfeld immer interessiert gezeigt, wusste jedoch, dass das nichts mehr für ihn war.
Zunächst war da nur der Schlüsselanhänger mit seinem Foto, dann der Sticker mit seinem Foto und R.I.P.[62] dazu, von denen ich einige bestellte.

Abbildung 32 Alpenwanderung für den Vater

Foto: Markus

Mit zwei Bergführern und zehn Teilnehmerinnen und Teilnehmern begann die Tour. Für den ersten Aufkleber suchte ich allein den geeigneten Ort aus. Abends beim Wein fragten die ersten Mitwanderer nach den Hintergründen meines Handelns. Ich habe meinen Papa sozusagen verewigt, war meine Antwort. Von da an suchten alle nach besten Plätzen, nach einem Gipfelkreuz, einer schönen Aussicht. Eine

62 Lat.: requiescat in pace = Er/sie ruhe in Frieden.

evangelische Pfarrerin und ihr Mann trösteten mich damit, dass sie gerade keine Trostworte sprachen.
Für mich war es kein geplanter Pilgerweg, doch es wurde vielleicht einer. Beim letzten Abstieg eröffnete sich mir an der Staumauer ein beeindruckendes Bild: Der Himmel reißt auf, durch ein Wolkenloch dringen einige Sonnenstrahlen. Papa, haben wir das gut gemacht?, frage ich ihn und mich.
Seine Grabstätte auf dem Friedhof brauche ich nicht, weil sie wehtut. Dann assoziiere ich sofort die Traurigkeit bei der Bestattung. Ich sehe meinen Vater in schönen Situationen, beim Denken an das Motorradfahren, an ein gemütliches Bier. Von ihm erzählen hilft mir.

VERTIEFUNG UND ANREGUNG

Die Schilderung spricht von zahlreichen Sinneseindrücken. Deshalb liegt es nahe, die verschiedenen Wege der Sinnorientierung nach Frankl anzusprechen: Schöpferische Werte, Erlebniswerte, Einstellungswerte. Markus erzählt von dieser Wanderung, weil der gestorbene Vater auf vielfältige Weise mitgenommen wird und damit trotz des Todes dabei ist.
Die verwitwete Ehefrau kann den Touren gedanklich folgen, weil sie stets Fotos von der Strecke erhält, meist kurz kommentiert. Außerdem erfahren die Mitwandernden vom Schicksal der Familie und werden »Trauerbegleiter«. Zum dritten platziert der Sohn Fotos seines Vaters dezent an wichtigen Wegpunkten, um ihn teilhaben zu lassen. Er hat dabei den Gedanken, seinem Vater den Blick auf die Schönheiten der Natur zu vermitteln. Ihn mitzunehmen zu seinen Besinnungsorten.

TIPP

Ich werde meinen Vater auf meine Weise mitnehmen. Das spricht aus dem Text. Es ging Markus sowohl um eine sportliche Herausforderung als auch um seine ganz persönliche Weise zu wandern. Ob daraus abgeleitet werden kann, dass daraus eine Art von Pilgerschaft wurde, ist nicht entscheidend für ihn.
Sie allerdings wissen, ob es für Ihre Trauerbegleitung ein hilfreiches Thema sein könnte.

FRAGEN UND AUFGABEN FÜR TRAUERNDE, DIE SIE STELLEN KÖNNEN

- *Können Sie dem Gedanken des Wanderns oder des Pilgerns für Ihren Verstorbenen zu einem besonderen Ort der Erinnerung etwas abgewinnen?*
- *Möchten oder können Sie ihn auch realisieren?*
- *Bildhaft gesprochen: Können Sie den Weichenhebel wie beim Stellwerk umlegen, um auf ein anderes Gleis zu kommen?*

4.7 Trost – Wer und was Trauernde tröstet

Impuls 1

Träume I

Verstummen / Verlustorientierung Kommunikation

IRENE SCHREIBT ÜBER TRÄUME.

Traum.
Ich hatte so viele Träume in meinem Leben. Und von einer Sekunde zur anderen ist mein Leben stehengeblieben. Ich fühle mich, als ob mir mein Leben eine Ohrfeige ins Gesicht verpasst hätte und mich stundenlang traktiert. Dieses Gefühl macht mir Angst und macht mich bewegungslos. Meine Träume haben jetzt andere Wege eingeschlagen. Vor dem Verlust von Philipp haben die Träume für mich eine andere Bedeutung gehabt. Heute spielen für mich die Träume eine große Rolle. In den Träumen suche ich meinen geliebten Sohn. Einschlafen in der Nacht oder nur dösen; habe ich ein gutes Gefühl, Philipp zu begegnen? Hoffnungsvoll und gelassen warte ich auf den Traum, in dem Philipp mich in der Traumwelt besucht. Dass wir beide auf der gleichen Ebene uns bewegen. Dass ich eine Welt für mich finde in den Träumen, dass Philipp für mich in der Nacht weiterlebt. Wenn er nicht als Erdenbürger hier an meiner Seite ist ... dann in meinen Träumen. Aber vergeblich warte ich Nacht für Nacht auf meinen Sohn. Mein Kopf und mein Gehirn folgen mir nicht, die befinden sich in Panik

und streben andere Träume an, die mich verbittert und verloren machen. Mir ist mein Sohn aus der Mitte herausgerissen worden – ist das nicht genug? Und jetzt habe ich einen kleinen Wunsch, dass Philipp in der Nacht weiterlebt in den Träumen, und das bleibt mir auch noch verwehrt. Schockiert und ungeduldig überlebe ich dann den Tag und bin entsetzt, dass morgens die Vögel zwitschern. Wie geht das? Wie kann die Natur ihren Verlauf weiter ins Rollen bringen, wenn Philipp tot ist? Das fühlt sich für mich an, als dass sogar die Natur mich verraten hat. Und meine Gefühlswelt ist alleine und einsam, eingeengt in ein Korsett. Erwarte ich zu viel von mir oder von Philipp? Ich weiß es nicht. Ich weiß nur, dass es Liebe ist. Mit großem Wehenschmerz habe ich dich geboren und so habe ich dich verloren. Tag für Tag kommt der Schmerz mit voller Wucht und durchbohrt mein Mutterherz, wenn ich den steinigen Weg am Tag durchleben muss.
Können wir denn einen Kompromiss aushandeln, dass ich meinem Sohn in meinen Träumen begegne und er lebt? Das wäre wenigstens ein kleiner Trost. Ich könnte mich mit dem Gedanken anfreunden und vielleicht kann ich den Tag besser bewältigen, wenn die Nacht mit fröhlichen, unbeschwerten Träumen von Philipp mich trägt. Befreit. Balsam für meine Seele. Umhüllt von einem warmen Gefühlsmantel. Das wäre mein Wunsch und eine Bitte an die Zentrale in meinem Körper. Philipp, ich warte auf dich. Treffpunkt: Träume, Nacht.
Kuss, Mutti!

VERTIEFUNG UND ANREGUNG

Und wieder sind Sie als Zuhörender gefragt, nur als aktiv Zuhörender, damit sich Ihre Trauernde oder Ihr Trauernder ihr/sein Erleben von der Seele reden kann.

Damit ist nicht gemeint, Träume zu deuten.

Wenn Gestorbene in Träumen erscheinen, dann tröstet die Gegenwart des geliebten Menschen.

TIPP

Sagen Sie der trauernden Person, dass man Träume nicht erzwingen kann. Solche Träume sind ein Geschenk.

FRAGEN UND AUFGABEN FÜR TRAUERNDE, DIE SIE STELLEN KÖNNEN

- *Notieren Sie den Traum, bevor Sie ihn vergessen. Ein kleines Notizbuch neben dem Bett hält in wenigen Stichworten fest, was Ihnen wichtig ist.*
- *Denken Sie nach dem Aufwachen über seine Bedeutung nach.*
- *Sprechen Sie darüber mit Ihrem Begleiter.*

Träume II

Spiritualität + Wiedergewinnung von Resonanz / Wiederherstellungsorientierung

Karin schreibt sieben Jahre nach dem Tod ihres Ehemanns über Träume.

Ich träume viel von meinem Mann, weiß aber, dass es ein Traum ist. Und tröste mich selbst, weil ich dankbar für den Traum bin; ich träume auch von meinen Geschwistern und lache mit ihnen im Traum. Wenn ich wach werde, sage ich »Danke, lieber Gott« und weiß, dass es eine Glaubenssache ist.
Beim Träumen von meinem Mann ist die schwere Trauer vorbei, denn ich bin dankbar für die Zeit mit ihm.

VERTIEFUNG UND ANREGUNG

Karin erfährt viele Begegnungen im Traum, die ihr guttun.
Sie erfährt Trost und Dankbarkeit und ist sich dessen bewusst.

TIPP

Wenn die begleiteten Personen von häufigen Angstträumen sprechen, die sie nicht loslassen, müssen wir Trauerbegleiter wissen, dass wir keine Therapeuten sind.
Eventuell ist ein Besuch bei einer Therapeutin oder einem Therapeuten zu empfehlen.

FRAGEN UND AUFGABEN FÜR TRAUERNDE, DIE SIE STELLEN KÖNNEN

- *Wenn Sie Karin träfen, was würden Sie ihr erzählen? Was würden Sie sie fragen?*
- *Beschreiben Sie genauer, was in Ihren Träumen geschieht.*

Impuls 2

+ Wiedergewinnung von Resonanz / Wiederherstellungsorientierung

Kommunikation

»Was ich dir noch nie erzählt habe.« So beginnt die Erzählung eines Mannes, der 20 Jahre nach dem Tod seines Vaters seiner Ehefrau erstmals von den Abschiedsstunden mit seinem Vater erzählt.

ANDREAS SCHREIBT 20 JAHRE NACH DEM TOD SEINES VATERS ÜBER ANHALTENDE ERINNERUNGEN.

Mein Vater hatte Krebs und wurde bestrahlt. Er hatte sein Bett zu Hause im Wohnzimmer. Hatte Schmerzen, die erst mit der Morphingabe auszuhalten waren. Doch er klagte nie, wenn ich ihn besuchte, selbst dann, als er nicht mehr sprechen konnte. Eines Abends, es war einen oder zwei Tage vor seinem Tod, fasste er nach meiner Hand. Er nahm meine Hand, während er mir zuhörte, was ich ihm über meinen Tagesablauf erzählte, und ließ sie nicht mehr los, obwohl er keine Kraft mehr hatte. Noch nie hatte ich mich so geborgen gefühlt wie in diesem Augenblick. Wir schauten uns gegenseitig in die Augen, während ich eindringlich fühlte, dass er mir ohne Worte sagte: Ich bin so stolz auf dich, ich bin so dankbar, dass wir ein so schönes gemeinsames Leben hatten. Und mir kamen viele Erinnerungen ins Gedächtnis: An das Neujahrskuchenbacken, an das Teetrinken mit ihm, an Arbeiten im Garten, an das mir geschenkte Vertrauen.

Dieses Gefühl überkommt mich noch heute, wenn ich Szenen sehe, in denen sich zwei Hände berühren. Dieses Gefühl hat mich geprägt und verändert im Denken und im Handeln.

So habe ich zum Beispiel das Backen des Neujahrskuchens exakt so übernommen, wie es mein Vater mit mir tat. Die Schüssel mit dem

Teig hat ihren Platz, die Teetassen und ich. Ich sitze da, wo mein Vater saß, die anderen Plätze sind für meine Frau und die Kinder reserviert.

VERTIEFUNG UND ANREGUNG

Das sind extrem seltene Ereignisse, »Sternstunden« für den Erzählenden und die, die zuhören dürfen. Denn diese Situation lässt sich nicht gezielt herbeiführen, weil sie unverfügbar ist.
Andreas erzählt so eindringlich von dem, was ihn mit seinem Vater verband und verbindet, dass diese Selbstverständlichkeit den Text auszeichnet.
Es geht um eine Art von Erbfolge, meine ich. Freiwillig in die Fußstapfen des Vaters zu treten, das ist eine andere zutreffende Erklärung.

TIPP:

Suchen Sie gesprächsweise herauszufinden, welche Prägungen gestorbene Eltern hinterlassen haben.

AUFGABEN FÜR TRAUERNDE, DIE SIE STELLEN KÖNNEN

- *Haben Sie anderen vertrauten Personen von ähnlich intensiven Erlebnissen erzählt?*
- *Möchten Sie davon erzählen?*
- *Sie können es auch nachträglich in einer Art von innerem Dialog mit dem/der Gestorbenen tun.*
- *Denken Sie daran, dass Sie nicht nur leben, sondern dass Sie Ihr Leben auch er-leben.*

Impuls 3

\+ Wiedergewinnung von Resonanz / Wiederherstellungsorientierung

Kommunikation

SUSANNE SCHREIBT AUS DER PERSPEKTIVE EINER TRAUERNDEN, DIE NACH BEGLEITUNG SUCHT.

Je nachdem, wer verstorben ist, können unterschiedliche Menschen mich in meiner Trauer begleiten.

Ist es z. B. mein Mann, der verstorben ist, würde ich nicht zu sehr von unseren Kindern eine Begleitung erwarten oder erhoffen, da sie ja selber den Vater verloren haben und ihn betrauern. In jedem Fall würde ich mir eine Begleitung durch meinen Bruder und seine Familie wünschen. Auch Menschen, die mir sonst sehr nahestehen, z. B. meine guten Freundinnen und unsere Nachbarn, mit denen wir ja auch in guten Zeiten zusammen feiern, gesellig sind und uns gegenseitig aushelfen und unterstützen, würde ich mir zur Begleitung wünschen. Auch meine Kolleginnen, mit denen ich ja sehr viel Zeit verbringe, würde ich mir als Begleitung und Unterstützung wünschen. Die Arbeitsstelle ist ja im besten Fall der Ort, an dem ein zumindest halbwegs »normales« Leben zuerst wieder stattfinden kann, da dort viel Ablenkung ist und ich vielleicht nicht dauernd an meinen Trauerfall denken muss, zumindest nach einer gewissen Zeit. Wäre meine Mutter verstorben, wären die Wünsche ähnlich, wobei dann ja auch noch mein Mann und meine Kinder hoffentlich an meiner Seite sind. Wenn eines der Kinder versterben sollte, wünsche ich mir die gleichen Menschen an meiner Seite, die, die es können, die mich lange aushalten und in meiner Trauer begleiten können. Ich wüsste nicht, wie mein Mann damit umgehen würde, ob wir uns auch gegenseitig eine gute Stütze wären, ich würde es hoffen. Ich denke, ich würde mir auch Hilfe von außerhalb, z. B. dem Hospizverein holen. Personen, die mich auch dann noch erzählen und trauern lassen, wenn es sonst viele aus meinem Umfeld und Freundeskreis nicht mehr können, weil es schon so lange dauert, ihrer Ansicht nach. Dieses könnte ich ihnen, glaube ich, nicht mal verdenken. Ich komme schon ins Grübeln, wenn ich so darüber nachdenke. Es ist gut, sich darüber Gedanken zu machen.

VERTIEFUNG UND ANREGUNG

Helfen Sie dabei, die unterschiedlich nahen Vernetzungen Ihres/Ihrer Begleiteten zu entdecken und vielleicht wiederzubeleben.

Wir können die Trauer nicht nehmen, aber wir können dabei unterstützen, sich der Trauer zu stellen.

Was ist wichtig? Wie unterstützen wir richtig? Versuchen Sie selbst aus sich heraus oder aus Ihren Erfahrungen, solche Faktoren zu erkennen.
Ermuntern Sie den Trauernden, das auch zu tun (Wer sollte was wie tun?).

TIPP
Eine kleine Skizze kann helfen, dieses Netz zu entdecken und auch zu personalisieren.
Machen Sie vielleicht eine Aufstellung, wie wir sie von der Familientherapie her kennen, von allen, die ein Netz für den Trauernden bilden – manche sind ferne Punkte, manche starke Pfeiler.

FRAGEN UND AUFGABEN FÜR TRAUERNDE, DIE SIE STELLEN KÖNNEN

- *Sie leben in einem Beziehungsgeflecht, sind vernetzt mit vielen Menschen. Zu einigen dieser Menschen in Ihrer Umgebung haben Sie eher eine lose, zu anderen eher eine engere Beziehung. Mit einigen sind Sie verwandt.*
- *Haben Sie selbst den Mut, diejenige oder denjenigen anzusprechen, von der oder dem Sie eine helfende Begleitung erhoffen, denn oft scheuen sich die anderen aus unterschiedlichen Gründen, Sie in Ihrem Verlust anzusprechen.*
- *Was erwarten Sie von den Netzwerkpartnern?*

Impuls 4

+ Wiedergewinnung von Resonanz / Wiederherstellungsorientierung
Resilienz

Unfreiwillige Lernprozesse
Jeder Trauernde ist ein Held,
dem unsäglich viel zugemutet wird:
In einer total veränderten Innen- und Außenwelt
muss er Übermenschliches leisten.
Die Zeit der Trauer ist mehr als ein Aufenthalt

in einem fremden Land –
sie ist eine Reise in eine fremde Welt,
und der Trauernde lernt kennen,
dass Sprache von der Erlebniswelt des Fühlens weit entfernt ist.
Sich mit dieser fremden Welt – innen und außen –
vertraut zu machen, ist der Trauerprozess.
Wenn der trauernde Mensch sich den Gefahren dieser
Reise aussetzt und seinen Weg durch das Unbekannte findet,
kehrt er verwandelt zurück.
Anja Wiese[63]

VERTIEFUNG UND ANREGUNG MIT EINER DEUTUNGSHILFE

Jeder Trauernde ist ein Held,
dem unsäglich *(im wahrsten Sinne unaussprechbar, es gibt keine Worte dafür)* viel zugemutet wird:
In einer total veränderten Innen- und Außenwelt *(radikale Veränderung)*
muss er Übermenschliches leisten.
Die Zeit der Trauer *(mit ihrer unbestimmten, individuellen Dauer)* ist mehr als ein Aufenthalt in einem fremden Land –
sie ist eine *(zu ergänzen: ungewollte)* Reise in eine fremde Welt,
und der Trauernde lernt kennen *(zu ergänzen: muss es lernen)*,
dass Sprache von der Erlebniswelt des Fühlens *(hier wird das Wort unsäglich wieder aufgenommen)* weit entfernt ist.
Sich mit dieser fremden Welt – innen und außen –
vertraut zu machen *(hohe Anforderung und gleichzeitig Voraussetzung)*, ist der Trauerprozess.
Wenn der trauernde Mensch sich den Gefahren dieser Reise *(zu ergänzen: den individuellen Gefahren dieser individuellen Reise)* aussetzt und seinen Weg durch das Unbekannte findet,
kehrt er verwandelt zurück. *(Das Gedicht endet mit dieser hoffnungsvollen Zusage.)*

63 A. Wiese: Um Kinder trauern, S. 11.

TIPP

Lassen Sie sich von dem Gedicht von Anja Wiese inspirieren, eine eigene passende, persönliche Fassung zu schreiben, zum Beispiel so:

Du bist ein Held,
dem unsäglich viel zugemutet wird …

oder

Deine Trauer macht dich – ohne zu fragen – zur Heldin:
Was dir zugemutet wird, das ist unsäglich …

Laden Sie die Trauernden ein, den Text noch mehr zu personalisieren, indem die Pronomen verändert werden in die 1. Person:

Ich bin eine Heldin,
der unsäglich viel zugemutet wird …

oder

Meine Trauer macht mich – ohne mich zu fragen – zu einer Heldin:
Was mir zugemutet wird, das ist unsäglich …

FRAGEN UND AUFGABEN FÜR TRAUERNDE, DIE SIE STELLEN KÖNNEN

- *Lesen Sie den Text zweimal. Beim ersten Lesen so, wie der Text vor ihnen liegt. Beim zweiten Mal setzen Sie sich selbst als trauernden Menschen ein. »Ich bin tapfer. Ich bin ein Held …«*
- *Sie können den Text mit dieser Veränderung schreiben.*
- *Kehren Sie verwandelt zurück oder sind Sie in einer neuen Welt angekommen?*
- *Was ändert sich dadurch für Sie?*

Impuls 5

Wiederherstellungsorientierung Kommunikation

Mit auf die Reise
Ich kann dir keinen Zauberteppich schenken,
noch Diamanten oder edlen Nerz.
Ich kann dir keine warmen Socken stricken,
und meine Kochkunst würde dich nur plagen.
Ich kann dir nicht Aladins Lampe geben,
kein »Sesam« und auch keinen Amethyst.
Ich kann dir nicht die Sorgen nehmen,
kein Weh und keinen Herzens-Schmerz.
Doch weil du du bist – im Leiden und im Schmerzen,
lass Samen in die gute Erde geben.
Zum Wachsen und Gedeihn.
Mascha Kaléko[64]

VERTIEFUNG UND ANREGUNG MIT EINER DEUTUNGSHILFE

Da die Metapher von der (ungewollten) Reise Trauernde anspricht und berührt, können Sie auch diesen Reisewunsch in der Trauerbegleitung einsetzen.

Das lyrische Ich tröstet die reisende Person, die leidet und Schmerz empfindet:

Ich kann dir keinen *(Beachten Sie die vielen Verneinungen anfangs)* Zauberteppich schenken,
noch Diamanten oder edlen Nerz *(Kostbares)*.
Ich kann dir keine warmen Socken stricken *(siehe im Folgenden die unterschiedlichen Abstraktionsebenen: Tätigkeitsebene, Werteebene, Gefühlsebene)*,
und meine Kochkunst würde dich nur plagen.
Ich kann dir nicht Aladins Lampe geben,
kein »Sesam« und auch keinen Amethyst.
Ich kann dir nicht die Sorgen nehmen,

64 M. Kaléko: Sei klug und halte dich an Wunder, S. 52.

kein Weh und keinen Herzens-Schmerz.
Doch weil du du *(welch eine tragende Hochachtung der Individualität)* bist – im Leiden und im Schmerzen,
lass Samen *(Lebendiges, sich Entwickelndes)* in die gute Erde geben.
Zum Wachsen und Gedeihn. *(Diese Vorgänge benötigen Zeit und Geduld, sie sind nicht verfügbar. Offen bleibt, was wachsen und gedeihen soll. Daraus erwächst die Frage für das Gespräch).*

FRAGEN UND AUFGABEN FÜR TRAUERNDE, DIE SIE STELLEN KÖNNEN

○ *Die ersten Verse sprechen von dem, was nicht möglich ist.*
○ *Doch der drittletzte Vers kennt Sie. Er schätzt Sie so, wie Sie sind.*
○ *Sind Sie Sie? Bist du du?*
○ *Was soll für Sie wachsen und gedeihen?*

Impuls 6

\+ Wiedergewinnung von Resonanz / Wiederherstellungsorientierung
Spiritualität

Ein Fragebogen zur Hoffnung
Wissen Sie in der Regel, was Sie hoffen?
Welche Hoffnung haben Sie aufgegeben?
Können Sie ohne Hoffnung denken?
Was erfüllt Sie mit Hoffnung?
Was bekräftigt Sie in Ihrer persönlichen Hoffnung?
Hoffen Sie auf ein Jenseits?
Wonach richten Sie Ihre täglichen Handlungen, Entscheidungen, Pläne, Überlegungen usw., wenn nicht nach einer genauen oder vagen Hoffnung?
Sind Sie schon einen Tag lang oder eine Stunde lang tatsächlich ohne jede Hoffnung gewesen, auch ohne die Hoffnung, dass alles einmal aufhört wenigstens für Sie?
Max Frisch[65]

65 Aus: M. Frisch: Fragebogen. Suhrkamp Verlag.

VERTIEFUNG UND ANWENDUNG

Der schweizerische Schriftsteller Max Frisch hat in seinen Tagebüchern eine ganze Reihe von Fragebögen über verschiedene Themen verfasst. Hier ist der zum Thema Hoffnung. Wenn Sie sich mit den Fragen beschäftigen, werden Sie von einigen wahrscheinlich verblüfft sein wegen ihrer Neuigkeit.

Auch der Fragebogen zum Thema Tod ist lesenswert. Er kann, falls sich der Trauernde mit dem Fragebogen zur Hoffnung in Teilen oder komplett auseinandersetzen kann und möchte, ebenfalls eingesetzt werden.

Ernst Bloch differenziert zwischen »Hoffnung« und »Zuversicht«.[66] Die Zuversicht »sieht« das gelobte Land vor sich. Sie ist sich gewiss. Die Hoffnung setzt darauf, dass es dieses Land gibt. Sie ist trotz der Ungewissheit aktiv, geht auf die Wanderung durch die Wüste im Vertrauen darauf, dass es doch einmal gut werden kann – aber nicht »muss«. Was gibt Ihnen Hoffnung?

TIPP

»*Unvorstellbar, dass es keine Hoffnung* gibt!?« Diesen Satz als Reiz setzen!

Achten Sie auf den begrifflichen Unterschied zwischen Hoffnung und Wunsch. Hoffnung ist spirituell konnotiert, Wunsch ist es viel weniger, denn Hoffnung bezieht sich auf eine Verheißung. Zur Verdeutlichung können Sie die Seligpreisungen der Bergpredigt (Matthäusevangelium 5,3–12) heranziehen: »Selig, die arm sind vor Gott, denn ihnen gehört das Himmelreich.«

Christen hoffen auf die Erfüllung der Seligpreisungen, sie wünschen sie sich nicht.

Denkbare Intensivierung: Beachten Sie den Prozess. In welcher Phase befindet sich der Begleitete? Was bewirkt bei ihm christliche Hoffnung? Was wird verheißen? Was wird zugesichert? Wie könnte die Zusicherung für ihn persönlich aussehen?

---

66 Vgl. E. Bloch: Das Prinzip Hoffnung, Bd. 1, S. 121–128.

FRAGEN UND AUFGABEN FÜR TRAUERNDE, DIE SIE STELLEN KÖNNEN

- *Dieser Fragebogen des Schweizer Schriftstellers Max Frisch kann eventuell neue Perspektiven für Sie eröffnen.*
- *Wagen Sie, zu antworten, selbst wenn Ihnen die Frage auf den ersten Blick nichts sagt, Sie sogar verwirrt.*
- *Was gibt Ihnen Hoffnung?*

Impuls 7

\+ Wiedergewinnung von Resonanz / Wiederherstellungsorientierung

Selbstwirksamkeit

Herr Keuner und die Flut

Herr Keuner ging durch ein Tal, als er plötzlich bemerkte, dass seine Füße in Wasser gingen. Da erkannte er, dass sein Tal in Wirklichkeit ein Meeresarm war und dass die Zeit der Flut herannahte. Er blieb sofort stehen, um sich nach einem Kahn umzusehen, und solange er auf einen Kahn hoffte, blieb er stehen. Als aber kein Kahn in Sicht kam, gab er die Hoffnung auf und hoffte, dass das Wasser nicht mehr steigen möchte. Erst als ihm das Wasser bis ans Kinn ging, gab er auch diese Hoffnung auf und schwamm. Er hatte erkannt, dass er selbst ein Kahn war.

Bertolt Brecht[67]

Abbildung 33 Er war selbst ein Kahn

Grafik: Petra Rörsch

67 B. Brecht: Geschichten vom Herrn Keuner, Werke, Band 18.

VERTIEFUNG UND ANREGUNG

Diese Geschichte ist eine Parabel. Die Parabel ist eine literarische Form mit zwei Ebenen, der Bildebene und der Sachebene. Das Reizvolle und gleichzeitig Herausfordernde daran ist, dass der Leser bzw. die Leserin den Schlüssel zum Verständnis nur selbst finden kann.

TIPP

Vermeiden Sie die Fachterminologie. Für den Einsatz in der Trauerbegleitung ist es meist nicht notwendig, zwischen den verschiedenen Textsorten zu unterscheiden.

FRAGEN UND AUFGABEN FÜR TRAUERNDE, DIE SIE STELLEN KÖNNEN

- *Bertolt Brecht schreibt von einem Mann, Herrn Keuner, der nach und nach etwas Wichtiges erfährt: »Er hatte erkannt, dass er selbst ein Kahn war.«*
- *Diese Geschichte erzählt von einem einsamen Mann, der sich selbst rettet.*
- *An welcher Stelle der Geschichte sehen Sie sich?*
- *Wann schwimmen/schwammen Sie los? Wann gehen/gingen Sie den ersten Schritt?*
- *Wann haben Sie erkannt, Ihr eigener Kahn zu sein?*

Impuls 8

\+ Wiedergewinnung von Resonanz / Wiederherstellungsorientierung

Resilienz

Fotos halten die Erinnerung lebendig

VERTIEFUNG UND ANREGUNG

In vielen Haushalten gibt es einen reservierten, besonders gestalteten Ort für die Fotos von Verstorbenen.

Helfen Sie mit, indem Sie sich erzählen lassen, wie die Bilder entstanden, was sie an Erinnerungen auslösen, worin ihr Trost liegt.

TIPP

Das gilt auch für Filme und Videos. Sie halten mehr als den Anblick, nämlich die Bewegung und die Stimme (Stimmung) fest. Machen die/den Verstorbene/n so wieder »lebendig«.

FRAGEN UND AUFGABEN FÜR TRAUERNDE, DIE SIE STELLEN KÖNNEN

- *Fotos halten fest. Sie halten Stimmungen fest, Orte und Menschen. Auch bereits gestorbene Menschen.*
- *Sammeln Sie für Sie wichtige Fotografien als gute Erinnerungen oder machen Sie neue Aufnahmen von Orten, die Sie gemeinsam schätzten und liebten.*
- *Suchen Sie Stellen in Ihrem Haushalt, wo gerahmte Bilder einen schönen Platz finden.*
- *Schreiben Sie dazu begleitende Sätze oder geben Sie der Aufnahme einen Titel.*

Impuls 9

wiederherstellungsorientiert — Selbstwirksamkeit

Rezept

Jage die Ängste fort
Und die Angst vor den Ängsten.
Für die paar Jahre
Wird wohl alles noch reichen.
Das Brot im Kasten
Und der Anzug im Schrank.

Sage nicht mein.
Es ist dir alles geliehen.
Lebe auf Zeit und sieh,
Wie wenig du brauchst.
Richte dich ein.
Und halte den Koffer bereit.

Es ist wahr, was sie sagen:

Was kommen muss, kommt.
Geh dem Leid nicht entgegen.
Und ist es da,
Sieh ihm still ins Gesicht.
Es ist vergänglich wie Glück.

Erwarte nichts.
Und hüte besorgt dein Geheimnis.
Auch der Bruder verrät,
Geht es um dich oder ihn.
Den eignen Schatten nimm
Zum Weggefährten.

Feg deine Stube wohl.
Und tausche den Gruß mit dem Nachbarn.
Flicke heiter den Zaun
Und auch die Glocke am Tor.
Die Wunde in dir halte wach
Unter dem Dach im Einstweilen.

Zerreiß deine Pläne. Sei klug
Und halte dich an Wunder.
Sie sind lang schon verzeichnet
Im großen Plan.
Jage die Ängste fort
Und die Angst vor den Ängsten.
Mascha Kaléko[68]

VERTIEFUNG UND ANREGUNG

Ein Wegweiser für viele Situationen im Leben, ein lebenskluges Gedicht.
Greifen Sie die Behauptung auf, Leid sei so vergänglich wie Glück. Vielleicht reagiert Ihr Gesprächspartner so: Unerhört, mir so etwas zu sa-

68 M. Kaléko: Sei klug und halte dich an Wunder, S. 7f.

gen. Dann ist das eine ganz starke Wertung, der Sie folgen sollten. Ich stelle mir vor, dass diese Fragen vertiefen:

- Was geht in Ihrem Kopf gerade vor?
- Was spüren Sie körperlich?
- Was wird Ihnen da (von der Welt und mir) zugemutet?[69]

Die Verse »Jage die Ängste fort / Und die Angst vor den Ängsten« sind eine weitere zentrale Aussage des Gedichts.

TIPP

Die Verse bieten vielfältige Gesprächsanker wie Leben und Tod, Zeit und Vergänglichkeit, Vertrauen und Vertrauensbruch, Erwartung und Enttäuschung, Besitz und Verzicht, Spiritualität etc.
Auch das Grimm'sche *Märchen »Die kluge Else« können Sie einsetzen. Das Märchen zeigt eindrucksvoll, was die Angst vor einem tragischen Ereignis aus Else und ihrem persönlichen Umfeld macht.*

FRAGEN UND AUFGABEN FÜR TRAUERNDE, DIE SIE STELLEN KÖNNEN

- *Rezepte helfen, weil sie auf Erfahrungen beruhen und in der Regel zu einem guten Ergebnis führen. Vielleicht finden Sie sich in einigen Formulierungen wieder und können der Rezeptidee zustimmen – oder nicht, da Sie ein eigenes Rezept gefunden haben.*
- *Das Gedicht fordert an vielen Stellen zum Handeln auf: fortjagen, flicken, fegen, zerreißen. Welche Wirkungen lösen diese Aufforderungen bei Ihnen aus?*

Impuls 10

\+ Wiedergewinnung von Resonanz / Wiederherstellungsorientierung

Spiritualität

So wie du warst

Der Text des Liedes der früheren Musikgruppe »Unheilig« findet sich unter https://genius.com/Unheilig-so-wie-du-warst-lyrics

69 Vgl. H. Rosa: Resonanz, S. 290. Dort spricht er vom Dreiklang von Körper, Geist und erfahrbarer Welt.

Die gesungene Version mit Video findet sich unter
https://www.youtube.com/watch?v=FgBBkEwGkxU

VERTIEFUNG UND ANREGUNG

Gemeinsames Hören bietet sich an.
Eine Verstärkung können Sie erreichen, wenn das »du« durch einen Namen ersetzt wird.
Wichtig erscheint mir die Botschaft, dass die oder der Hinterbliebene für die (anderen, Kinder, Freunde etc.) da sein soll, die die oder der Verstorbene geliebt hat. Denn im Da-Sein des Hinterbliebenen ist die Liebe der oder des Verstorbenen auch noch da.
Dazu passt dann gut die Zeile »So wie du warst, bleibt so viel von dir hier«.

FRAGEN UND AUFGABEN FÜR TRAUERNDE, DIE SIE STELLEN KÖNNEN

- *Eine ver-rückte Idee: Lesen Sie das Lied von der letzten Zeile an, sozusagen rückwärts, bis zum Anfang.*

4.8 Spiritualität – Was Trauernde über Gott, den Glauben und die Welt denken

Impuls 1

+ Wiedergewinnung von Resonanz / Wiederherstellungsorientierung
Spiritualität

CARSTEN DANKT SECHS MONATE NACH DEM TOD SEINER MUTTER.

Danke!
Danke für all Deine Zuwendung!
Danke für all Deine Güte!
Danke für all Deine Sorge!
Danke für all Deine Tränen um mich!
Danke für all Deinen Schutz!
Danke für all Deinen Glauben an mich!

Danke für all Deine Aufmerksamkeit!
Danke für all Dein Vertrauen!
Danke für all Deine Nähe!
Vor allem aber:
Danke dafür, dass Du mir die Hoffnung gegeben hast, uns auf ewig in einer besseren Welt wiederzusehen!

VERTIEFUNG UND ANREGUNG

Die Form der Wiederholung von »Danke für …« bietet sich zweifach im Gespräch an.
Zunächst zu einer Betrachtung der Worte, in denen stets ein Wert steckt.
Zweitens zur Erweiterung nach diesem Muster.
Der abschließende Satz ist wohl der am meisten herausfordernde für Sie und die begleitete Person. Rechnen Sie mit allem: Mit seiner völligen Ablehnung, mit Schweigen oder mit Zustimmung und einem »Glaubensbekenntnis«, dem Sie resonant zuhören.

TIPP

Das Gebet und Lied von Teresa von Avila bietet sich als Anbindung an:

Nichts soll dich ängstigen.
Nichts soll dich erschrecken.
Alles vergeht.
Gott bleibt derselbe.
Geduld erreicht alles.
Wer Gott hat, dem kann nichts fehlen.
Gott allein genügt.

Als Lied der Taizé-Gemeinde ist das Gebet auch in der Originalsprache sehr bekannt: »Nada te turbe, nada te espante …«[70]
Sie können die Dankesworte um den letzten Satz kürzen, wenn Sie eine Überforderung befürchten.

---

70 https://www.songtexte.com/songtext/taize/nada-te-turbe-13ee514d.html

FRAGEN UND AUFGABEN FÜR TRAUERNDE, DIE SIE STELLEN KÖNNEN

- *Der trauernde Carsten dankt seiner gestorbenen Mutter für ihre Mutterliebe. Möchten Sie seine Dankesworte ergänzen?*
- *Können Sie dem abschließenden Satz zustimmen?*

Impuls 2

Kommunikation Spiritualität

Gib mir die gabe der tränen gott
gib mir die gabe der sprache

Führ mich aus dem lügenhaus
wasch meine erziehung ab
befreie mich von meiner mutter tochter
nimm meinen schutzwall ein
schleif meine intelligente burg

Gib mir die gabe der tränen gott
gib mir die gabe der sprache

Reinige mich vom verschweigen
gib mir die wörter den neben mir zu erreichen
erinnere mich an die tränen der kleinen studentin in göttingen
wie kann ich reden wenn ich vergessen habe
wie man weint
mach mich naß
versteck mich nicht mehr

Gib mir die gabe der tränen gott
gib mir die gabe der sprache

Zerschlage den hochmut mach mich einfach
laß mich wasser sein das man trinken kann
wie kann ich reden wenn meine tränen nur
für mich sind

nimm mir das private eigentum
und den wunsch danach
gib und ich lerne geben

Gib mir die gabe der tränen gott
gib mir die gabe der sprache
gib mir das wasser des lebens
Dorothee Sölle[71]

VERTIEFUNG UND ANREGUNG

Parallelen zu dem Brief von Alexandra (Kapitel 4.2, Impuls 4) sind vorhanden und können genutzt werden im Vergleich.
Wie schreibt eine direkt Betroffene und wie eine Dichterin?
Was spricht mehr an?

TIPP

Ermuntern Sie zum Weiterschreiben des Gedichtes in dieser Form: Kleinschreibung, ohne Interpunktion, reimlos.

FRAGEN UND AUFGABEN FÜR TRAUERNDE, DIE SIE STELLEN KÖNNEN

- *Das Gedicht spricht Wünsche aus nach der »gabe der tränen«, der »gabe der sprache«* und dem *»wasser des lebens«*. Welcher Wunsch ist Ihnen heute wichtig?
- *Versuchen Sie aufzuschreiben, weshalb das so ist.*
- *Was verstehen Sie unter »Gabe der Sprache«? Was sagt Ihnen vor diesem Hintergrund die Bitte der Dichterin? Warum bittet sie um etwas, was sie anscheinend hat?*
- *Was verstehen Sie unter »Wasser des Lebens«? Weshalb will die Dichterin dieses Wasser?*
- *Und was ist das für ein anderes Wasser als das, worum sie vorher bittet: »Lass mich Wasser sein, das man trinken kann«?*

71 Dorothee Sölle: Fliegen lernen, S. 35.

Impuls 3

Spiritualität Kommunikation

Soll Gott sprechen, musst du schweigen.
Soll Gott eingehen, müssen alle Dinge hinaus.
Johannes Tauler

VERTIEFUNG UND ANREGUNG

Trauernde können nicht mehr beten. Gebete, die sie früher wie selbstverständlich gesprochen haben, kommen nicht mehr über die Lippen. Sie sind mit den Worten nicht mehr einverstanden, da sich viel in ihnen sperrt. Sie stellen Fragen.

Wollen sie mit Gott in einen Dialog kommen, ist die Gebetshaltung wichtig:

»Soll Gott sprechen, musst du schweigen.«

Ruhig werden, Stille einkehren lassen, sich entspannen, den Kopf leeren.

»Soll Gott eingehen, müssen alle Dinge hinaus.«

Auch die Enttäuschungen über Gott müssen ausgesprochen werden. Das Beten wird dann zum Klagegebet.

TIPP

Hubertus Halbfas hat eine »Gebetsschule« geschrieben mit vielen Anregungen und Beispielen für modernes, zeitgemäßes Beten. Zu empfehlen ist auch das Buch »Beten mit dem Bleistift« von Lisa Oesterheld (s. Literaturverzeichnis).

FRAGEN UND AUFGABEN FÜR TRAUERNDE, DIE SIE STELLEN KÖNNEN

- *In jeder Religion gibt es große rituelle Gebete. Darüber wird oft das individuelle, persönliche, nicht formalisierte Reden mit Gott vernachlässigt.*
- *Versuchen Sie mit Ihrem Gott so zu reden, wie Sie mit Vertrauten sprechen, ohne lange zu überlegen, wie das ankommt und verstanden wird.*

Impuls 4

+ Wiedergewinnung von Resonanz / Wiederherstellungsorientierung

– Verstummen / Verlustorientierung   Spiritualität

Ahrpsalm (gekürzt)

Schreien will ich zu dir, Gott, mit verwundeter Seele,
doch meine Worte gefrieren mir auf der Zunge.
Es ist kalt in mir, wie gestorben sind alle Gefühle,
starr blicken meine Augen auf meine zerbrochene Welt. [...]
Wo warst du Gott, Ewiger,
hast du uns endgültig verlassen? [...]
Ist dir das alles völlig egal, Unbegreiflicher?
Du bist doch allmächtig, dein Fingerschnippen hätte genügt. [...]
Niemals will ich das glauben, niemals,
du bist kein grausamer Götze des Elends,
du sendest kein Leid, kein gnadenloses Unheil
und hast kein Gefallen an unseren Schmerzen.
Doch du machst es mir schwer
das wirklich zu glauben. [...]
Dein Schweigen quält meine Seele,
ich halte es fast nicht mehr aus. [...]
Meine gewohnten Gebete verstummen,
meine Hände zu falten gelingt mir nicht.
So werfe ich meine Tränen in den Himmel,
meine Wut schleudere ich dir vor die Füße.
Hörst du mein Klagen, mein verzweifeltes Stammeln,
ist das auch ein Beten in deinen Augen?
Dann bin ich so fromm wie nie,
mein Herz quillt über von solchen Gebeten.
Doch lass mich nicht versinken in meinen dunklen Gedanken,
erinnere mich an deine Nähe in früheren Zeiten.
Ich will dankbar sein für die Hilfe, die mir zuteilwird,
für die tröstende Schulter, an die ich mich anlehne. [...]
Auch wenn du mir rätselhaft bist, Gott,
noch unbegreiflicher jetzt, unendlich fern,

so will ich dennoch glauben an dich,
widerständig, trotzig, egal, was dagegenspricht.
Sollen die Spötter mich zynisch belächeln,
ich will hoffen auf deine Nähe an meiner Seite.
Würdest du doch nur endlich dein Schweigen beenden,
doch ich halte es aus und halte dich aus, oh Gott.
Halte du mich aus!
Und halte mich, Ewiger! Halte mich!«
Stephan Wahl[72]

VERTIEFUNG UND ANREGUNG

Obwohl dieses Psalm-Gedicht aus einem ganz anderen Kontext kommt (es wurde anlässlich der Hochwasserkatastrophe 2021 im Ahrtal und in NRW geschrieben und bei dem zentralen Gedenkgottesdienst vorgetragen), kann es in Auszügen auch für und in der Trauerbegleitung eingesetzt werden, da es um die Kernfrage der Theodizee geht: Wie kann Gott als guter Gott gedacht werden, wenn er Leid zulässt?
Die Konsequenz aus dieser Fragestellung ist oft der Zweifel und dann auch die Abwendung von bisherigen Glaubenssätzen. Beten ist dann nicht mehr möglich.
Für die Begleitperson heißt das, das Thema Spiritualität aufzugreifen, da kein Mensch keine spirituelle Ausrichtung haben kann.

TIPP

Gefühle und Verhalten wie Anklage, Schreien, Bitten, Trotz, Qual, Wut lassen sich als Gesprächseinstiege nutzen.

FRAGEN UND AUFGABEN FÜR TRAUERNDE, DIE SIE STELLEN KÖNNEN

- *Der Psalm ist voller Gefühle, die Sie gut kennen. Das Beten fällt dem Klagenden schwer. Hält Sie das Beten?*
- *Was würden Sie dem Klagenden sagen wollen?*
- *Ist Gott schuld am Leid? Wenn Sie Ja sagen: Warum meinen Sie das? Wenn Sie Nein sagen: Was ist Gottes »Rolle« beim Leid der Menschen?*

72 St. Wahl: Erwarte von mir keine frommen Sprüche, S. 11–15.

Impuls 5

Wiedergewinnung von Resonanz / Wiederherstellungsorientierung

Spiritualität

Herbst

Die Blätter fallen, fallen wie von weit,
als welkten in den Himmeln ferne Gärten;
sie fallen mit verneinender Gebärde.

Und in den Nächten fällt die schwere Erde
aus allen Sternen in die Einsamkeit.

Wir alle fallen. Diese Hand da fällt.
Und sieh dir andre an: es ist in allen.

Und doch ist Einer, welcher dieses Fallen
unendlich sanft in seinen Händen hält.

Rainer Maria Rilke[73]

VERTIEFUNG UND ANREGUNG – MIT EINER DEUTUNGSHILFE

Ich empfehle, das Gedicht Vers für Vers zu lesen und es zu paraphrasieren, in Prosa umzusetzen.

Das allen bekannte Fallen der herbstlichen Blätter wird bereits im ersten Vers transzendiert durch den Vergleich (»als«) zu himmlischen Gärten. Selbst die Erde fällt in die Einsamkeit; so wie auch alle Menschen. Diese vertikale Blickrichtung wird in den beiden Endversen zu einer horizontalen ausgerichtet durch die sanft aufhaltenden Hände.

Die Hinfälligkeit, Sterblichkeit von allem wird aufgehoben in Gottes Liebe. Er ist derjenige, der alles Fallen (auf-)hält. Wir können nicht tiefer fallen als in seine Hand.

Und deren Finger sind wir Mit-Menschen. Die Zuversicht oder Hoffnung wächst aus dem Glauben, sich geborgen fühlen zu können im Glauben an das Göttliche.

73 R. M. Rilke: Die Gedichte, S. 346.

»Fallen« und »halten« sind die zentralen Begriffe des Gedichts. »Fallen« meint hinfällig/sterblich sein. »Halten« meint auch in den Arm nehmen und damit Trost spenden.
»Seine Hände« – wir sind seine Finger. Gottes Hand ist in Rilkes Gedicht ein Symbol für die Liebe, den Sinn des Seins. Wir sind die, welche dieses Göttliche in die Welt bringen – wie es auch 1 Joh 4,16 sagt: »Gott ist Liebe; und wer in der Liebe bleibt, der bleibt in Gott und Gott in ihm.«

TIPP

(Nur) Wenn beide, begleitete und begleitende Person, Zugang zu einer spirituellen Dimension haben, können sie darin nicht nur eine über ihr Gefühl der Resonanz im Mitmenschlichen hinausreichende Deutungsebene wahrnehmen (Resonanz = Liebe = das Göttliche), sondern in der Spiritualität selber wieder Kraft schöpfen.

FRAGEN UND AUFGABEN FÜR TRAUERNDE, DIE SIE STELLEN KÖNNEN

- ○ *Der Herbst als Zeit der fallenden Blätter!?*
- ○ *Der Herbst als Symbol für das Ende (des Jahres, des Lebens).*
- ○ *Wir alle fallen!? Wohin?*
- ○ *Wer ist der Eine für Sie?*

Impuls 6

\+ Wiedergewinnung von Resonanz / Wiederherstellungsorientierung
Spiritualität

Psalm 23

1 Der HERR ist mein Hirt, nichts wird mir fehlen.
2 Er lässt mich lagern auf grünen Auen
und führt mich zum Ruheplatz am Wasser.
3 Meine Lebenskraft bringt er zurück.
Er führt mich auf Pfaden der Gerechtigkeit, getreu seinem Namen.
4 Auch wenn ich gehe im finsteren Tal, ich fürchte kein Unheil;
denn du bist bei mir, dein Stock und dein Stab, sie trösten mich.
5 Du deckst mir den Tisch vor den Augen meiner Feinde.

Du hast mein Haupt mit Öl gesalbt, übervoll ist mein Becher.
6 Ja, Güte und Huld werden mir folgen mein Leben lang
und heimkehren werde ich ins Haus des HERRN für lange Zeiten.

VERTIEFUNG UND ANREGUNG – MIT EINER DEUTUNGSHILFE

Dieser Psalm bietet das bekannte alt- und neutestamentliche Bild des Hirten an. Das kann einerseits den Zugang erleichtern, andererseits aber auch die Ablehnung, wenn Personen sich nicht als Schaf assoziieren lassen möchten oder die Inhalte der Bibel grundsätzlich ablehnen.
Lenken Sie das Augenmerk auf die Beziehung zwischen dem HERRN und dem Autor: Im 4. Vers wechselt er zum Du – und das ist für mich das Du der göttlichen Liebe.
Die grünen Auen und der Ruheplatz am Wasser sind zu übersetzen mit Lebenskraft und Lebenszusicherung.
Gerechtigkeit meint das richtige Verhalten des Menschen gegenüber Gott und den Menschen.
Die Salbung mit Öl ist Zeichen von Ehrerbietung und symbolisiert Macht, auch Freude und Heilung.
Der gefüllte Becher verweist auf Reichtum und Fülle.
Das »Haus des Herrn« kann als Ort der Geborgenheit verstanden werden.
Die Weltbeziehungen sind abwechselnd stumm (»im finsteren Tal«) und klingend, leise und laut, zugewandt und abgewandt.

TIPP

Vielleicht können Sie gemeinsam den Psalm lesen oder beten.

FRAGEN UND AUFGABEN FÜR TRAUERNDE, DIE SIE STELLEN KÖNNEN

- *Welche Assoziationen verbinden Sie mit dem/einem/Ihrem »finsteren Tal«?*
- *David, der König von Israel, schaut voller Zuversicht auf Gottes Handeln. Suchen Sie Ihre Zuversicht in diesem Psalm und erzählen sie davon.*
- *Welche Erweiterungen schreiben Sie als Psalmist?*

Impuls 7

Wiedergewinnung von Resonanz / Wiederherstellungsorientierung
Spiritualität

Wenn etwas uns fortgenommen wird,
womit wir tief und wunderbar zusammenhängen,
so ist viel von uns mit fortgenommen.
Gott aber will, dass wir uns wieder finden,
reicher um alles Verlorene,
und vermehrt um jenen unendlichen Schmerz.
Rainer Maria Rilke[74]

VERTIEFUNG UND ANREGUNG

Der Appell dieses Gedichts fordert eine enorme Leistung, nämlich sich selbst wiederzufinden oder wieder zu finden.
Der vierte, der kürzeste Vers fordert regelrecht heraus, über das Gottesbild zu sprechen. Und zwar über das des Gedichts und das eigene.

TIPP

Arbeiten Sie nur mit diesem Gedicht, wenn Ihre Begleitung stabil ist; nicht in den ersten Trauerphasen.
Vergleichen Sie die zwei letzten Zeilen mit dem zerrissenen Blatt im Kapitel 3.8 (Spiritualität). Trauernde nehmen auch alles Verlorene und allen Schmerz mit, selbst wenn sie den Weg aus dem Tal gefunden haben. Es ist Teil ihrer Biografie. Lassen Sie die Person eine Zukunftsskizze entwerfen, in der auch das Schwere seinen Platz hat. Sprechen Sie mit ihr über das Bild.

FRAGEN UND AUFGABEN FÜR TRAUERNDE, DIE SIE STELLEN KÖNNEN

- *Ihnen ist viel weggenommen worden. Was ist Ihnen »mit fortgenommen«?*
- *Können die letzten Verse mit ihrer Widersprüchlichkeit Sie trösten?*

---

74 *Aus dem Brief an die Prinzessin von Schönaich-Carolath in Paris vom 7. Mai 1908. In: R. M. Rilke: Briefe aus den Jahren 1907 bis 1914, S. 33.*

Impuls 8

Wiedergewinnung von Resonanz / Wiederherstellungsorientierung

Spiritualität

Es gibt nichts, was uns die Abwesenheit eines uns lieben Menschen ersetzen kann und man soll das auch garnicht versuchen; man muß es einfach aushalten und durchhalten; das klingt zunächst sehr hart, aber es ist doch zugleich ein großer Trost; denn indem die Lücke wirklich unausgefüllt bleibt, bleibt man durch sie miteinander verbunden. Es ist verkehrt, wenn man sagt, Gott füllt die Lücke aus; er füllt sie garnicht aus, sondern er hält sie vielmehr gerade unausgefüllt, und hilft uns dadurch, unsere echte Gemeinschaft – wenn auch unter Schmerzen – zu bewahren. Ferner: je schöner und voller die Erinnerungen, desto schwerer die Trennung.
Aber die Dankbarkeit verwandelt die Qual der Erinnerung in eine stille Freude. Man trägt das vergangene Schöne nicht wie einen Stachel, sondern wie ein kostbares Geschenk in sich. Man muß sich hüten, in den Erinnerungen zu wühlen, sich ihnen auszuliefern, wie man auch ein kostbares Geschenk nicht immerfort betrachtet, sondern nur zu besonderen Stunden und es sonst nur wie einen verborgenen Schatz, dessen man sich gewiß ist, besitzt; dann geht eine dauernde Freude und Kraft von dem Vergangenen aus. ... Vom ersten Aufwachen bis zum Einschlafen müssen wir den anderen Menschen ganz und gar Gott befehlen und ihm überlassen, und aus unseren Sorgen um den Andren Gebete für ihn werden lassen.
Dietrich Bonhoeffer[75]

VERTIEFUNG UND ANREGUNG

Der Autor schönt nicht und schont so den Lesenden nicht. Er spricht ehrlich über das Leidvolle und schafft damit Vertrauen.

75 D. Bonhoeffer: Werke (DBW) Bd. 8, S. 255f.

TIPP

Einige Sätze zur Biografie Bonhoeffers (Erstinfo bei Wikipedia ist dafür ausreichend) können Sie je nach Bedarf vor oder nach der Lektüre einschieben.

FRAGEN UND AUFGABEN FÜR TRAUERNDE, DIE SIE STELLEN KÖNNEN

- *Arbeiten Sie die Kernaussagen für sich heraus, indem Sie die Ihrer Meinung nach wichtigsten Worte unterstreichen.*
- *Streichen Sie so lange aus der Liste, bis nur noch ein Wort übrig bleibt.*
- *Schreiben Sie in einem fiktiven Brief an Dietrich Bonhoeffer über dieses Wort.*

4.9 Kreativität – Wie Trauernde sich selbst beschäftigen

Impuls 1

Verlustorientierung Selbstwirksamkeit

IRENE SCHREIBT AN IHREN TÖDLICH VERUNGLÜCKTEN SOHN.

Brief an Philipp (Januar 2022)

Mein Karussell

Hallo Philipp, ich bin voller Schmerz und Trauer. Tag für Tag dreht sich das Karussell in meinem Kopf. Jedes Mitglied unserer Familie hat einen Wagen oder ein Fahrzeug auf dem Karussell eingenommen. Nur dein so geliebtes Feuerwehrauto bleibt leer. Erdrückend.

Ich fahre gleichzeitig mit und sehe es von außen: Ich fühle mich so verloren, wenn ich das Karussell aus der Ferne beobachte. Ich sehe, wie schnell es sich dreht. Immer schneller dreht sich das Karussell. Am liebsten möchte ich herauskatapultiert werden.

Mein Schmerz

Ich möchte mit meinem Schmerz leben, denn der Schmerz ist dir gewidmet. Wenn ich den Schmerz fühle, bin ich dir sehr nahe, Philipp. Der Schmerz durchbohrt meinen Körper. Ich fühle, wie ein Blitzschlag meine Seele angegriffen und verletzt hinterlassen hat. Damit werde ich leben und mit schönen Erinnerungen an dich und die Erlebnisse, die wir mit dir hatten; mich von ihnen berieseln lassen.

Mein Albtraum

Wenn ich an deinem Grab stehe und deinen Namen lese, möchte ich am liebsten einen Hammer nehmen und mit voller Wucht und Zorn daraufschlagen. Ich möchte, verdammt nochmal, diesen Albtraum aus meinem Leben herausschmeißen. Und muss immer aufs Neue feststellen, nein, nein, das ist kein Albtraum.

Meine Frage

Meine Gedanken kreisen wie eine Biene um süße Leckereien. Warum Philipp, warum Philipp?

Meine Antwort

Erdenbürger versuchen, mich eines Besseren zu belehren, warum ich auf die Fragen mit W keine Antwort bekomme. Meine Antwort: Ich bin in Trauer und nicht gehirnamputiert. Nehmt mich so, wie ich bin. Mit Fragen, die unlösbar sind, und Schwächen und Traurigkeit, Wut, Zorn, Schweigen, das gehört jetzt zu meinem Leben dazu. Einen so grausamen Lebenslauf habe ich mir nicht auferlegt.

Mein Verlust

Meine Sehnsucht wird immer stärker, mir wurde so viel geraubt, nämlich das, was ich nicht mehr mit dir durchleben darf, und die wertvollen Ereignisse, die du nicht mehr erleben darfst. Das ist bösartig und unfair, dafür finde ich keine Worte und bin nur sprachlos.

Ich bin innerlich vereist.

VERTIEFUNG UND ANREGUNG

Irene ist hin- und hergerissen. Ihre zahlreichen Bilder sind Versuche, den unfassbaren Verlust doch in Worte zu fassen.

Das Karussell zeigt eindringlich die Wiederkehr von Erinnerungen und ist auch ein Bild für das »Auf-der-Stelle-Treten«, hier das »Auf-der-Stelle-Drehen«.

Greifen Sie die verschiedenen Gefühle auf.

Trauer als Normalität und nicht als krankhaft zu sehen, das ist die Botschaft.

Die Sätze Irenes sind Zeugnisse des Verstummens.

FRAGEN UND AUFGABEN FÜR TRAUERNDE, DIE SIE STELLEN KÖNNEN

- ○ *Was könnte bei Ihnen das Eis wieder aufbrechen, zum Schmelzen bringen?*
- ○ *Was kann Ihre Augen wieder zum Leuchten bringen?*
- ○ *Möchten Sie von »den schönen Erinnerungen« erzählen?*

Impuls 2

Logotherapie Selbstwirksamkeit

Elfchen

Ein Elfchen besteht aus elf Wörtern und fünf Zeilen. Muss (sollte) sich nicht reimen. Alle Wortarten können verwendet werden.

1. Zeile: ein Wort
2. Zeile: zwei Wörter
3. Zeile: drei Wörter
4. Zeile: vier Wörter
5. Zeile: ein Wort

Irene und Kai schreiben Elfchen.

Wunde
Heilt nie
Verwurzelt ohne Wurzel
Körper im leeren Ausnahmezustand
Leben

Tränen
Leise unhörbar
Seele voll überlaufen
Alleine gehen steinigen Weg
Ich

Tunnel
Geht hinein
Wir gehen weiter
Wir müssen alle dadurch
Licht!

Liebe
Wärme spenden
Mut für einander
Eingebettet in Rosen immer
Du

Liebe
Sie ist
Kommt sie immer
Sie muss erarbeitet werden
Bleibt

VERTIEFUNG UND ANREGUNG

Diese Elfchen wurden mir per WhatsApp zugeschickt, andere per E-Mail. Auffällig ist ihr durchweg hoffnungsvoller Ausdruck. M. E. kein Zufall, höchstwahrscheinlich ist die einfache Grundform verantwortlich für ein doppeltes Vertrauen, das Vertrauen in die eigene Kreativität und das Vertrauen, mit der Trauer umgehen zu können.

TIPP

Ich empfehle aufgrund dieser Erfahrungen, einzuladen, Elfchen zu dichten.
Sie nehmen mögliche Hemmungen, wenn Sie mit eigenen Beispielen vorangehen, um bei diesem kreativen Prozess die gleiche Augenhöhe zu schaffen.

FRAGEN UND AUFGABEN FÜR TRAUERNDE, DIE SIE STELLEN KÖNNEN

- *Schreiben Sie die erste und fünfte Zeile auf ein separates großes Blatt. Was fällt Ihnen auf?*
- *Möchten Sie mit mir darüber sprechen?*
- *Mit wenigen Worten viel sagen. Sich Schweres von der Seele und für die Seele schreiben. Diese Gedichtform, ursprünglich für die Schule gedacht, (ver)führt dazu, sich auf Wesentliches zu konzentrieren.*
- *Schreiben Sie selbst ein Elfchen.*
- *Haben Sie Vertrauen in Ihre Fähigkeiten.*

Impuls 3

Logotherapie Selbstwirksamkeit

Erzählen und Briefe schreiben

Was ich dir unbedingt sagen muss ...
Was ich an dir so sehr schätze, das ist ...
Ich mag dich, weil ...
Ohne dich fühle ich mich wie ...
Ich entschuldige mich dafür, dass ...
Als Blume bist du für mich wie ein/eine ...
Ich brauche dich, weil ...

VERTIEFUNG UND ANREGUNG

Oft lösen sich Sprech- oder Schreibblockaden durch einen Impuls auf. Diese Sätze können der Beginn des Erzählens an eine verstorbene Person sein. Später kann daraus ein Brief oder der Eintrag in ein Tagebuch werden.

TIPP

Nehmen Sie die Scheu vor dem Schreiben, indem Sie vorschlagen, das Geschriebene beim nächsten Zusammentreffen bei einem Ritual zu verbrennen oder zu versiegeln. Das Schreiben hilft, Gedanken zu sortieren, da es das Denken etwas verlangsamt durch den Schreibvorgang und das Kreisen der Gedanken im Kopf vielleicht unterbricht.

FRAGEN UND AUFGABEN FÜR TRAUERNDE, DIE SIE STELLEN KÖNNEN

- *Mit solchen Sätzen können Sie einen Brief an verschiedene Adressaten beginnen. An einen Freund, eine Freundin, an Verwandte, selbst an geliebte Verstorbene können Sie schreiben.*
- *Nehmen Sie sich Zeit dazu, besonderes Papier vielleicht, und einen angenehmen Stift oder eine Feder.*

Impuls 4

wiederherstellungsorientiert   Logotherapie

Wege zum Sinn

Abbildung 34 Wege zum Sinn

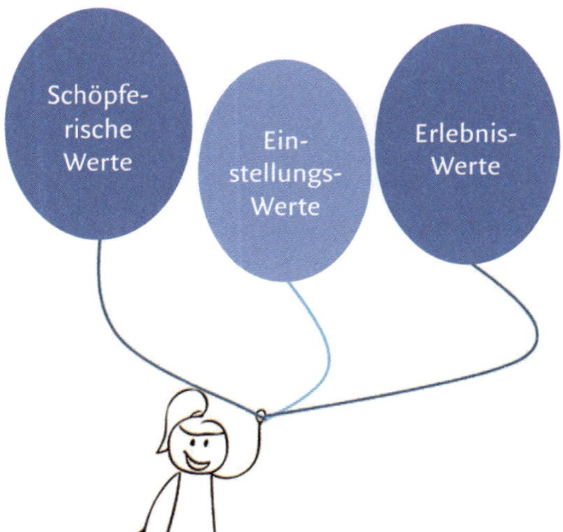

Zeichnung: Petra Rörsch

VERTIEFUNG UND ANREGUNG

Wenn Sie mit diesem Ansatz arbeiten möchten, sollten Sie sich zumindest kurz über die Begrifflichkeiten und die Theorie informieren, bevor es zur praktischen Anwendung gehen kann.
Deshalb greife ich hier auf Kapitel 3.4 (Logotherapie) zurück:
Unter schöpferischen Werten sind alle von uns kreativ und innovativ geschaffenen Dinge zu verstehen, seien es künstlerisch Werke, Hand-

werkliches, Schöpferisches jeder Art, Alltägliches. Mir fällt auf, wie häufig Viktor Frankl das Wort Alltag benutzt, wenn er von der Sinnfindung spricht.
Erlebniswerte zeigen sich zum Beispiel im bewussten Wahrnehmen der Natur, in der Bewusstwerdung zwischenmenschlicher Beziehungen und von Erlebnissen.
Einstellungswerte entstehen durch die »Art und Weise, wie er (der Mensch) sich zu seinem Leid einstellt ...« (Elisabeth Lukas[76])

FRAGEN UND AUFGABEN FÜR TRAUERNDE, DIE SIE STELLEN KÖNNEN

- *Sammeln Sie für sich Beispiele, welche diesen drei verschiedenen Werteebenen entsprechen. Sie werden sich wahrscheinlich wundern, was Ihnen dazu ein- und auffällt.*
- *Schreiben Sie die Beispiele auf ein Blatt Papier und stecken dieses zusammen mit einem Foto von Ihnen in ein Kuvert. Oder schreiben Sie die Beispiele direkt auf die Rückseite des Fotos.*
- *Sie sind wertvoll! Das ist Ihr Wesen! Das macht Sie aus!*

Impuls 5

Kommunikation Spiritualität

Acht Berge

EIN ROMAN ÜBER EINEN JUNGEN MANN NAMENS PIETRO, DER DIE SCHÖNSTEN UND EXOTISCHSTEN BERGE IN DEN ALPEN UND IM HIMALAYA SEHEN MÖCHTE. HIER LESEN WIR VON EINEM GESPRÄCH MIT EINEM NEPALESEN, DER IN EINEM TRAGEGESTELL AUF SEINEM RÜCKEN HÜHNER IN EIN BASISLAGER ZUM AUFSTIEG AUF DEN MOUNT EVEREST TRÄGT.

»Aha«, sagte er. »Verstehe. Du reist also zu den acht Bergen.«
»Welche acht Berge?«
Der Mann hob einen Stock auf, mit dem er einen Kreis auf den Boden zeichnete. Er wurde perfekt, anscheinend hatte er Übung darin. Dann

76 E. Lukas: Heute ist der erste Tag vom Rest deines Lebens, S. 115.

zog er eine Achse hindurch und senkrecht noch eine, anschließend eine dritte und vierte, bis ein Rad mit acht Speichen entstanden war. Ich wäre für diese Zeichnung vermutlich von einem Kreuz ausgegangen, aber es war typisch asiatisch, mit einem Kreis zu beginnen.
»Hast du dieses Symbol schon mal gesehen?«, fragte er.
»Ja«, erwiderte ich. »In Mandalas.«
»Genau«, sagte er. »Für uns ist es der Mittelpunkt der Welt, ein sehr hoher Berg, der Sumeru, der wiederum von acht Bergen und acht Meeren umgeben ist. Das ist unsere Vorstellung von der Welt.«
Währenddessen zeichnete er außerhalb des Rades hinter jeder Speiche eine kleine Spitze und zwischen diesen Spitzen eine kleine Welle: acht Berge und acht Meere. Zum Schluss malte er eine Krone in die Mitte des Rads, die aber genauso gut der verschneite Gipfel des Sumeru sein konnte. Kopfschüttelnd musterte er sein Werk, als hätte er diese Zeichnung schon tausendmal gemacht, wäre jetzt aber ein wenig aus der Übung. Dann zeigte er mit dem Stock auf die Mitte und sagte: »Bei uns heißt es immer: Wer hat mehr gelernt? Derjenige, der alle acht Berge gesehen, oder derjenige, der den Gipfel des Sumeru bestiegen hat?« Der Hühnerträger sah mich an und lächelte. Ich auch, weil mir die Geschichte gefiel und ich sie zu verstehen glaubte. Er verwischte die Zeichnung mit der Hand, doch ich wusste, dass ich sie nie mehr vergessen würde.
Paolo Cognetti[77]

VERTIEFUNG UND ANWENDUNG

Dieser Romanauszug ist für eine bereits teilweise bearbeitete Trauer geeignet.
Sie können die Geschichte vorlesen und dabei das Mandala (s. u.) zeichnen lassen.
Sie können die Geschichte alternativ auch vorlesen lassen.
Sie können die Geschichte weitererzählen lassen aus der Perspektive des Nepalesen oder der von Pietro.
Sie können »Sumeru« durch Anker, Halt, Mittelpunkt ersetzen.

77 P. Cognetti: Acht Berge, S. 172.

TIPP

Suchen und finden Sie selbst Romanstellen, die sich als Gesprächsanlass anbieten.

FRAGEN UND AUFGABEN FÜR TRAUERNDE, DIE SIE STELLEN KÖNNEN

- *Pietro meint, die Geschichte verstanden zu haben.*
- *Wie verstehen Sie die Geschichte?*
- *Wo sehen Sie sich in der Geschichte?*
- *Was ist Ihr Sumeru?*

Abbildung 35 Mein Sumeru

Foto: Petra Rörsch

Impuls 6

Logotherapie Selbstwirksamkeit

Mein Mosaik gestalten

Abbildung 36 Mein Mosaik

Fotos: Peter Rörsch

VERTIEFUNG UND ANREGUNG

Bei dem Ziel, ein eigenes Mosaik zu gestalten, hat es sich bewährt, auf die folgende Weise vorzugehen:
Am besten verschieden geformte große hölzerne Unterlagen zur Auswahl anbieten, dann Fliesenbruch in unterschiedlichen Farben und Größen sowie Klebstoff bereitstellen.
Es kann dann auch als Gesprächsanlass genutzt werden, wenn der Trauernde erzählt, weshalb er zu seinem Mosaik gekommen ist, weshalb er diese oder jene Farbe oder Form bevorzugt, diesen Raum auslässt oder füllt.
Es geht jedoch immer nur um das Zuhören, vielleicht das aktive Zuhören, nicht um das Ausdeuten.

Wer noch mehr dazu wissen möchte, findet bei Elisabeth Lukas[78] Vertiefendes. Denn entscheidend ist für die Begleiteten sowohl ihr Werk als auch dessen Deutung, und dazu macht Lukas drei unterschiedliche Muster aus.

Eine schöne Metapher vergleicht das menschliche Leben mit einem Mosaikbild, das sich aus unzähligen Steinchen verschiedenster Farbschattierungen zusammensetzt. Es gibt viele Nuancen darunter, strahlend helle, kristallfarbene Steinchen, die die Lichtpunkte unseres Lebens symbolisieren, aber auch schaurig finstere, nachtschwarze, die Pech und Leid bedeuten. Am Ende unseres Lebens fügt sich das Mosaik zu einem ganzheitlichen Muster bestimmter Formen und Farben zusammen, das unsere unverwechselbare Existenz widerspiegelt in der Einzigartigkeit seiner Gestalt. Das Bild eines jeden Menschen ist anders und auf seine Weise unwiederholbar ...
Mitunter wird einem ein dunkler Stein direkt »vor die Füße geknallt«; es geschieht etwas Furchtbares, Unfassliches, und man kann sich nicht dagegen wehren. Analog fallen lichte Steine ins Bild, gnadenreiche Zufälle, die ohne unser Zutun geschehen, obgleich wir sie natürlich gerne geschehen lassen.
Zwischen diesen schicksalhaften Steinen bleiben Plätze frei, kleinere und größere Zwischenräume, in denen sich noch kein Mosaikstein befindet. Plätze, die ausgefüllt werden können mit Beiträgen und Entscheidungen unserer persönlichen Wahl, die wir entschlossen treffen. Abseits vom Mosaik liegen nämlich ringsum lose Steinchen zu unserer freien Verfügung herum, helle, dunkle, bunte ..., die die zahlreichen Möglichkeiten symbolisieren, die uns in fast jeder Lage gegeben sind ...

1. *Jemand sieht nur das eigene halb fertige Mosaik mit seinen aufgeklebten Steinen und blickt nicht nach außen, wo freie Steine, sprich: Wert- und Sinnverwirklichungsmöglichkeiten ungenutzt herumliegen. Er ist fixiert auf das Sosein seines Ichs, ohne ein Anders-werden-Können gedanklich durchzuspielen – die Egozentrierung.*

78 E. Lukas: Heute ist der erste Tag vom Rest deines Lebens, S. 77ff.

2. *Jemand sieht ausschließlich die schwarzen Steine, sowohl im Mosaik als auch außerhalb davon. Er ist »farbenblind«* für die hellen Schattierungen und setzt deshalb auch nur dunkle Steine in sein Lebensbild – die Negativierung.
3. *Jemand hat einen einzigen schwarzen Stein vor Augen, auf den er wie gebannt starrt, ohne den Blick davon zu lösen. Je länger er ihn anstarrt, desto stärker fällt er der Verzweiflung anheim – die Hyperreflexion.*

Elisabeth Lukas[79]

FRAGEN UND AUFGABEN FÜR TRAUERNDE, DIE SIE STELLEN KÖNNEN

- *Die Übung, aus verschieden großen bzw. kleinen, farbigen, geschnittenen und gebrochenen Steinchen, Fliesenresten ein Bild zu gestalten, ist zunächst eine meditative Übung, die im Schweigen durchgeführt wird.*
- *Gestalten Sie ein Mosaik,* welches *Ihrem augenblicklichen Seelenleben entspricht.*
- *Sie können auch einer vertrauten Person erzählen, weshalb Sie sich für diese Farbe, Form, Größe usw. entschieden haben.*

Impuls 7

+ Wiedergewinnung von Resonanz / Wiederherstellungsorientierung

Selbstwirksamkeit

Wenn es so einfach wäre

Liebe es.
Verändere es.
Verlass es.

VERTIEFUNG UND ANREGUNG

Diese Sätze können in ihrer scheinbaren Klarheit zumindest als Gesprächsanlass genutzt werden. Bei näherer Betrachtung bleibt neben

79 Ebd.

der Vereinfachung zumindest der provokative Charakter aufgrund der Pointierung erhalten.
Es ist an Ihnen, das »es« für die trauernde Person zu konkretisieren. Da Sie sie vielleicht schon längere Zeit begleiten, wissen Sie viel und können zusammen mit ihr ausprobieren, um welches Thema es hier und heute geht.
Die Situation des Alleinseins? Die Trauer? Die bisherige Wohnung?
»Es« kann auch eine Person sein. Dann heißt es:

Liebe ihn/sie.
Verändere ihn/sie.
Verlasse ihn/sie.

FRAGEN UND AUFGABEN FÜR TRAUERNDE, DIE SIE STELLEN KÖNNEN

- *Drei Vorschläge werden Ihnen kurz und bündig gemacht.*
- *Welche Reaktionen lösen die drei Sätze bei Ihnen aus?*
- *Welcher Satz trifft für Sie heute am meisten zu?*

Impuls 8

+ Wiedergewinnung von Resonanz / Wiederherstellungsorientierung
Selbstwirksamkeit

Meine Unabhängigkeit!?

Geh deinen Weg und lass die Leute reden.
Dante Alighieri (1265–1321)

VERTIEFUNG UND ANREGUNG

Dieser Kalenderspruch spricht über Abhängigkeit oder Nichtabhängigkeit von Meinungen. Genauer gesagt: von unbekannten und nur vermuteten Meinungen.
Ermutigen Sie Begleitete, über ihren Weg zu sprechen.

TIPP

Fragen Sie nach Konventionen, die davon abhalten können, den eigenen Weg zu gehen.

FRAGEN UND AUFGABEN FÜR TRAUERNDE, DIE SIE STELLEN KÖNNEN

- ○ *Wissen Sie, was die Leute denken und reden?*
- ○ *Sind Ihnen die Leute wichtig?*
- ○ *Das Zitat bündelt zwei Empfehlungen in einem Satz. Welchen Teil können Sie leichter umsetzen?*

Impuls 9

Spiritualität Kommunikation

Menschengebet

1 Wo sich der Mensch »Mensch« nennt,
2 da wird ihm Gott Vater und Mutter.

3 Wo sich der Mensch »Energie« nennt,
4 da wird ihm Gott Ur-Energie.

5 Wo sich der Mensch »Frage« nennt,
6 da wird ihm Gott Frage.

7 Wo sich der Mensch »Problem« nennt,
8 da wird ihm Gott Problem.

9 Wo sich der Mensch nicht nennt,
10 da wird ihm Gott unnennbar.

11 Wo sich der Mensch beim Namen nennt,
12 da wird ihm Gott zum Familien-Namen.

13 Wo der Mensch sich nennt,
14 da er-nennt ihn Gott.

Jürg Lenggenhager

VERTIEFUNG UND ANREGUNG

In dem gesamten Gedicht geht es um die Beziehung zwischen Mensch und Gott, um Selbstbestimmung und Selbstdefinition. Da auch Zweifel und Gottesferne vorkommen, können Sie das Gedicht jedem Trauernden anbieten.
Die Verse drei und vier handeln von der dauerhaften und anhaltenden Lebensenergie, der Liebe. Im fünften und sechsten Vers erscheinen Fragen und Zweifel: Wer bin ich? Wer bist du? Gibt es Gott? In den anschließenden Versen sieben und acht fragt das lyrische Ich, ob es sich so annehmen kann, wie es ist. Die Steigerung folgt auf dem Fuß. Der Selbstverleugnung schließt sich Leugnung Gottes an (Verse neun und zehn). Die letzten vier Verse führen aus der Anonymität zurück und die Beziehung ist eine beiderseitige geworden.

TIPP

Ergänzungen drängen sich m. E. auf:

> *Wo sich der Mensch Tröster nennt,*
> *da wird ihm Gott Trost.*

oder

> *Wo sich der Mensch Trauer nennt,*
> *da wird ihm Gott Tröster.*

FRAGEN UND AUFGABEN FÜR TRAUERNDE, DIE SIE STELLEN KÖNNEN

- *Alle Verspaare sprechen von einer sehr persönlichen Gottesbindung.*
- *Seien sie wählerisch und lassen sie sich von dem Verspaar ansprechen, das Ihnen sozusagen ins Auge springt.*
- *Mit den anderen lassen Sie sich Zeit.*

5 Material für die Planung eines Trauercafés

Trauercafés sind regelmäßig angebotene, oft sonntägliche Treffen für Trauernde unter Leitung ausgebildeter Trauerbegleiterinnen und -begleiter. Um ein niederschwelliges Angebot zu machen, wird bei Kaffee, Tee und Kuchen zum Erzählen eingeladen. Es hat sich gezeigt, dass der Zuspruch größer ist, wenn keine Voranmeldungen verlangt werden.
Dezent im Hintergrund des Raumes finden die Teilnehmenden einige Regeln zum Gesprächsverhalten, welche hauptsächlich die Stilleren und Schweigsameren schützen sollen und auf den Schutzort hinweisen: Offenheit, Zuhören, Vertrauen, alle Gäste kommen zu Wort, keine Bewertungen, Zeit lassen, Verschwiegenheit.

Trauercafé gut geplant

Wie bei Einzeltrauerbegleitungen ist auch bei diesem Format mit mehreren Trauernden die passende Themenwahl nur ein Vorschlag. Spätestens nach den ersten Wortbeiträgen der Trauernden sollten Sie entscheiden, ob Ihre thematische Ausrichtung passt oder nicht.
Unter dieser Voraussetzung stelle ich Ihnen ein Konzept vor, das wie ein Geländer Halt in der Planung geben kann. Vorteilhaft ist ein Vorgehen in vier Phasen.

Phase	Funktion	Kennwort	Beispiele
1. Phase	Empfang, Einstieg ins Thema	ankommen	Begrüßung und Befindlichkeitsrunde zum Thema; Begrüßung und Einführung in das Thema; sich um einen gestalteten Mittelpunkt versammeln
2. Phase	Einstimmung	begegnen	vorbereitete Vorlage wie eine Geschichte, ein Gedicht; ein Anschauungsgegenstand wie Kerze, Stein, Engel … Liedtext oder Musik zur Thematik, Märchen, Fremderlebnis, Bibeltext …
3. Phase	Mitteilung	vertiefen	nonverbal mein Inneres symbolhaft ausdrücken, indem die Teilnehmenden zeichnen | schreiben, ein Lied auswählen | ein Gedicht verfassen, Titel auswählen, sich mitteilen …
4. Phase	Zusammenfassung	festigen, stärken	Gedicht, Lied, Gebet und persönliche Zusammenfassung …

Tabelle: Peter Sury

Sie als Moderatorin oder Moderator prägen die vier Phasen und sind verantwortlich für den Ablauf. Die Phasen 1–3 werden von Ihnen vorbereitet. Phase 4 gehört den Teilnehmenden.
Den Übergängen zwischen den Phasen kommt eine besondere Bedeutung zu. Sie müssen sich in der Vorbereitung genau überlegen, wie Sie diese Überleitung formulieren, und dann situationsgerecht den Prozess steuern. Es ist wie beim Sandwich – das Verbindende und Wichtige ist dazwischen.
Sie werden feststellen, dass die Zuordnung zu den Phasen nicht immer klar ersichtlich ist. Wenn Sie wissen, was Sie in einem Planungsschritt wollen, wenn Sie ein (Teil-)Ziel formulieren können, fällt es Ihnen leichter, dieses auch einer Phase zuzuordnen.
Die vier Phasen haben eine wissenschaftliche Grundlage. Für obige didaktische Zusammenstellung wurden diese zusammengefasst und interpretiert. Sie gründen auf den Modellen der Pädagogik von Franz Kett, der »Unverfügbarkeit« nach Hartmut Rosa und der »Kräfteschulung« nach Fritz Oser.
Für die Begrüßung in der 1. Phase haben sich einige Formulierungen bewährt, die einladend, offen und wertungsfrei sind, weil gerade der erste Besuch für die meisten ein mutiger Schritt ist.

- *»Wir treffen uns hier, damit die Trauer für Sie erträglicher wird und vielleicht für einige Zeit aus dem Mittelpunkt treten kann.«*
- *»Hatten Sie einen guten Weg hierher?«*
- *»Mit welchem Gefühl kommen Sie heute hier an?«*
- *»Brennt Ihnen etwas auf der Seele, an dem Sie uns teilnehmen lassen?«*
- *»Sind Sie schon ganz hier angekommen oder brauchen Sie noch einige Minuten für sich?«*
- *»Schön, dass Sie zu uns kommen.«*

Danach folgt immer ein Ritual, indem die/der Sprechende eine Kerze entzündet und dabei erzählt, für wen diese Kerze leuchten soll.

An eine zurückhaltend moderierte Befindlichkeitsrunde schließt sich ein Schwerpunktthema (s. u.) an, welches sich an Feiertagen, an Jahreszeiten und selbstverständlich an den Trauernden ausrichten kann.
Je nach Aktivität, Bedarf und Interesse der Teilnehmenden wird eine vorbereitete Vorlage flexibel eingesetzt. Es handelt sich bei den folgenden Beispielen um mehrseitige Broschüren mit Texten und Fotos zum jeweiligen Thema. Diese dienen den Teilnehmerinnen und Teilnehmern als Arbeitsmaterial und Erinnerung. Da wir nie wissen, wer kommt, wie viele Personen kommen, wie die Redebereitschaft bzw. das Redebedürfnis ist, ob Impulse passen oder nicht, sind die in den Textheften enthaltenen Materialien auch als stille Reserve gedacht. Deshalb finden Sie immer mehr Stoff, als Sie für die Gestaltung brauchen. Verwenden Sie die angebotenen Fotos und Bilder zielgerichtet, sie könnten sonst den inhaltlichen und den zeitlichen Rahmen sprengen.
Für den Druck von Broschüren sollte es sich um vier-, acht- oder zwölfseitige Vorlagen handeln. Auf der Website des Verlags zu diesem Buch[80] finden Sie Material zu den Themen Abschied mit Hoffnung, Aufbruch, Engel, Feuer und Wärme, Herbst, Horizont, Labyrinth, Loslassen und Zulassen, Mosaik, Orientierung und Weihnachten.
Diese Broschüren richten sich direkt an die Trauernden. Deshalb habe ich als Anrede stets die Pronomen »ich« bzw. »mein«, »mich« benutzt. Es empfiehlt sich deshalb, die Hefte erst am Ende des Trauercafés auszuteilen zur Nachbereitung und als Erinnerung.
Anspruchsvoll ist es ebenfalls, passende Abschiedsworte nach einem Austausch im Trauercafé zu finden. In den Verabschiedungen sollten sich die angesprochenen Themen möglichst widerspiegeln.

- *»Vertrauen Sie sich selbst noch mehr.«*
- *»Vertrauen ist größer als Angst.«*
- *»Hoffen wir gemeinsam ...«*
- *»Ich wünsche Ihnen viele Helfer beim Tragen des Rucksacks.«*

80 https://shop.verlagsgruppe-patmos.de/resonanz-in-der-trauerbegleitung-011481.html

- *»Achten Sie auf die Engel, die Ihnen in der kommenden Zeit begegnen.«*
- *»Ihr Besuch bei uns war schon ein Aufbruch. Danke für Ihr Vertrauen.«*
- *»Bestimmt fallen Ihnen viele Aussichtspunkte ein, die andere Perspektiven auf das Leben anbieten.«*
- *»Ich wünsche Ihnen die richtigen Orientierungshilfen.«*

5.1 Schwerpunktthema Abschiednehmen mit Hoffnung

ANKOMMEN

Sie können einsteigen mit der Frage nach bekannten und benutzten Abschiedsformeln in unterschiedlichen Sprachen: adé, tschüs, ciao, adiós, adieu, good bye. Wichtig ist die etymologische Übersetzung der Abschiedsformeln, in denen sich der Verweis auf Gott verbirgt (Dios, Dieu).

Auf Wiedersehen, auf bald, bis bald, au revoir, wir sehen uns, arrivederci betonen dagegen die Zuversicht in die zukünftige Begegnung.

BEGEGNEN

Anschließend folgt eine Personalisierung für alle Anwesenden. Wahrscheinlich kommen Sie zu dem Schluss, dass jeder sich anders verabschiedet, weil jeder Mensch anders denkt, etwas anderes ausdrücken möchte.

Sie können diesen Gedanken des Andersseins fortführen: Jeder Mensch ist anders. Jeder Mensch denkt anders. Jeder Mensch hat ein anderes Selbstkonzept. Jeder fühlt anders.

Da Sie zu einem Trauercafé eingeladen haben, bleiben die nächsten Sätze nicht aus: Jeder Mensch stirbt anders. Jeder Mensch trauert anders.

VERTIEFEN

Lesen Sie das Gedicht vor oder lassen Sie es vorlesen. Es holt die anwesenden Trauernden ab, v. a. mit beiden letzten Versen.

Memento

Vor meinem eignen Tod ist mir nicht bang,
Nur vor dem Tode derer, die mir nah sind.
Wie soll ich leben, wenn sie nicht mehr da sind?
Allein im Nebel tast ich todentlang
Und lass mich willig in das Dunkel treiben.
Das Gehen schmerzt nicht halb so wie das Bleiben.
Der weiß es wohl, dem Gleiches widerfuhr;
– Und die es trugen, mögen mir vergeben.
Bedenkt: den eignen Tod, den stirbt man nur,
Doch mit dem Tod der andern muss man leben.
Mascha Kaléko[81]

○ *Können Sie dem Gedicht zustimmen? Was bedeuten Ihnen die beiden letzten Verse?*

FESTIGEN, STÄRKEN

Der folgende Text plädiert für das Recht auf Hoffnung, will Mut zusprechen.

Wir haben ein Grundrecht, ein Grundrecht auf Hoffnung. Wir können Ängste haben und Sorgen, weinen und trauern, doch das Grundrecht bleibt. Das Grundrecht auf Hoffnung tragen wir in uns – und damit das Grundrecht darauf, dass uns Hoffnung trägt. Denn die Hoffnung ist nicht nur Grundrecht, sondern auch Grundlage und Grundpfeiler unseres Lebens, grundlegender als jeder Pessimismus. Wenn uns Hoffnung trägt, können wir selbst von Zeit zu Zeit Pessimismus ertragen. Hoffnung geht tiefer, hebt höher und trägt weiter. Hoffnung als Grundrecht und Hoffnung als Punkt, an dem sich Gegenwart und Zukunft treffen, ist dann auch das Gegenteil von Entrücktheit oder Weltvergessenheit. Wer hofft, handelt. Er oder sie mag getragen sein von der Überzeugung, dass existentiell alles gut ausgeht. Doch zugleich weiß er, dass er sich auch selbst um den gu-

81 M. Kaléko: Verse für Zeitgenossen, S. 12.

ten Ausgang kümmern muss. Ein Hoffender ist ein Anpacker. Einer, der etwas schaffen will und kann, auch weil er weiß, dass er nicht alles schaffen kann und muss.
Heiner Wilmer[82]

- *Suchen Sie sich einen Satz heraus, der Sie anspricht, den Sie teilen, der Sie bewegt, ärgert oder ...*
- Der Nachmittag kann mit einer Einladung zum Schreiben über das Hoffen ausklingen.
- *Verfassen Sie einen Brief an sich selbst, der sich mit einem Impuls des Nachmittags beschäftigt.*

5.2 Schwerpunktthema Labyrinth und (Er-)Tragen

ANKOMMEN
Einstieg über ein Foto des Labyrinths im ehemaligen Kloster Damme. Die Teilnehmenden gehen den Weg mit den Augen ab. Eine Projektion des Fotos mittels Beamer erleichtert diesen Einstieg.

Abbildung 37 Labyrinth beim Trauergang

Foto: Karin Eickenberg

82 H. Wilmer: Trägt, S. 26f.

Fragen und Antworten zu den Eigenschaften eines Labyrinths: Ein Labyrinth ist kein Irrgarten. Ein Labyrinth hat ein Zentrum, eine Mitte. Auch Umwege sind Wege. Die Wege sind lang. Die Wege sind aktiv zu gehen.

BEGEGNEN

Die nächsten Schritte sprechen Traueraufgaben an im Sinn von Worden (Kapitel 3.1 Trauerphasen): »Auf diesem Weg müssen Sie Aufgaben erledigen und tragen dabei einen schweren Rucksack mit sich.« Dieser Satz ist ein guter Gesprächsvertiefer.

Abbildung 38 Rucksack Traueraufgaben

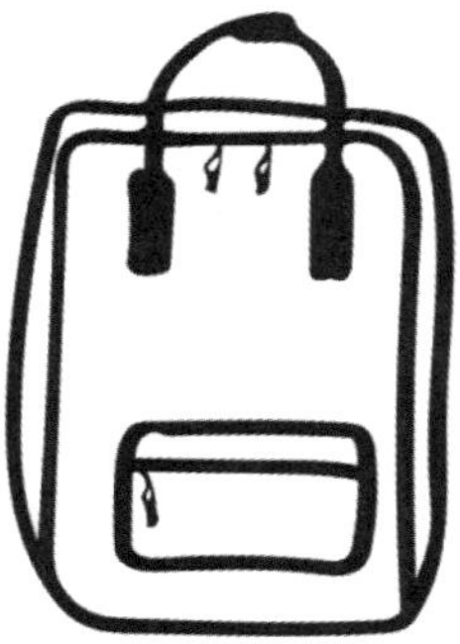

Grafik: Petra Rörsch

- *Wir Menschen empfinden Trauer als Arbeit, die uns unterschiedliche Aufgaben stellt. Diese Aufgaben bedeuten vielleicht für Sie ...*

VERTIEFEN

Die Satzanfänge lösen Gefühle aus, sodass der Austausch darüber unbedingt viel Raum braucht:
Auszuhalten, dass der andere nicht mehr da ist, dass Sie zurückgeblieben sind, dass Sie allein sind.
Tragen zu lernen, nicht alles auf einmal, sondern nacheinander, manchmal den Rucksack zu leeren.

Loslassen zu können: Lieben heißt loslassen, der Vergangenheit ihren Platz zu lassen, den Wert der Gegenwart schätzen zu lernen.
Zu verwandeln, sich auf den Weg machen, neue Wege auszuprobieren, Wege zu erkennen.
Neu zu lernen, Vertrauen in sich selbst zu haben, dass die Wirklichkeit nicht schwarz-weiß ist, sondern auch bunt sein kann.

FESTIGEN, STÄRKEN

Zum Abschluss:
Vertraue dir und deinen Fähigkeiten
Vertraue deinen Gefühlen
Vertraue deinem ersten Schritt
Vertraue darauf, auf dem richtigen Weg zu sein
Vertraue darauf, die richtige Last abzuwerfen
Peter Rörsch

5.3 Schwerpunktthema Engel

Abbildung 39 Lachender Engel

Foto: Peter Rörsch

ANKOMMEN

Sie können mit dem lachenden Engel aus der Kathedrale in Reims (13. Jhdt.) einen guten Einstieg in das Thema gestalten. Für die Präsentation eignen sich Kopien oder Sie setzen einen Beamer ein.
Andere biblische Worte, womit Sie Erinnerungen und Anknüpfungspunkte anbieten, sind Boten, Throne, Herrschaften, Cherubim, Erzengel, Seraphim, Mächte, Gewalten.

BEGEGNEN

Gedankliche Verknüpfungen mit dem Wort Engel kommen zur Sprache.
Die guten Engel sind den Menschen wohlgesonnen, denn sie *lieben* die Menschen, sie *beschützen* die Menschen an Leib und Seele, sie *mahnen* die Menschen zum Guten und bitten für sie.

Abbildung 40 Barlach, Schwebender Engel

Foto: Peter Rörsch

Kontrastierend zum lachenden Engel aus Reims empfehle ich die Darstellung des Schwebenden Engels von Ernst Barlach in Güstrow (der Erstguss wurde im Nationalsozialismus als entartete Kunst verboten und eingeschmolzen).
Zur Aktivierung und persönlichen Beziehungsklärung eignen sich die Satzanfänge: Engel sind für mich ..., Menschen, die meine Engel sind ..., Mir sind bereits Engel begegnet ..., Ich kann mit dem Wort Engel nichts anfangen ...

VERTIEFEN

Sei aufmerksam.

Viele Menschen haben die Ahnung, dass sie jemand begleitet in ihrem Bemühen, »recht« zu leben. Dieser Begleiter ist der Engel. Ich wünsche dir die Erfahrung eines solchen Begleiters. Er kommt als Bote Gottes in dein Herz: in jene Lebensmitte, in der sich die Richtung deines Lebens entscheidet. Gott schickt dir diese Kraft, einen Engel, der dich einführt in eine Haltung, damit dein Leben gelingt, damit es gut und sinnvoll ist. Ich wünsche dir die Aufmerksamkeit auf diese Stimme, die nur in deinem Herzen hörbar ist.

Anselm Grün[83]

FESTIGEN, STÄRKEN

Eine Teilnehmerin schrieb ein Elfchen zum Thema:

Engel
sind überall
falls ich sehe
Nicht, wenn ich blind
Menschen

Laden Sie dazu ein, es ebenfalls zu versuchen.

5.4 Schwerpunktthema Herbst

Abbildung 41 Herbstfotos

Fotos: Peter Rörsch

83 A. Grün: Das kleine Buch der Engel, S. 116.

ANKOMMEN

Die Teilnehmerinnen und Teilnehmer wurden eingeladen, den Fotos Titel zu geben und über ihren Titelvorschlag zu erzählen.

BEGEGNEN

Das Gedicht von Theodor Fontane ist leicht zugänglich, da die Schlüsselworte Erinnerungen sowie die Verweise auf Vergangenheit, Gegenwart und Zukunft Zungenlöser sind. Gerade der letzte Vers mit seiner Frage löst persönliche Antworten aus und ist die Überleitung zu den sich anschließenden Fragen.

O du wunderschöner Herbst,
Wie du die Blätter golden färbst,
Deiner reinen Luft so klar und still,
Noch einmal ich mich freuen will.

Ich geh den Wald, den Weiher entlang;
Es schweigt das Leben, es schweigt Gesang,
Ich hemme den Schritt, ich hemme den Lauf
Erinnerungen ziehen herauf.

Erinnerungen sehen mich an,
Haben es wohl auch sonst getan.
Nur eins hält nicht mehr damit Schritt.
Lachende Zukunft geht nicht mehr mit.

Vergangenheit hält mich in ihrem Bann,
Vergangenheit hat mir's angetan;
Den Blick in den Herbst, den hab ich frei,
Den Blick in den Herbst. Aber der Mai?
Theodor Fontane

VERTIEFEN

Impulsvorschläge für Gespräche in der Gruppe oder mit dem Sitzpartner:

Mein Herbst ist wie ... Mein Herbst erinnert mich an ... Ich vergleiche den Herbst mit ... Ich mag den Herbst, weil ... Ich mag den Herbst nicht, weil ... Der Herbst kündet mir an, dass ...

Als Alternative zu dem Gedicht Fontanes kann auch R. M. Rilke gelesen werden.

Herbsttag

Herr: es ist Zeit. Der Sommer war sehr groß.
Leg deinen Schatten auf die Sonnenuhren,
und auf den Fluren lass die Winde los.

Befiehl den letzten Früchten voll zu sein;
gib ihnen noch zwei südlichere Tage,
dränge sie zur Vollendung hin und jage
die letzte Süße in den schweren Wein.

Wer jetzt kein Haus hat, baut sich keines mehr.
Wer jetzt allein ist, wird es lange bleiben,
wird wachen, lesen, lange Briefe schreiben
und wird in den Alleen hin und her
unruhig wandern, wenn die Blätter treiben.

Rainer Marika Rilke[84]

FESTIGEN, STÄRKEN

Bei Hermann Hesse (»Mit der Reife wird man immer jünger«) finden Sie weitere einfühlsame Texte zu Herbst und Alter.

84 R. M. Rilke: Die Gedichte, S. 344.

5.5 Schwerpunktthema Weihnachten

Da der Advent und das Weihnachtsfest für die meisten Trauernden eine sehr schwere Zeit bedeuten, hat es sich nach meinen Erfahrungen bewährt, diese Trauer aufzunehmen, jedoch auch dem Trost Raum zu bieten. Da der Advent im christlichen Verständnis eine Zeit des Wartens und der Hoffnung ist, gehört er als Thema für mich unbedingt zu Weihnachten dazu.

ANKOMMEN

Mit einem gelesenen oder gesungenen, allbekannten Adventslied begrüßen Sie bzw. begrüßen die Teilnehmenden sich selbst und den Advent.

BEGEGNEN

Fotos mit unterschiedlichen Darstellungen können Sie ausgedruckt zur Wahl vorlegen und abschließend auch als kleines Geschenk mitgeben. Krippendarstellung fordern zum Erzählen auf, ohne dass Sie Impulse setzen müssen.

Abbildung 42 Heilige Familie

Fotos: Peter Rörsch

Abbildung 43 Krippe stilisiert

Gesprächseinstieg: zur Entstehung und Bedeutung des Festes[85] und zur Integrierung von heidnischen Bräuchen ins Christentum.[86]

VERTIEFEN

In dieser Zeit denken die Besucher bereits daran, die »Weihnachtspost« anzugehen. Ihre Anregungen sind dabei hilfreich. Advents- und Weihnachtswünsche sind immer auch Wünsche für das ganze Jahr.

Ich wünsche dir (und mir)

○ *Begegnungen mit ...*
○ *Humor für ...*
○ *Die Gabe der Unterscheidung zwischen ...*
○ *Mut zu ...*
○ *Selbstbewusstsein für ...*
○ *Optimismus bei ...*
○ *Vertrauen in ...*
○ *Hoffnung auf ...*
und deshalb schreibe ich dir ...

FESTIGEN, STÄRKEN

Nach dem Gespräch verschenken Sie Briefpapier und Briefumschläge als Erinnerung an das Trauercafé in der Adventszeit und als Vorschlag, (lieben) Menschen zu schreiben.

5.6 Schwerpunktthema Horizont

ANKOMMEN

»Wir leben alle unter dem gleichen Himmel, aber wir haben nicht alle den gleichen Horizont.« Das Zitat steht über dem Nachmittag und wird deshalb als Slogan präsentiert auf einem Flipchart oder liegt allen ausgedruckt vor.

---

85 https://de.wikipedia.org/wiki/Weihnachten
86 https://www.evangelisch.de/inhalte/107140/13-12-2011/das-weihnachtsfest-und-seine-heidnischen-urspruenge

BEGEGNEN

Fotos mit unterschiedlichen Horizonten können Sie ausdrucken und zur Wahl auslegen.

Abbildung 44 Horizont

Foto: Peter Rörsch

VERTIEFEN

Das Gedicht greift das Thema direkt auf und lässt viele innere Bilder entstehen über Landschaften und über den Menschen: »Jeder mit jedem.« »Jeder braucht jeden.« »Jeder mag jeden.«
Diese Sätze reizen zum Widerspruch, zur Zustimmung, auf jeden Fall zum Reden.

FESTIGEN, STÄRKEN

Mit den direkten Fragen wird eine Standortbestimmung angeregt.
Haben Sie jemanden, der Sie antreibt?
Wie steht es um Ihr Gleichgewicht?
Welche Sehnsucht begleitet Sie heute?
Was liegt hinter dem Horizont?
Wie weit oder eng/begrenzt ist Ihr Gesichtskreis?

5.7 Schwerpunktthema Aufbruch

ANKOMMEN

»Gesegnet sei dein Aufbruch.«

Mit diesem ersten Vers des Gedichts von Pierre Stutz können Sie begrüßen und gleichzeitig das Thema anreißen. Die eingeladenen Trauernden werden damit in eine Fragehaltung gebracht.

Eine einfache Skizze wirkt unterstützend als Reiz und ermöglicht den ersten Austausch untereinander.

Abbildung 45 Stilisierter Weg

Grafik: Petra Rörsch

BEGEGNEN

Ihre Leitfragen zu diesem Treffen lauten: Aufbrechen wozu? Aufbrechen wohin? Was auf-brechen? Was bricht auf Sie herein?
Es geht bei dieser Fragerichtung nicht nur um horizontale Mobilität.

VERTIEFEN

Dann können Sie das Segensgedicht folgen lassen:

> Gesegnet sei dein Aufbruch
> damit du Altes loslassen kannst
> und zuversichtlich neue Schritte wagst

Gesegnet sei dein Suchen
damit du finden mögest
was du wirklich brauchst im Leben

Gesegnet sei dein Aufblühen
deine Knospen der Hoffnung
die sich vertrauensvoll öffnen werden

Gesegnet sei dein Engagement
dein Aufbruch für eine zärtliche Gerechtigkeit
die vielen Menschen Zuversicht schenkt

Gesegnet sei deine Lebenskraft
die sich in deinen Beziehungen entfaltet
auch in wohlwollender Konfliktfähigkeit

Gesegnet sei dein Dasein
im Genießen von Ostern
es nährt dein Vertrauen ins Leben
Pierre Stutz

FESTIGEN, STÄRKEN

Der Kanon »Mache dich auf und werde licht« (»Gotteslob« Nr. 219) kann zum Abschluss gelesen und gesungen werden – verstärkt durch die Übertragung ins Persönliche:

Ich mache mich auf und werde licht!
Ich mache mich auf und werde licht!
Ich mache mich auf und werde licht,
denn dein Licht kommt!

5.8 Schwerpunktthema Gefühle

ANKOMMEN

Die Teilnehmenden werden begrüßt und eingeladen zu erzählen, wie sie sich heute fühlen.

BEGEGNEN

Mies van Hout hat mit Pastellkreiden Fantasiefische gezeichnet. »Heute bin ich« heißt die Sammlung aus dem Aracari-Verlag, die es als gebundenes Buch und/oder im Postkartenformat gibt und über den Buchhandel erhältlich ist. Die Kartensammlung wird auf dem Tisch ausgebreitet. Dann wird in Bezug auf den Titel der Sammlung nochmals gefragt, wie es den Teilnehmenden heute geht bzw. »Heute bin ich? / Heute sind Sie?«

VERTIEFEN

Die Teilnehmenden werden nun angeregt, sich eine Karte ihrer Wahl aus der Sammlung zu nehmen. Anschließend begründen sie ihre Wahl, wenn sie es möchten.

Abbildung 46 Fische und Gefühlslagen

Foto: Peter Rörsch

FESTIGEN, STÄRKEN

Auf der Kartenrückseite ist vermerkt, welches Gefühl der Künstler mit der Zeichnung ausdrücken möchte.

Deshalb werden die Teilnehmenden nun gebeten, ihre Deutung mit der des Künstlers zu vergleichen. Gerade in der Gegenüberstellung von Aussageabsicht und eigener Deutung liegt der Reiz. Da es nicht um richtig oder falsch oder Rechtfertigung der verschiedenen Sichtweisen gehen darf, kommt es zu einem intensiven Austausch über Gefühle und deren Auslöser.

5.9 Schwerpunktthema Mosaik

Schauen Sie unbedingt in Kapitel 4.9 (Kreativität), Impuls 6, nach; dort finden Sie mehr zum theoretischen Hintergrund.

ANKOMMEN

Bereits bei der Begrüßung sehen die Gäste das für das heutige Vorhaben notwendige Material auf ihrem Platz: Klebstoff, Fliesenbruch, Holz in verschiedenen Formen.

Abbildung 47 Material für das Mosaik

Foto: Peter Rörsch

BEGEGNEN

Ob Sie das Arbeitsmaterial bereits eingangs auslegen oder später, hängt von der Räumlichkeit ab und von Ihrem geplanten Vorgehen.
Über die Metapher oder den Vergleich, das Leben als Mosaik zu sehen, kommen Sie ins Gespräch zum Thema und zur Reflexion darüber, ob der Vergleich zutrifft.

VERTIEFEN

Mit dem Material vor sich und der ersten Aufgabe, sich für eine der hölzernen Vorlagen, die in unterschiedlichen Formen vorliegen, zu entscheiden, sind die Teilnehmenden in der Vertiefung angekommen, spätestens.
Die vorgeschlagenen Fragen stellen Sie bei Bedarf: Was ist mit meinem bisherigen Mosaik geschehen? Was ist kaputtgegangen? Will ich es reparieren? Kann ich die Lücken füllen? Darf ich die Reparatur beginnen? Wie kann ich anfangen? Woher und von wem kann ich neue Steine erhalten? Gibt es überhaupt neue?

FESTIGEN, STÄRKEN

Mit dem Beginn, das eigene Mosaik zu legen, zu kleben und damit zu gestalten, kommen die Teilnehmenden der Idee Viktor Frankls zur Trauerbearbeitung nach. Sie sind auf den Hauptstraßen zum Sinn unterwegs (Kapitel 3.4), wenn ich das so prosaisch sagen darf.

5.10 Schwerpunktthema Orientierung

ANKOMMEN

Nach der Begrüßung können Sie zum Thema über dieses Foto kommen oder über das Erzählen, wie die Gäste erstmals zum Trauercafé fanden. Das Foto zeigt absichtlich ein etwas rätselhaftes Hinweisschild, eigentlich zwei. Beide Informationen sind wenig hilfreich, lösen Rätselraten aus.

Abbildung 48 Beschilderungen

BEGEGNEN

Das zweite Foto lässt eine geografische Einordnung zu: Wiehengebirge, Bezirk Weser-Ems.

Jetzt können Sie umsteigen von der geografischen auf die biografische Ebene des Themas Orientierung bzw. Desorientierung. Ob Sie das dritte Foto vom Pilgerweg als Überleitung benötigen, entscheiden Sie abhängig vom Gesprächsverlauf.

Fotos: Peter Rörsch

VERTIEFEN

»Was sind Ihre Umleitungen, Ihre zerstörten Schilder? Sie sind unterwegs in einer fremden, unbekannten Landschaft, ohne Landkarte.« Das kann die Überleitung sein. Mit den Sätzen *»Woran merken Sie, dass Sie auf dem richtigen Weg sind? Woran merken Sie, dass Sie sich verrannt haben? Woran merken Sie, in eine Sackgasse zu laufen? Woran merken Sie, dass es einen Ausweg gibt?«* benutzen Sie starke Worte und provozieren – vielleicht.

FESTIGEN, STÄRKEN

Um den Aspekt des Begleitens und das Wissen, Begleitende zu haben, geht es im letzten Teil. Deshalb sollten die Worte Begleitung, Ziel, Orientierung, Sinnsuche von Ihnen eingebracht oder aufgegriffen werden. *»Was leitet Sie? Wer begleitet Sie? Welches Ziel haben Sie sich für heute vorgenommen?«*

Zum Abschluss geben Sie in Form einer Anregung ein kleines Geschenk mit, das Trauernde sich nur selbst machen können: *»Ich mache mal genau das, was mir ein gutes Gefühl gibt, und genieße es ohne schlechtes Gewissen.«*

5.11 Schwerpunktthema Loslassen und Zulassen

ANKOMMEN

Die Teilnehmenden werden begrüßt und eingeladen zu erzählen, wie sie sich heute fühlen. Dabei ist nicht zu wissen noch zu erahnen, was die Trauernden erzählen werden. Vielleicht helfen Ihnen als Überleitung die folgenden Zeilen:

»Da in der Trauerbegleitung sehr oft vom Loslassen geschrieben wird, habe ich den Begriff aufgenommen. Andererseits weiß ich von trauernden Menschen, die in der Bedeutung des Wortes eher das Verlassen hören und es deshalb ablehnen. Daher heißt das heutige Thema sowohl Loslassen als auch Zulassen.«

BEGEGNEN

Vorschläge, wie Sie in dieser Phase vorgehen könnten: *»Was würden Sie gerne loslassen? Es gibt bestimmt auch vieles, das Sie nicht loslassen möchten oder loslassen können. Deshalb ist das Zulassen auch eine Möglichkeit. Bedenken Sie dabei, dass Loslassen nicht vergessen heißt. Zulassen und loslassen schließen einander nicht aus.«*

Ich empfehle, sich immer selbst zu beteiligen an den Aktivitäten der Gäste. Damit drücken wir Trauerbegleiterinnen oder Trauerbegleiter Solidarität aus. Wir dürfen keine nur Zuschauende werden.

VERTIEFEN

Danach können Sie zum Schreiben der Gedanken einladen. Halten Sie Schreibmaterial und Briefpapier bereit. Instrumentalmusik kann die Konzentration erhöhen. Sie kennen die Gäste und sagen etwa:

»Schreiben Sie auf ein Blatt Papier, was Sie loslassen möchten. Und auf ein anderes Blatt Papier schreiben Sie, was Sie zulassen möchten. Lassen Sie sich dabei Zeit. Wir schweigen.«

FESTIGEN, STÄRKEN

Wenn Sie die Gelegenheit dazu haben und die Zeit, schließen Sie mit zwei Ritualen ab:

Lassen Sie das Papier mit den Zeilen zum Loslassen falten. Dann entzünden Sie die Feuerschale, in der alle Trauernden ihren Text verbrennen können; von Worten begleitet oder still.

Für das andere Papier über das Zulassen legen Sie einen Briefumschlag bereit, empfehlen, das Blatt zu verschönern und auszuschmücken, um es wertvoll zu machen. Den Umschlag nehmen die Trauernden mit zu einem besonderen Platz in ihrer Wohnung.

Abbildung 49 Briefumschlag

Foto: Peter Rörsch

5.12 Schwerpunktthema Feuer und Wärme

ANKOMMEN

Nach dem Begrüßungsritual gestalten Sie die Themeneinführung je nach Jahreszeit und Wetterlage. Ich schlage für dieses Trauercaféthema den Winter vor.

BEGEGNEN

Abbildung 50 Feuer

Grafik: Peter Rörsch

In dieser Word Cloud (WordArt.com) verbergen sich und zeigen sich zusammengesetzte Nomen mit dem Leitwort Feuer. Es ist ein Wortspiel und viel mehr, um die Bedeutung des Elements Feuer zu entdecken (etwas Ähnliches können Sie auch mit Erde, Luft, Wasser gestalten).

VERTIEFEN
Den Mythos von Prometheus, der den Menschen das Feuer brachte, können Sie überleitend erzählen, bevor Sie die Teilnehmenden erzählen lassen zu Feuer und Wärme *(»Wofür brannten Sie? Wofür brennen Sie? Was ist verbrannt? Was ist erloschen? Woher kommt Ihr Feuer, Ihre Wärme?«).*

FESTIGEN, STÄRKEN
Diese Verse können Grundlage für das abschließende Gespräch sein.

Wärme schenken
Pullover stricke ich dir liebevoll, auch Socken und die Mütze.
Im Schuppen liegt das Holz bereit, gespalten und geschichtet.
Das braune Stövchen brennt bereits für deinen Lieblingstee.
Wenn du es magst und wissen lässt, umarme ich dich wärmend.
Peter Rörsch

6 Material für Trauergänge

Trauerspaziergänge oder Trauergänge nutzen verschiedene, einander unterstützende Ressourcen. Da ist zum einen der gemeinsame Blick in eine Richtung, da ist die Bewegung des Körpers und der Seele, da ist der Gleichklang der Schritte, der Schrittlänge und des Tempos, selbst der Stimme und Lautstärke.

Unter der jeweils passenden Titulierung des Vorhabens laden wir Trauernde zu einem Trauergang ein.

Manche Organisationen bieten Trauergänge regelmäßig über das Jahr verteilt an, andere zu bestimmten Anlässen. Konstitutiv ist, dass alle Beteiligten zu verschiedenen Stationen auf einem nicht zu anspruchsvollen Fußweg gehen, um sich dort unter Anleitung über verschiedene Aspekte der Trauer auszutauschen. Dieser Austausch stellt sich von allein ein, die Eigendynamik der Wanderung sorgt dafür.

Die vorgestellten Trauergänge zeigen Ihnen Grundmuster auf. Deshalb können Sie manche von mir »Stationen« genannte Abschnitte auch ausfallen lassen, verschieben oder durch eigene ersetzen. Achten Sie darauf, welches Mitteilungsbedürfnis die Teilnehmenden zeigen. Danach entscheiden Sie, auch mit dem Mut, geplante Stationen für das nächste Mal zurückzustellen.

Der Abschluss bei Kaffee und Kuchen ist immer eine Art von Entlassung in den Alltag, wobei die Teilnehmenden selbst in ihren Alltag zurückfinden, wie die Gesprächsthemen zeigen.

Den Stationen habe ich beispielhaft → Ziele zugeordnet.

6.1 Trauer ist kein Spaziergang

Trauergang in der Natur

→ ZIEL: Durch die Bewegung und die konkrete Begegnung mit symbolhaften Gegenständen aus der Natur können die Teilnehmenden ihre Trauer positiv verarbeiten. Sie nehmen daraus Impulse für den Alltag mit.

Station 1: Nach einer Begrüßungs- und Kennenlernrunde geht es zum Startpunkt der kleinen Stationenwanderung.
→ *Teilziel: Die Teilnehmenden kennen nun den Ablauf und haben die anderen Trauernden kennengelernt. Sie fassen Vertrauen.*

Station 2: An einer exponierten Stelle gibt es den ersten Halt – und als Impuls, auffällige, ansprechende Gegenstände aus der Natur zu sammeln, die dem Sammelnden etwas bedeuten.
→ *Teilziel: Die Teilnehmenden entdecken einen Gegenstand in der Natur, der bei ihnen eine positive Resonanz auslöst und ihnen in der gegenwärtigen Verfasstheit hilft.*

Station 3: Anhand der unterwegs gesammelten Gegenstände (Steine, Tannenzapfen, Zweige, Blätter) wird mit den Teilnehmenden über deren Bedeutung für die Einzelnen und über das Naturerleben allgemein gesprochen.
→ *Teilziel: Wer von den Teilnehmenden möchte, berichtet den anderen, welche positive Kraft der gesammelte Gegenstand persönlich auslöst.*

Station 4: Der schweigsam verbrachte Gang auf einem geeigneten Weg, noch besser durch ein Labyrinth, lässt es nochmals zu, den eigenen Gedanken nachzugehen. Denn die Trauernden sind zusätzlich eingestimmt durch die Erzählung vom Ariadne-Faden aus der griechischen Mythologie und die symbolische Gabe eines roten Fadens.
→ *Teilziel: Im schweigsamen Gang – mit dem Objekt in der Hand – meditieren die Teilnehmenden, welche Symbolkraft dieser Gegenstand für sie in ihrem Alltag haben kann.*

Station 5: Verabschiedet werden die teilnehmenden Trauernden mit einer kleinen Geschichte (z. B. von den Glücksbohnen, Kapitel 4.5, Impuls 5) und der Idee, Glücksmomente während der kommenden Tage zu sammeln.
→ *Teilziel: Die Teilnehmenden fassen den Vorsatz, während der kommenden Tage selbst kleine Glücksmomente zu erkennen. Sie erhalten dazu Ideen und Anregungen.*

6.2 Trauer unter die Füße nehmen

Auf eigenen Füßen gehen und stehen

→ Ziel: Durch den Trauergang und die Konfrontation mit möglichen Trauerfolgen können die Teilnehmenden erfahren, wie sie selbst mit ihrer Trauer umgehen können.

Station 1: Begrüßungs- und Vorstellungsrunde. Alle erhalten aus Papier oder Pappe ausgeschnittene Schuhsohlen in die Hand, um den Trauergang zu begleiten und als Andenken.
Einleitung mit Musik, z. B.: »Steh, wo du stehst! Geh, wo du gehst! Fühl, was du fühlst! Vertrau dem Fluss des Lebens tief in dir« aus der CD »Erde meine Mutter« von Gila Antara (Songrise Music 2005).
→ *Teilziel: Die Teilnehmenden kennen den Ablauf und die anderen Trauernden auf dem Trauergang. Sie fassen Vertrauen.*
Einladung zum Schweigegang.

Station 2: Vorbereitete Wortkarten werden auf dem Boden verteilt mit der Bitte, diese still zu lesen.
In meiner Trauer fühle ich mich oft / manchmal:
KRAFT-los, SCHLAF-los, FREUD-los, MITTEL-los, ANTRIEBS-los, LUST-los, STIMM-los, SPRACH-los, HILF-los, BEWEGUNGS-los, IDEEN-los
→ *Teilziel: Die Teilnehmenden entdecken ihr erlebtes und aktuelles Leid.*

Station 3: Die Teilnehmenden werden eingeladen, sich der Karte (oder den Karten) zuzuordnen, die auf sie selbst zutrifft, und mit einer Person aus dem Kreis der Anwesenden darüber zu sprechen.
→ *Teilziel: Die Teilnehmenden entscheiden, welche Ohnmacht sie am stärksten trifft und erfahren gleichzeitig vom Leid anderer Trauernder.*

Station 4: Die Teilnehmenden suchen sich einen Baum, der ihnen Halt gibt, und erzählen, was sie gedanklich mit diesem Baum verbindet.
→ *Teilziel: Die Teilnehmenden finden einen Baum, der bei ihnen eine positive Resonanz auslöst und ihnen in der gegenwärtigen Verfasstheit hilft. Sie bringen ihre Gefühle zum Ausdruck.*

Station 5: Ausklang bei Kaffee und Kuchen.

6.3 Pilgern auf den Spuren von Jakobus dem Älteren

Abbildung 51 Jakobus der Ältere

Foto: Imke Wiese

→ Ziel: Durch die Bewegung erfahren die Teilnehmenden am eigenen Körper die positive Wirkung des Pilgerns.

Station 1: Die Teilnehmenden werden an einen geeigneten Ort, vielleicht mit einem lokalen Bezug zu einem der vielen Pilgerwege eingeladen.
Es wird erzählt:

> *Menschen aller Religionen pilgern, beispielsweise Moslems und Christen.*
> *Zu den fünf Säulen des muslimischen Glaubens gehört neben dem Gebet, dem Fasten, dem Glaubensbekenntnis und der sozialen Abgabe die Haddsch, die Wallfahrt nach Mekka.*

Christen in Europa pilgern hauptsächlich zu den drei großen Wallfahrtsorten Rom, Jerusalem und Santiago de Compostela.
Das Wort Pilger stammt vom lateinischen peregrinus (per agrum = übers Feld), in der Fremde sein. Aus peregrinus wird im Laufe der Zeit pelegrinus.

→ *Teilziel: Die Teilnehmenden wissen, dass das Pilgern eine weltweite, religionenübergreifende alte Tradition ist.*

STATION 2: Fremdsein
Material sind laminierte Schriftkarten, die nacheinander ausgelegt werden:

Plötzlich ist alles anders
Plötzlich war alles anders
Plötzlich zum Fremden geworden
Ich mir selbst
Ich für andere
Andere für mich

Fragen zur eigenen Trauer schließen sich an:
- *Finden Sie sich in einer Aussage wieder?*
- *Haben Sie ähnliche Erfahrungen gemacht?*
- *Fühlen Sie sich durch den Tod Ihres/Ihrer Verstorbenen plötzlich wie in der Fremde?*
- *Was wurde Ihnen fremd?*
- *Sind Sie sich selbst irgendwie fremd geworden?*
- *Sind Ihnen Familie / Freunde / Nachbarn ... plötzlich fremd geworden?*
- *Sind Sie den anderen fremd geworden?*

→ *Teilziel: Die Teilnehmenden sprechen über allgemeine und persönliche Dimensionen des Fremdseins.*

Station 3: Sternenweg
Sternenwege sind uralte Routen, die meist nachts genutzt wurden wegen der nur dann sichtbaren Sterne und Sternbilder zur Orientierung. Von hier aus ist ein Bezug möglich zu Antoine de Saint-Exupéry, »Der kleine Prinz«, wenn er über Sterne spricht:

> »Ich frage mich«, sagte er, »ob die Sterne leuchten, damit jeder eines Tages den seinen wiederfinden kann. Schau meinen Planeten an. Er steht gerade über uns … Aber wie weit ist er fort.«

Alternativ zu dem literarischen Zugang können Sie ein Reflexionsangebot machen:
Wohin pilgern Sie? Auf welchem Weg? Mit wem? Woran orientieren Sie sich? Was ist Ihr Kompass?
→ *Teilziel: Die Teilnehmenden reflektieren ihre persönlichen Orientierungshilfen auf dem täglichen Weg durch die Trauer.*

Abbildung 52 Büste des Apostels Jakobus

Foto: Imke Wiese

Station 4: Abschluss mit Verabschiedungsritual
→ *Teilziel: Die Teilnehmenden haben konkrete Ideen, wie sie ihren eigenen, persönlichen Trauerweg gehen.*

6.4 Meine Wunden – mein Mut

→ Ziel: Durch den Trauergang und die darin angebotenen Mutmacher entdecken die Teilnehmenden mehr von ihren Kraftquellen.

Station 1: Begrüßung und gegenseitiges Vorstellen
Kurze Information zu Planung, Wegverlauf und Weglänge
→ *Teilziel: Die Teilnehmenden kommen an und kennen die Planung.*

Station 2: Die Wunde – Verwundet
Auf die Frage nach der Verwundung und körperlichen Symptomen der Trauer kommt es zum Austausch darüber. Es wird dabei über sehr persönliche und allgemeine Merkmale der Trauer gesprochen, wobei das gegenseitige Zuhören einen breiten Raum einnimmt.
Themen können z. B. sein: Abbruch von Kontakten, Angst, Arbeits»wut«, innere Lähmung, innere Unruhe, körperliche Symptome wie Bauchschmerzen, extreme Müdigkeit, Herzprobleme, Kopfschmerzen, Nahrungsverweigerung, permanentes Hungergefühl/Esszwang, Rückenschmerzen, verändertes Essverhalten, Verkrampfungen, Verkriechen, Vermeidung von Kontakten, Wut auf …
Ein Teilstück des Wegs still einzeln zur nächsten Station gehen.
→ *Teilziel: Die Teilnehmenden sind bereit, über ihre Trauerwunden mit anderen zu sprechen.*

Station 3: Mein Mut-Weg
Gesprächsmoderation zu den folgenden Fragen und Antworten:
Mut woher? Mut gibt mir …
Mut wozu? Mut brauche ich für …
Wie? Wie mache ich mir selbst Mut?

Mit dem Wort Mut beschriftete Steine werden zusammen mit dem Wunsch »Gönnen Sie sich einen Mut-Ausbruch« verteilt.

→ *Teilziel: Die Teilnehmenden sind bereit, über ihre Methoden zu sprechen, sich selbst Mut zu machen.*

Station 4: Künstlerische Gestaltung

Abbildung 53 Mutmacher

Fotos: Ursula Klene

Passt ein Foto zu Ihrer gegenwärtigen Situation? Weshalb? Was könnte Ihnen Mut machen?

→ *Teilziel: Die Teilnehmenden vertiefen ihre Reflexion über ihre eigenen Kraftquellen / erkennen die Chance der Resilienz.*

Station 5: Abschluss mit dem ausgedruckten Mut-Gedicht für den Nachhauseweg

Ich wünsche dir den Mut

– dir selbst treu zu bleiben,
aber deshalb nicht mit dem Kopf
durch die Wand zu gehen

– die Wahrheit zu sagen,
aber sie nicht wie einen nassen Lappen
anderen um die Ohren zu schlagen

– zu deiner Meinung zu stehen,
aber auch zugeben zu können,
wenn du dich geirrt hast

– zu widersprechen,
aber dabei sachlich zu bleiben,
ohne andere zu verletzen

– auf Bitten »Nein« zu sagen,
aber das nicht zu einer
dauernden Haltung werden zu lassen

– dich zu deinen Gefühlen zu bekennen,
aber auch loslassen zu können, was dir lieb ist,
wenn die Zeit dafür gekommen ist

Gisela Baltes[87]

→ *Teilziel: Die Teilnehmenden nehmen eine Mutzusage in den Alltag mit.*

---

87 https://impulstexte.de/impulstexte/wachsen-und-werden/ich-wuensche-dir-den-mut

7 Empfohlene Grundausstattung für Begleitungen – Materialliste

Für und in unterschiedlichen Phasen der Begleitung haben sich Trauermaterialien bewährt, die verschiedene Sinne ansprechen. Wegen der angenehmen Materialwärme und der sicht- und spürbaren Struktur ist zum Beispiel Holz ein idealer Werkstoff. Ich empfehle meist, die Dinge in die Hand zu geben, da es sich leichter sprechen lässt, wenn etwas in der Hand gespürt wird.
Einige bewährte Gegenstände für Ihren Fundus schlage ich vor und formuliere dazu unterschiedlich ausführliche Stichworte und Beispielsätze, teilweise auch als Gesprächsgrundlage für mehrere Treffen. Die Reihenfolge ergibt sich aus der Wichtigkeit und den verschiedenen gesprächsbegleitenden Einsatzmöglichkeiten.

7.1 Tür

Abbildung 54 Tür

Foto: Imke Wiese

STICHWORTE UND BEISPIELSÄTZE:

- ○ Sie können die Tür offen oder geschlossen präsentieren.
- ○ Eine Tür öffnet oder verschließt Räume.
- ○ Manche Türen brauchen einen Schlüssel.
- ○ Wenn sich eine Tür vor uns schließt, dann ...
- ○ Wenn eine Tür vor uns geschlossen wird, dann ...
- ○ Sie können Alltagserfahrungen einfließen lassen, indem Sie eine Situation wie die folgende schildern: Sie klingeln, jemand öffnet die Tür, einen Spalt breit, ein wenig mehr oder bis zum Anschlag. Damit sendet die oder der Öffnende ein eindeutiges Signal über seine Bereitschaft, Kontakt zuzulassen oder nicht.
- ○ »Die Tür zum Glück geht ›nach außen‹ auf, das heißt, sie verschließt sich gerade demjenigen, der die Tür zum Glück gleichsam einzudrücken versucht.« (Viktor Frankl[88])

7.2 Baum

Abbildung 55 Stilisierter Baum

Foto: Imke Wiese

88 V. E. Frankl: Über den Sinn des Lebens, S. 35.

STICHWORTE UND BEISPIELSÄTZE:

- Der Baum als Symbol für Leben und Wachstum
- erinnert an den Zyklus der Jahreszeiten,
- verbindet die Erde mit dem Himmel,
- ist eine Liebeserklärungen der Erde an den Himmel,
- zieht den Blick himmelwärts,
- spendet Schatten.
- Bäume werden als Erinnerungsbäume gepflanzt (Hochzeitswald, Friedwald).
- Der Baum ist Symbol für den Frieden; spätestens seit Pablo Picasso 1949 die Taube mit dem Ölzweig zeichnete.
- Er bietet an, Parallelen zum Leben und Altern (»In der Blüte seines Lebens.« »Herbst des Lebens«) zu ziehen.
- In der Bibel lesen wir vom Baum der Erkenntnis (Genesis, 16–17), vom Feigenbaum (Johannes 1,48), vom Ölbaum (Genesis 8,11), vom brennenden Dornbusch (Exodus 3,1–6).
- Lukas (6,43) und Matthäus (7,8) schreiben über den gesunden vs. den kranken Baum.
- »Wir brauchen den Baum, in dessen Schatten wir ausruhen können, ohne von unserem Schatten geängstigt zu werden.« (Anselm Grün[89])

89 A. Grün: Herzensruhe, S. 158.

7.3 Regenbogen

Abbildung 56 Regenbogen

Fotos: Imke Wiese

STICHWORTE UND BEISPIELSÄTZE:

- ○ Die Farben des Regenbogens sind Symbol für Unterschiedlichkeit und Gleichberechtigung.
- ○ Erst wenn Sonnenschein und Regen gleichzeitig vorhanden sind, können wir ihn sehen.
- ○ In der »Tafel der Gezeiten« gibt es eine Regenbogenzeit. »Die ›Regenbogenzeiterfahrungen‹ zeigen, sei es manchmal auch nur für den Augenblick, dass es gute Zeiten in der Trauer gibt.« (Ruthmarijke Smeding[90])

Die obigen Fotos zeigen, dass Sie je nach Zielsetzung

- ○ den kompletten Regenbogen (z. B. Grimms großer Regenbogen),
- ○ den auseinandergenommenen Regenbogen,
- ○ den Regenbogen als Brückenelement einsetzen können.

Eine Frau schreibt zu ihrem Bild von der Regenbogenzeit: »Das Leben lebt weiter. Du spürst die wunderbaren Seiten wieder, die Erinnerung bleibt; manchmal schmerzt sie noch, aber sie nimmt dir nicht mehr die Luft zum Atmen. Das Leben, das schön ist, und die Erinnerung an das,

90 R. Smeding: Trauer erschließen, S. 136.

was schön war, aber nicht mehr ist, schließt sich nicht mehr gegenseitig aus.«[91]

7.4 Herz

Abbildung 57 Herzen

Foto: Imke Wiese

STICHWORTE UND BEISPIELSÄTZE

- Herz als zentrales Organ.
- In unserer Alltagssprache gibt es eine Vielzahl von gängigen Redewendungen, die sich jedoch in der Trauer in ihrer Bedeutung manchmal radikal verändern.
- Das Herz kann
- herausgerissen, durchstoßen, gebrochen, verletzt, durchbohrt werden;
- wir tragen etwas im Herzen, wir haben etwas auf dem Herzen, unser Herzblut hängt daran, es geht uns ans Herz, wir geben unserem Herzen einen Stoß, wir nehmen unser Herz in die Hand, wir haben das Herz zu etwas, wir nehmen uns etwas zu Herzen ...
- Sobald das Herz jedoch abstumpft, verliert es den Anschluss an die Welt. Es kann auch stumm werden und erzeugt dann eine ähnliche Wirkung auf die Umwelt. Es klingt nicht mehr und lässt auch andere nicht mehr klingen.

91 Ebd., S. 141.

- »Es kostet ungeheure Kraft und ermüdet unsere Seele, wenn wir mit einem abgestumpften Herzen leben – einem Herzen, das durch Enttäuschungen, Resignation, Bitterkeit oder Sorgen stumpf geworden ist.«[92]
- Wie unser gesamter Körper braucht auch das Herz Pflege. Anselm Grün nennt sein Buch »Herzensruhe. Im Einklang mit sich selber sein«.
- »Verleih daher deinem Knecht ein hörendes Herz, damit er dein Volk zu regieren und das Gute vom Bösen zu unterscheiden versteht« (Bibel, 1. Buch der Könige 3,9).

Zum Beispiel bei www.FromHeartToArt.de können Sie Herzen jedweder Art bestellen.

7.5 Brunnen

Abbildung 58 Brunnen

Foto: Ursula Klene

92 M. Schlenske: Herztöne, S. 15.

STICHWORTE UND BEISPIELSÄTZE:

- ○ Der Brunnen (oder ein Kelch, ein Gefäß mit Unterteller) kann auf dreifache Weise eingesetzt werden.
- ○ Als gefüllter, fließender Brunnen mit der Aussage: Hier ist alles in Ordnung, Kreislauf gefüllt – überfließen / sich verströmen – selbst auch wieder gespeist durch den Austausch oder von der »inneren« Quelle genährt.
- ○ Als Brunnen mit wenig Wasser und somit der Aussage: Ich brauche einen Zufluss, drohe leer zu werden.
- ○ Als Brunnen ohne Wasser mit der Botschaft: Ich kann nicht mehr, nichts geht mehr, meine Quelle ist vertrocknet, ich bin ohne Nahrung.
- ○ Dazu können Sie den folgenden Text (»Schale der Liebe«) einsetzen.

> Wenn du vernünftig bist, erweise dich als Schale und nicht als Kanal, der fast gleichzeitig empfängt und weitergibt, während jene wartet, bis sie gefüllt ist.
> Auf diese Weise gibt sie das, was bei ihr überfließt, ohne eigenen Schaden weiter. Lerne auch du, nur aus der Fülle auszugießen, und habe nicht den Wunsch, freigiebiger zu sein als Gott.
> Die Schale ahmt die Quelle nach. Erst wenn sie mit Wasser gesättigt ist, strömt sie zum Fluss, wird sie zur See. Du tue das Gleiche! Zuerst anfüllen, und dann ausgießen.
> Die gütige und kluge Liebe ist gewohnt überzuströmen, nicht auszuströmen. Ich möchte nicht reich werden, wenn du dabei leer wirst. Wenn du nämlich mit dir selber schlecht umgehst, wem bist du dann gut? Wenn du kannst, hilf mir aus deiner Fülle, wenn nicht, schone dich.
> *(Bernhard von Clairvaux, 1090–1153, in einem Brief an Papst Eugen III.)*

Fragen: Woraus schöpfe ich Kraft?
Was nährt mich, könnte mich wieder nähren?
Was brauche ich, um wieder zu »funktionieren«?

Auch in Kombination mit dem Text »Eine segnende Quelle« von Pierre Stutz möglich: Gibt es wirklich so etwas wie eine segnende, innere Quelle?

> Eine segnende Quelle
> erwartet dich immer schon
> in deiner Tiefe.
> Lass dich
> vom zärtlichen Segen befreien
> zu dir selbst.
> *Pierre Stutz*

7.6 Klangschale

Abbildung 59 Klangschale

Foto: Imke Wiese

STICHWORTE UND BEISPIELSÄTZE

Die Klangschale

- ist v. a. ein Meditationsinstrument,
- kann Verspannungen lösen,
- Harmonie herbeiführen,
- Konzentration durch das Hören auslösen,
- Resonanz erzeugen.

Diese positiven Wirkungen stellen sich jedoch nicht automatisch ein. Es gibt Personen, die sich nicht darauf einlassen wollen oder können. Eventuell liegt das an den gleichzeitigen und sich überlagernden Tönen.

7.7 Perlen

Abbildung 60 Perlen

Foto: Imke Wiese

STICHWORTE UND BEISPIELSÄTZE:

- Die Geschichte von der klugen Frau und ihren Glücksbohnen (oder Glasperlen) finden Sie in Kapitel 4.5, Impuls 5. Sie können damit ein Ritual initiieren, wenn Sie nach dem Erzählen oder Vorlesen der Geschichte ein solches Beutelchen, wie es das Foto zeigt, nach einem Trauergespräch mitgeben.

7.8 Träne

Abbildung 61 Stilisierte Träne

Foto: Imke Wiese

STICHWORTE UND BEISPIELSÄTZE:

- Immer wieder begegnen wir Menschen in der Trauerbegleitung, die angestrengt versuchen, ihre Tränen zu unterdrücken:
  »Nur nicht weinen!«
  »Nur meine Tränen nicht zeigen!«
  »Nur mich anderen nicht mit meinen Tränen zumuten!«
  »Weinen kann ich zu Hause!«
- So oder ähnlich klingen die geheimen Zensoren in ihrem Inneren!
- Uns soll es wichtig sein, diese Menschen zu ermutigen, ihre Tränen zuzulassen, weil Tränen kostbar sind.
- Jede Träne hat eine besondere Qualität. Es gibt Wuttränen, Freudentränen, Angsttränen, Einsamkeitstränen.
- Welche Tränen wollen heute fließen?
- Wir können die »Gefahren« nicht geweinter Tränen ansprechen.

7.9 Stein

Abbildung 62 Stein

Foto: Imke Wiese

STICHWORTE UND BEISPIELSÄTZE:

- Dieser Stein ist ein Bruchstück eines ehemals Ganzen.
- Er ist herausgebrochen aus ...
- Auch Steine nehmen Schaden.
- Trauer ist wie ein Fels, von dem nach und nach etwas abbröckelt, es bleibt jedoch immer ein kleines Felsstück übrig. Und dieses gehört zu unserem Leben.
- Mit Steinen lassen sich Mauern errichten.
- Die doppelte Funktion von Mauern als Ab- und Begrenzung, aber auch als Schutz.
- Schutz wovor oder vor wem?
- Sich einmauern in seinen Schmerz.

7.10 Boomerang

Abbildung 63 Boomerang

Foto: Imke Wiese

STICHWORTE UND BEISPIELSÄTZE:

- Der Boomerang kommt immer wieder zurück. Egal, mit wie viel Kraft und wie weit ich ihn werfe.
- Auch die Trauer kommt immer wieder zurück. Egal, wie oft und mit wie viel Kraft ich versuche, sie von mir zu weisen.
- Die Art, den Boomerang oder die Trauer wieder aufzufangen, ist maßgebend für das Gelingen.
- Wie stelle ich mich körperlich hin, um den Boomerang zu fangen?
- Wie stelle ich mich seelisch auf, um meine Trauer anzunehmen? Kann / will / möchte ich sie auffangen?
- Fange ich sie als Fluch, als böses Schicksal auf oder fange ich sie als unausweichlich gegeben auf, als unverfügbar in der Denkweise von Hartmut Rosa?

8 Musik in der Trauerbegleitung

»Musik kommt aus der Stille und führt in die Stille«, sagt der Pianist Alfred Brendel. Diese zutreffende Feststellung spricht uneingeschränkt für Musik in der Trauerbegleitung.

Einen anderen Zugang schildert uns Hartmut Rosa in seinem Vortrag von 2022 »Demokratie braucht Religion«. Auf der Grundlage seiner Ausführungen zu unserer Weltbeziehung greift er das Verb »aufhören« heraus und fächert es auf – einmal in die Bedeutung von anhalten und zweitens in die von aufhorchen, »nach außen lausche[n]«. Hören als Basis jeder erfolgreichen Kommunikation ist uns nicht fremd. Zur Wirkung der Musik auf die Hörenden sagt Rosa weiter:

»Aber plötzlich, plötzlich höre ich auf! Ich höre auf, da erreicht mich etwas! Musik hat oft die Kraft zu transformieren. Manchmal habe ich das Gefühl, dass man das sogar leiblich spürt, also wenn einen Musik ergreift oder wenn einen irgendetwas anruft und man darauf reagiert. Da ändert sich sozusagen der körperliche Aggregatzustand. Man merkt richtig: Da kommt so etwas wie Atem, eine atmende Weltbeziehung ins Leben. Und genau das ist dieser Moment, da erreicht mich was, ja da ruft mich etwas an. Dann weiß ich noch nicht, was dabei herauskommt, angerufen zu sein, aber so beginnt ein Resonanzmoment.«[93]

Für mich lese ich aus diesem Zitat Einladung und Warnung zugleich, Musik in der Begleitung einzusetzen. Der einladende Charakter liegt in der Chance der Transformation, der dritten Phase der Resonanz nach Affizierung und Selbstwirksamkeit (siehe 3.3 Resonanz).

Da wir jedoch nicht wissen, »was dabei herauskommt«, bei der von uns eingesetzten Musik, rate ich zu einem sehr vorsichtigen und schrittweisen Vorgehen. Ich setze deshalb gern zunächst die Liedtexte ein, und erst danach, wenn ich die Eignung der Inhalte für die Trauerbewältigung erfahren habe, kann die musikalische Umsetzung gehört werden.

93 H. Rosa: Demokratie braucht Religion, S. 57f.

Außerdem weiß ich, dass Musiktherapie wie Therapie allgemein nicht zu unserem Kompetenzbereich gehört. Deshalb muss der Einsatz von Musik in der Begleitung Trauernder äußerst gut bedacht werden.[94]
Die gewählte Musik sollte immer in Bezug zur Biografie des Menschen stehen, der musikalisch begleitet wird. Dazu ist die Kenntnis der Musikvorliebe unabdingbar! Musik löst Gefühle aus, hier ist besondere Vorsicht geboten, etwa, wenn ein Gefühlsausbruch des/der Trauernden zu erwarten ist, der vom Trauerbegleitenden nicht gelenkt werden und den trauernden Menschen sehr belasten kann.
Im Trauergespräch wird gemeinsam entschieden, ob und in welcher Form Musik in der Begleitung zum Einsatz kommen soll. Unabhängig davon, in welcher Phase der/die Trauernde sich befindet, soll Musik tröstlich sein und Halt geben: Musik, die den trauernden mit dem verstorbenen Menschen verbindet, positive Gefühle auslöst; z. B. Musik, nach der das Ehepaar seinen Hochzeitstanz tanzte. Dankbar kann der/die Trauernde zurückblicken auf die gemeinsame Zeit voller Glück, Liebe und Zuversicht.
Musik in der Trauer kann auch in der Interaktion stattfinden, z. B. wenn der/die Trauernde und der/die Begleitende gemeinsam musizieren oder singen. Auch hier sollte ein Bezug zur Biografie bestehen. Lieder aus der Kindheit lösen meist positive Emotionen aus. Hier ist eine ungefähre historische Musikkenntnis von Vorteil: Menschen, die in den 1950er-Jahren jung waren, hörten andere Musik als solche, die in den 1980ern jung waren.
Gemeinsame Lieder über die Generationen hinweg sind Morgenlieder, Volkslieder, Abendlieder oder bei christlich sozialisierten Menschen auch Kirchenlieder, am besten konfessionsübergreifende.
Gemeinsames Musizieren oder Singen kann sowohl nach Absprache als auch spontan geschehen. Der/die Trauerbegleitende wird selbst situativ entscheiden, ob Musik eingesetzt wird, ob interaktiv oder von einem Abspielgerät.

94 Ch. Mack-Kast / Preisl, St.: Sinfonie des Trauerns, S. 196ff.

Leicht zugängliche Texte und auch die musikalische Präsentation finden Sie z. B. bei

- Reinhard Mey (https://www.reinhard-mey.de/blog/lass-nun-ruhig-los-das-ruder/)
- Eric Clapton (https://www.georg-metzger-hoffnungszeichen.de/tears-in-heaven-ewigkeitssonntag/),
- Herbert Grönemeyer (https://www.mit-trauer-leben.de/15-einfuehlsame-texte-zu-tod-und-trauer-von-herbert-groenemeyer/),
- Paul McCartney (https://www.songtexte.com/songtext/paul-mccartney/the-end-of-the-end-43d6a793.html).

Gemeinsam ist den Genannten, dass ihre Texte nach persönlichen Trauererfahrungen entstanden.

- Dietrich Bonhoeffer: Von guten Mächten https://www.von-guten-maechten.de/

- Vertonungen finden Sie hier:
- Teresa von Avila: Nada te turbe https://www.google.com/search?client=firefox-b-d&q=nada+te+turbe+text
- J. S. Bach und Heinrich Schütz: https://www.carus-verlag.com/psalmvertonungen
- Franz Schubert: Abendrot https://www.musicanet.org/robokopp/Lieder/abendrot.html

9 Netzwerke – virtuell und analog

In Ihrem zukünftigen oder aktuellen Begleiten sollten Sie »netzwerken«, das ist meine dringende Empfehlung. Darunter verstehe ich, Partner, Freunde und Gleichgesinnte zu suchen und zu finden, die ebenfalls trauernde Menschen begleiten. Falls es ein soziales Netzwerk im Sinne einer Kommunikationsplattform in Ihrer Umgebung gibt, umso besser. Und wenn Sie einem Hospizverein angehören oder einer Trauerbegleitungsgruppe, ist es nochmals leichter, das Netz zu knüpfen.

An regelmäßigen Supervisionssitzungen nehme ich seit meiner Ausbildung teil. Auch diese Kontakte zähle ich zu meiner Vernetzung dazu.

An einem konkreten Beispiel erläutere ich Ihnen die Vorteile der Vernetzung. Im Landkreis hat die Caritas die Koordination für alle örtlichen und überörtlichen Angebote für Trauernde übernommen und Malteser, Krankenhäuser, Caritas-Sozialwerk, Diakonie, Sozialstationen, Hospizvereine, Pfarreien und Einzelpersonen in regelmäßigen Treffen zusammengebracht. Der Dialog führte zu einer Bündelung aller Angebote, die in einem regelmäßig aktualisierten gemeinsamen Flyer veröffentlicht sind.

Trauernde finden darin Angebote zu Trauerbegleitungen und Gesprächen für Sternenkind-Eltern, für Erwachsene, für Jugendliche und Kinder, zu Besuchsdiensten, Trauercafés, Trauerforen, jährlichen Gedenkgottesdiensten oder Seminare der örtlichen Volkshochschulen:
https://www.offizialat-vechta.de/fileadmin/user_upload/Download/2021_BMO_Flyer_Angebote_fur_Trauernde.pdf

Die folgenden Internetadressen empfehle ich zusätzlich zur Weitergabe an Betroffene oder zur eigenen Nutzung.

○ https://www.agus-selbsthilfe.de/	bei Suizid
○ www.da-sein.de	Forum für Jugendliche
○ www.deutscher-kinderhospizverein.de	
○ www.initiative-regenbogen.de	Sternenkind-Eltern
○ www.internetseelsorge.de	
○ www.meinetrauer.de	Trauerforum
○ www.telefonseelsorge.de	
○ www.trauerland.org	Zentrum für Kinder und Jugendliche
○ www.trauerraum.de	Bistum Essen
○ www.veid.de	Bundesverband verwaiste Eltern und trauernde Geschwister
○ www.verwitwet.de	
○ www.leben-ohne-dich.de	Selbsthilfeforum für Eltern und Geschwister
○ www.dhpv.de	Dachverband der deutschen Hospiz- und Palliativversorgung

Die Finanzierung der Trauerarbeit ist nach wie vor ungeklärt. Die Haltung aus hospizlicher Sicht vermittelt eine Handreichung (»Trauer und Trauerbegleitung«) des Deutschen Hospiz- und Palliativverbandes, worin das Sozialgesetzbuch berücksichtigt ist und die Idee einer deutschen Trauerstiftung diskutiert wird.[95]

95 https://www.dhpv.de/files/public/themen/2017_HR_TrauerundTrauerbegleitung.pdf

10 Trauer bei Muslimen – Was Trauerbegleiterinnen und Trauerbegleiter wissen sollten

Das Thema Trauer im Islam begründet sich mehrfach und spaltet sich bei genauerer Beschäftigung fächerartig auf, weil es »den Islam« noch nie gab und – wahrscheinlich – auch nie geben wird. Diese kleine Übersicht versucht deshalb, möglichst praxisorientiert und pragmatisch zu sein und nur bei gravierenden Unterschieden auf die sich daraus ergebenden Konsequenzen aus den unterschiedlichen Religionsvorstellungen einzugehen.

In der Bundesrepublik leben im Jahr 2023 ca. 5,6 Millionen Muslime, etwa 6,7 Prozent der Bevölkerung. Die größten Glaubensrichtungen sind die der Sunniten mit fast 75 Prozent, acht Prozent sind Aleviten, vier Prozent Schiiten.[96] »Türkeistämmige bilden seit vielen Jahren die mit Abstand größte Herkunftsgruppe unter den Muslimen, 2023 ca. 2,5 Millionen. Dies hat in der Vergangenheit teilweise den Blick auf die Vielfalt des muslimischen Lebens in Deutschland verstellt oder die Tatsache verdeckt, dass die in Deutschland lebenden Muslime aus unterschiedlichen Ländern und Weltregionen kommen.«[97] Die Neuzuwanderung seit 2015 hat den prozentualen Anteil der türkeistämmigen Muslime sinken lassen. Dazu beigetragen hat zum Beispiel die Ahmadiyya Muslim Jamaat, die 1889 in Indien gegründet wurde und der viele Muslime aus Pakistan und Indien angehören. Sie besitzt Moscheen in zahlreichen europäischen Ländern.

Allein diese Zahlen rechtfertigen eine Auseinandersetzung mit dem Thema. Wir können in der Trauerbegleitung nicht einen Teil unserer Bevölkerung vernachlässigen. Ohne ein zugeschnittenes Angebot für die Betroffenen wird die Trauerbegleitung unglaubwürdig. Und damit bin ich bei einer zweiten, der stärkeren Rechtfertigung für eine Beschäftigung mit muslimischer Trauer. Wenn der Leitsatz, dass jede und

96 DIE ZEIT Nr. 12, 16.3.2023.
97 https://www.demografie-portal.de/DE/Fakten/zuwanderung-herkunft.html

jeder anders trauert, gilt, dann muss das Trauerbegleitungsangebot nicht nur für Kinder und Erwachsene unseres Kulturkreises differenziert sein, sondern auch für die angesprochene Gruppe, die sich mittlerweile durch die weltweite Flüchtlingsbewegung noch vergrößert. Diese Tendenz wird anhalten.

10.1 Eigene Prägung

Wie bei jeder Schriftreligion ist zunächst zu sehen, was der Koran über das Leben nach dem Tod, das Sterben und Trauern sagt, und was seine Interpreten schreiben. Nach dem islamischen Verständnis kommen der Koran und seine Worte direkt von Gott, von Allah.

Trotz aller Trauer soll der Gläubige dem Schmerz nicht zu viel Raum geben, sondern den Tod als Rückkehr zu Allah – oder anders formuliert: als einen zum Leben gehörenden Vorgang – verstehen und damit akzeptieren. Der Glaube an die Auferstehung der Toten ist fester Bestandteil des Islam. Auch das Leiden und die Trauer sind anzunehmen als von Allah vorherbestimmt.

Tröstung erfahren die Angehörigen anfangs allein durch die Anwesenheit anderer, während Beileidsbekundungen, wie sie in westlichen Kulturen üblich sind, »noch keinen großen Stellenwert haben; erwartet wird eher Betroffenheit, die sich durch Stille – häufiger bei Männern – oder in der Teilhabe am gemeinsamen Weinen und Klagen – häufiger bei Frauen – zeigt.«[98]

Die Zeit der Trauer soll nach muslimischem Verständnis begrenzt sein. In der Begleitung sowohl der Sterbenskranken als auch der Trauernden wird stets darauf geachtet, die Intimsphäre zu bewahren. Konkret heißt das, die betroffene Familie abzuschirmen vor einer zu großen Öffentlichkeit. Das sei auch die Begründung, weshalb ein Verstorbener nicht aufgebahrt wird. Um die erste Trauerphase so kurz wie möglich zu halten und im Sinne des Propheten zu verfahren, wird die/der Tote gleich am nächsten Tag beerdigt, denn mit der vollzogenen Beerdigung würde

98 A. Eisingerich: Der Tod als Rückkehr zu Gott, S. 146.

die Akzeptanz des Todes eher gelingen. In der Trauerzeit steht die Gemeinde noch mehr zusammen, indem das Trauerhaus durch die Versorgung mit Essen durch andere Gemeindemitglieder entlastet wird. Mittlerweile verstehen sich viele muslimische Anbieter für Bestattung und Trauerbegleitung als umfassende Dienstleister. So heißt es etwa bei einem Anbieter: »Ein wesentliches Merkmal unserer Leistungen ist unsere *ganztägige* Erreichbarkeit. Wir erledigen alle notwendigen Formalitäten, um die Verstorbenen so schnell wie möglich ins Heimatland zu überführen (oder jedes andere gewünschte Ziel). Rituelle Waschungen, Einkleidungen und Beerdigungsgebete werden von Fachleuten durchgeführt. Auf Wunsch wird die Beisetzung auch auf dem nächsten islamischen Friedhof durchgeführt. Unser primärer Einzugsbereich ist Nord-Deutschland.«[99]

DITIB – Sosyal Dayanisma Merkezi Zentrum für soziale Unterstützung e. V. stellt eine ausführliche 56-seitige Information auf Deutsch zur Sterbe- und Trauerbegleitung und Tod im Islam im Netz zur Verfügung.[100] Darin finden Leserinnen und Leser Regeln für den Besuch des Trauerhauses, den Grabbesuch, die Intensität der Trauer, die gemäßigt sein soll, Grabgestaltung und Grabpflege, die untersagte Feuerbestattung, die aktive und passive Sterbehilfe, Warnungen vor Synkretismus. Dort heißt es: »Sterbebegleitung [und Trauerbegleitung, d. Verf.] durch professionelle Hospizhelfer/-innen wird von den muslimischen Familien nicht oft in Anspruch genommen. Gründe könnten auch in der befürchteten Unkenntnis der nicht-muslimischen Hospizhelfer/-innen über die muslimische Lebensweise und Traditionen liegen.«[101]

10.2 Was folgt daraus für eine Trauerbegleitung durch Nicht-Muslime?

Wenn die trauernde Familie ihre Wurzeln nicht in Deutschland hat, ist es wichtig, Grundkenntnisse über Besonderheiten des Heimatlandes

99 www.arif-bestattungen.de
100 http://ditib-bonn.de/DITIB_sterbebegleitung.pdf
101 Ebd., S. 41.

und der religiösen Ausrichtung zu haben. Allein für den niedersächsischen Landkreis Vechta sind als muslimische Herkunftsländer Afghanistan, Ägypten, Albanien, Algerien, Bosnien, Irak, Iran, Kosovo, Libanon, Marokko, Pakistan, Syrien, Tunesien und Türkei benannt.
Kenntnisse über Normen und Rituale lassen Hindernisse für eine Trauerbegleitung durch einen Hospizverein erst gar nicht entstehen. Dabei verpflichtet der Respekt gegenüber der jeweiligen Moschee, der lokalen Herkunft und der religiösen Grundausrichtung zu einer äußerst differenzierten Wahrnehmung der speziellen Gegebenheiten. Es steht zum Beispiel nur muslimischen Gläubigen oder gar dem Imam zu, die Gebete zu sprechen. Die Geschlechterrollen und das Geschlechterverhältnis stellen eine mögliche Hürde dar, gläubige Muslime zu betreuen. Die Dominanz des Mannes drückt sich nicht nur durch den separaten Betraum für Frauen in der Moschee aus.
Neben dem Wissen oder Nicht-Wissen über die zahlreichen Spezifika der jeweiligen Moschee gibt es die Ebene der Spiritualität der Begleitenden und der Begleiteten. Selbst wenn wir von einem höchst reflektierten Bewusstsein der eigenen individuellen Spiritualität bei einer Trauerbegleiterin oder einem Trauerbegleiter ausgehen, bleibt die Prägung und damit Gebundenheit daran. Wir verlangen bzw. wünschen von einer guten Begleitung »Toleranz, Respekt, Sensibilität, Vielfalt, Offenheit, Achtsamkeit«,[102] damit es zu einer gelingenden Kommunikation kommen kann. Es kann meines Erachtens nicht Grundlage einer guten Begleitung sein, die eigene Spiritualität zu verdrängen oder gar zu verleugnen. Hierbei muss das Prinzip der Augenhöhe gelten.
Da die muslimischen Gemeinden relativ klein sind, sind die soziale Kontrolle und die sozialen Hilfesysteme intensiv ausgebildet. Diese Sozialstruktur übernimmt viele Aufgaben, die in der deutschen Gesellschaft aufgrund der andersartigen Entwicklung nicht mehr in diesem Umfang geleistet werden. Vielleicht ist der Hinweis auf die Aufgaben und Pflichten eines Ersten oder Zweiten Nachbarn in den eher ländlich geprägten Gegenden Niedersachsens ein hilfreicher Vergleich für diese Leistungen in Krankheits- und Sterbefällen.

102 M. Gratz / T. Roser: Curriculum Spiritualität für ehrenamtliche Hospizbegleitung, S. 15.

Eine (außen-)politische Dimension kommt zusätzlich ins Spiel, wenn es sich um eine vom türkischen Staat unterstützte und geförderte Moschee handelt. Auch wenn dies wahrscheinlich keine direkten Auswirkungen auf eine Begleitung haben wird, sollte es bekannt sein.
Unter den gegebenen Umständen sehe ich zurzeit *eher,* eventuell sogar *nur* bei säkularisierten Muslimen die Chancen, individualisierte Trauerbegleitung durchzuführen. Damit meine ich Muslime, die nicht direkt und eng an eine Moschee gebunden sind und sich dennoch als Gläubige verstehen. Professor Rauf Cylan, Islamwissenschaftler an der Universität Osnabrück, bestätigt: »Grundsätzlich haben wir in Deutschland auch bei Muslimen einen Säkularisierungsprozess zu beobachten: Die gute wirtschaftliche Lage, soziale Sicherheit und Individualisierung führen zu einer Pluralisierung der Gesellschaft. Die muslimische Welt in Deutschland ist extrem heterogen ...«[103] Die RP (Rheinische Post) online erklärt: »Für säkulare Muslime spielt der Islam im Alltag keine bis fast keine Rolle. Sie beten nicht fünfmal am Tag, fasten nicht während des Ramadan, sie gehen nicht in die Moschee und gehören keiner Moscheegemeinde an. Was allerdings nicht heißt, dass sie sich nicht selber als Muslime sehen. Ob ihr Anteil an den Muslimen in Deutschland zu- oder abnimmt, lässt sich schwer sagen.«[104]
Wenn auch die Säkularisation eingesetzt hat und der Symbolgehalt der Handlungen teilweise verlorengegangen ist, bleiben die bekannten Rituale erhalten.

Damit Trauerbegleitung für Muslime die Chance hat zu gelingen, gilt es also zu beachten:

- Wie in jeder anderen Trauerbegleitung ist die entscheidende Fähigkeit der trauerbegleitenden Personen das aktive Zuhören, die Gesprächsführung und das Handeln auf Augenhöhe. Deshalb ist das gegenseitige verbale Verstehen äußerst wichtig.
- Grundwissen über die nationale und kulturelle Identität (zum Beispiel über den Krieg von 1998/99 und den immer noch andauernden

103 Focus online 24.1.2015.
104 RP online 24.7.2017.

Konflikt zwischen Serben und Kosovo-Albanern) ist hilfreich, um nicht zu sagen notwendig, um Ausgesprochenes und Angedeutetes in Ansätzen zu verstehen.

- Interkulturelle Kompetenz, verstanden als »Fähigkeit, effektiv mit Menschen, die über andere kulturelle Hintergründe verfügen, umzugehen und zusammenzuarbeiten, wobei die Effektivität auf beiden Seiten als solche empfunden werden sollte«. Voraussetzungen dafür sind »die emotionale Kompetenz und die interkulturelle Sensibilität, die es uns erlauben, die Konzepte der Wahrnehmung, des Denkens, Fühlens und Handelns der Fremdkultur bei unserem Handeln zu berücksichtigen« (IKUD).[105]
- Die Kontaktaufnahme muss niederschwellig sein.

105 https://www.ikud.de/glossar/interkulturelle-kompetenz-definition.html

11 Literaturverzeichnis

Abd ar-Rahim ibn Ahmad als-Qadi: Das Totenbuch des Islam. »Das Feuer und der Garten« – Die Lehren des Propheten Mohammed über das Leben nach dem Tode. Gondrom 1991

Aebli, Hans: Santiago, Santiago ... Auf dem Jakobsweg zu Fuß durch Frankreich und Spanien. Klett-Cotta 1990

Antara, Gila: Erde meine Mutter. URL: https://www.silenzio.com/Erde-meine-Mutter-CD-Gila-Antara/de (letzter Abruf 17.1.2023)

Baumann, Christoph Peter: Der Knigge der Weltreligionen. Feste, Brauchtum und richtiges Verhalten auf einen Blick. Herder 2011

Bender, Jutta: Praxisbuch Trauerbegleitung. Trauerprozesse verstehen, begleiten, verwandeln. Springer 2019

Bernatzky, Günther / Sittl, Reinhard / Likar, Rudolf (Hg.): Schmerzbehandlung in der Palliativmedizin. Springer 2012, ^{4}2023

Bloch, Ernst: Das Prinzip Hoffnung. 3 Bände, Suhrkamp 1968

Blum, S. / Brow M. / Silver R. C.: Coping, in: Encyclopedia of Human Behavior, 2nd ed. Irvine: University of California. Amsterdam 2012, S. 596–601. URL: https://scholar.google.de/scholar?q=Behavior,+2nd+ed.+Irvine:+University+of+California,+596-601.&hl=de&as_sdt=0&as_vis=1&oi=scholart (letzter Abruf 11.1.2023)

Bödiker, Marie-Luise / Theobald, Monika: Trauer-Gesichter. Hilfen für Trauernde. Arbeitsmaterialien für die Trauerbegleitung. der hospiz verlag 2014

Bonhoeffer, Dietrich: Werke (DBW) Band 8. Widerstand und Ergebung. Briefe und Aufzeichnungen aus der Haft. Hg. von Chr. Gremmels / E. Bethge / R. Bethge / I. Tödt. Gütersloh 1998

Brecht, Bertolt: Geschichten vom Herrn Keuner, in: ders., Werke. Große kommentierte Berliner und FrankfurterAusgabe. Band 18: Prosa 3. Suhrkamp Verlag 1995

Bundes-Hospiz-Anzeiger 6/2021, 19. Jg. S. 2–16

Canacakis, Jorgos: Ich begleite dich durch deine Trauer. Förderliche Wege aus dem Trauerlabyrinth. Kreuz 2013

Cardinal, Claudia: Sterbe- und Trauerbegleitung. Ein Handbuch. Patmos 2013, ^{4}2020

Chiwaeze, Eva: Vom Eigenen und dem der anderen. Supervision in der Trauerbegleitung. Vandenhoeck & Ruprecht 2016

Cognetti, Paolo: Acht Berge. Roman. Penguin ^{9}2017

Deutscher Hospiz- und Palliativverband e. V. (Hg.): Trauer und Trauerbegleitung. Eine Handreichung des DHPV. URL: https://www.dhpv.de/files/public/themen/2017_HR_TrauerundTrauerbegleitung.pdf (letzter Abruf 10.6.2023)

Dickerhoff, Heinrich: Märchen im Hospiz. Erdenkinder – Waisenkinder – Königskinder. Tod, Trauer und Lebenswege in ausgesuchten Märchen. der hospiz verlag 2007

Dickerhoff, Heinrich: Trau deiner Sehnsucht mehr als deiner Verzweiflung. Märchen zum Leben. Topos Taschenbuch ^{3}2018

DITIB (Hg.): Sterbebegleitung und Tod im Islam. URL: http://ditib-bonn.de/DITIB_sterbebegleitung.pdf (letzter Abruf 11.6.2023)

Dobrowolny, Ulrike: 300.000 Tonnen Restsperrabfallgemische. Trauer und Trauma nach der Flut. Bundes-Hospiz-Anzeiger 6/2021, 19. Jg. S. 4f.

Domin, Hilde: Sämtliche Gedichte. Fischer [4]2020

Eisingerich, Astrid: Der Tod als Rückkehr zu Gott, der Quelle allen Lebens. In: Heller, Birgit: Wie Religionen mit dem Tod umgehen. Grundlagen für die interkulturelle Sterbebegleitung. Lambertus 2012. S. 139–166

Fischer-Epe, Maren / Epe, Claus: Selbstcoaching. Hintergrundwissen, Anregungen und Übungen zur persönlichen Entwicklung. Rowohlt 2007, [7]2021

Frankl, Viktor E.: Das Leiden am sinnlosen Leben. Psychotherapie für heute. Herder 2013

Frankl, Viktor E.: Trotzdem Ja zum Leben sagen. Ein Psychologe erlebt das Konzentrationslager. 1946, Neuausgabe Penguin 2018

Frankl, Viktor E.: Über den Sinn des Lebens. Beltz [6]2022

Frankl, Viktor E.: Wer ein Warum zu leben hat. Lebenssinn und Resilienz. Beltz [5]2022

Frisch, Max: Fragebogen. Erweiterte Ausgabe. Hg. von Amslinger, Tobias / Strässle, Thomas. Suhrkamp 2019

Gerhardt, Volker: Der Sinn des Sinns. Versuch über das Göttliche. C.H. Beck 2022

Graebe, Horst: Mehr vom Islam wissen. Für ein gutes Zusammenleben mit Muslimen. Patmos 2018

Gratz, Margit / Roser, Traugott: Curriculum Spiritualität für ehrenamtliche Hospizbegleitung. Vandenhoeck & Ruprecht 2016

Gruhl, Monika: Das Geheimnis starker Menschen. Mit Resilienz aus der Überforderungsfalle. Kreuz 2015

Gruhl, Monika: Resilienz. Die Strategie der Stehauf-Menschen. Kreuz 2014 (auch als Herder Audio)

Grün, Anselm: 50 Engel für das Jahr. Ein Inspirationsbuch. Herder [16]2004

Grün, Anselm: Das kleine Buch der Engel. Herder 2009

Grün, Anselm: Herzensruhe. Im Einklang mit sich selber sein. Herder 1998

Guddat, Tariq Habib (Hg.): Das Islamische Gebetbuch. Der Islam o. J.

Guschas, Thilo: Deutschlandradio Kultur – Religionen. Tod und Trauer im Islam. Die islamische Trauerkultur ist vielfältig. URL: http://www.deutschlandradiokultur.de/tod-und-trauer-im-islam.1278.de.html?dram:article_id=192077 (letzter Abruf 17.1.2023)

Halbfas, Hubertus: Der Sprung in den Brunnen. Eine Gebetsschule. Neuausgabe. Patmos 2016, [2]2022

Hesse, Hermann: Mit der Reife wird man immer jünger. Betrachtungen und Gedichte über das Alter. Hg. v. Volker Michels. Suhrkamp 2003, [10]2019

Hospiz-Dialog Nordrhein-Westfalen Januar 2018, Ausgabe 74 mit dem Schwerpunkt Sensible Kommunikation

Hübsch, Hadayatulla: Paradies und Hölle. Jenseitsvorstellungen im Islam. Patmos 2003

Icking, Irmgard: Interreligöse Spiritualität im Hospiz. Raum und Resonanz geben. Palliative Care verstehen – Band 2. der hospiz verlag 2015

Ilmihal. Der gelebte Islam [Gebetbuch] Okusan o. J.
Islamisches Gebetsbuch. www.waqfenau.de
Kachler, Roland / Majer-Kachler, Christa: Gemeinsam trauern – gemeinsam weiter lieben. Das Paarbuch für trauernde Eltern. Kreuz 2013
Kaléko, Mascha: Sei klug und halte dich an Wunder. Gedanken über das Leben. dtv ^{7}2017
Kaléko, Mascha: Verse für Zeitgenossen. dtv 2017
Keil, Anke: Als Frau Trauer bei uns einzog. Vier-Türme-Verlag 2019
Kermani, Navid: Jeder soll von da, wo er ist, einen Schritt näher kommen. Fragen nach Gott. Hanser 2022
Kübler, Roland: Traumquelle. Ein Märchenbuch. Stendel 1999
Langenmayr, Arnold: Trauerbegleitung. Beratung, Therapie, Fortbildung. Vandenhoeck & Ruprecht 1999.
Langmaack, Barbara: Soziale Kompetenz. Verhalten steuert den Erfolg. Beltz 2004
Lexikon der Psychologie, URL: https://www.spektrum.de/lexikon/psychologie/trauer/15721. Vgl. A. Langenmayr: Trauerbegleitung. Beratung, Therapie, Fortbildung. Vandenhoeck & Ruprecht 1999 (letzter Abruf 2.6.2023)
Lukas, Elisabeth: Heute ist der erste Tag vom Rest deines Lebens. Schritte zu einer erfüllten Existenz. Butzon & Bercker 2019
Mack-Kast, Christina / Preisl, Stefanie: Sinfonie des Trauerns. Möglichkeiten der Trauerarbeit in der Musiktherapie. In: Bauer-Mehren, Renata / Kopp-Breinlinger, Karina / Rechenberg-Winter, Petra (Hg.): Kaleidoskop der Trauer. Roderer 2003
Metz, Christian: Seelenschmerz und Trauer – Störfall oder Ressource? In: Bernatzky / Sittl / Likar (Hg.): Schmerzbehandlung in der Palliativmedizin. Springer 2012, ^{4}2023, S. 77–84; URL: https://link.springer.com/chapter/10.1007/978-3-211-88877-3_11 (letzter Abruf 26.6.2023)
Mucksch, Norbert: Das Erleben der Corona-Einschränkungen in der Trauerbegleitung. In: die hospiz zeitschrift palliativ care 3, 2021, Nr. 19, S. 6–11
Müller, Monika / Brathuhn, Sylvia / Schnegg, Matthias: Übungsraum Trauerbegleitung. Methodenhandbuch für die Arbeit mit Trauernden. Vandenhoeck und Ruprecht 2019
Oesterheld, Lisa: Beten mit dem Bleistift. Echter 2022
Onasch, Klaus: In den Krisen: Wie Trauer Lösungen ermöglichen kann. In: Bundes-Hospiz-Anzeiger 6/2021, 19. Jg., S. 2f.
Oser, Fritz: Kräfteschulung. Ein Buch für Pädagogen. Mit Beispielen aus der Praxis. Walter 1977.
Paul, Chris: Warum hast du uns das angetan? Ein Begleitbuch für Trauernde nach einem Suizid. Gütersloher Verlagshaus 2018
Paul, Chris: Schuld – Macht – Sinn. Arbeitsbuch für die Begleitung von Schuldfragen im Trauerprozess. Gütersloher Verlagshaus 2010, ^{5}2019
Paul, Chris: Ich lebe mit meiner Trauer. Das Kaleidoskop des Trauerns für Trauernde. Gütersloher Verlagshaus 2021
Paul, Chris: Wir leben mit deiner Trauer. Das Kaleidoskop des Trauerns für Freunde und Angehörige von Trauernden. Gütersloher Verlagshaus 2021

Paul, Chris: https://trauerkaleidoskop.de/uebungen-trauerkaleidoskop-kaleidoskop-des-trauerns-ch (letzter Abruf 11.1.2023)
Putz, Joachim: Die Bedeutung von Musik in der Sterbe- und Trauerbegleitung anhand selbstgemachter Erfahrungen. Abschlussarbeit zum Kurs Trauerbegleitung 2013–2015 bei Petra Hugo. URL: https://www.trauer-wege-leben.de/download/musik-sterbe-trauerbegleitung.pdf (letzter Abruf 12.1.2023)
Renz, Monika: Hoffnung und Gnade. Erfahrung von Transzendenz in Leid und Krankheit. Kreuz 2014
Rilke, Rainer Maria: Briefe aus den Jahren 1907 bis 1914. Hg. v. Ruth Sieber-Rilke und Carl Sieber. Insel 1933.
Rilke, Rainer Maria: Die Gedichte. Insel 1986, [3]1987.
Rogers, Carl R.: Entwicklung der Persönlichkeit. Psychotherapie aus der Sicht eines Therapeuten. Klett-Cotta 1996 (Paperback 2018)
Rosa, Hartmut: Demokratie braucht Religion. Mit einem Vorwort von Gregor Gysi. Kösel 2022
Rosa, Hartmut: Resonanz. Eine Soziologie der Weltbeziehung. Suhrkamp Taschenbuch Wissenschaft 2019, [3]2020
Rosa, Hartmut: Unverfügbarkeit. Residenz 2018
Sawizki, Egon R.: NLP im Alltag. Einführung, Techniken, Übungen. Gabal 1999
Schenk, Marion: Empathie und Mitgefühl in Trauerbegleitung und Beratung. Nutzen, psychosoziale Risiken und Training. Vandenhoeck & Ruprecht 2021
Schilles, Ferdi: Männertrauer erschließen. Wie wir männliche Trauer besser verstehen und unterstützen können. Schriftenreihe Trauer Praxis Band 4. der hospiz verlag 2021
Schleske, Martin: Herztöne. Lauschen auf den Klang des Lebens. Adeo 2016
Schmitz, Barbara: Was ist ein lebenswertes Leben? Philosophische und biographische Zugänge. Reclam Denkraum 2022
Schulz von Thun, Friedemann: Miteinander reden: 1. Störungen und Klärungen: Allgemeine Psychologie der Kommunikation. Rowohlt Taschenbuch 2005
Schulz von Thun, Friedemann: Miteinander reden: 3. Das »Innere Team« und situationsgerechte Kommunikation. Rowohlt Taschenbuch 2005
Smeding, Ruthmarijke / Heitkönig-Wilp, Margarete (Hg.): Trauer erschließen. Eine Tafel der Gezeiten. der hospiz verlag 2010
Sölle, Dorothee: Fliegen lernen. Wolfgang Fietkau Verlag 1979
Storch, Maja / Kuhl, Julius: Die Kraft aus dem Selbst. Sieben PsychoGyms für das Unbewusste. Huber/Hogrefe 2012
Stroebe, Margaret / Schut, Henk: The Dual Process Model of Coping with Bereavement: Rationale and Description, in: Death Studies 23 (1999), S. 197–224, URL: http://www.trauerforschung.de/images/pdf/stroebe_1999.pdf (letzter Abruf 9.5.2022)
Stutz, Pierre: Engel des Trostes wünsche ich dir. Kraft in Zeiten der Trauer. Verlag am Eschbach 2022
Tausch, Daniela / Bickel, Lis: Die Zeit der Trauer. Eine Hilfe für Trauernde und Begleitende. Diakonisches Werk der Evangelischen Kirche in Deutschland 2011

Urban, Elke: Transkulturelle Pflege am Lebensende. Umgang mit Sterbenden und Verstorbenen unterschiedlicher Religionen und Kulturen. Kohlhammer ^{3}2019

Wahl, Stephan: Erwarte von mir keine frommen Sprüche. Ungeschminkte Psalmen. Echter ^{2}2022

Watzlawick, Paul: Anleitung zum Unglücklichsein. Piper 1988

Watzlawick, Paul / Beavin, Janet H. / Jackson, Don D.: Menschliche Kommunikation. Formen, Störungen, Paradoxien. Huber/Hogrefe ^{13}2016

Wiese, Anja: Um Kinder trauern. Eltern und Geschwister begegnen dem Tod. Gütersloher Verlagshaus ^{3}2003 (vierte, überarbeitete und erweitere Ausgabe 2009)

Wilmer, Heiner: Trägt. Die Kunst, Hoffnung und Liebe zu glauben. Herder 2020

Windscheid, Leon: Besser Fühlen. Eine Reise zur Gelassenheit. Rowohlt Polaris 2021, bes. S. 145–162

Worden, J. William: Beratung und Therapie in Trauerfällen. Ein Handbuch. Huber/ Hogrefe ^{5}2017

Wunn, Ina: Muslimische Gruppierungen in Deutschland. Ein Handbuch. Kohlhammer 2007

Zimmermann, Gudrun: Islamische Trauerrituale: »Muslime wollen ein Grab auf ewig«. Ein Interview. URL: www.islamiq.de/2014/11/05/islamische-trauerrituale-muslime-wollen-ein-grab-auf-ewig/ (letzter Abruf 12.1.2023)

Znoj, Hansjörg: Ratgeber Trauer. Informationen für Betroffene und Angehörige. Hogrefe ^{2}2021

Znoj, Hansjörg: Trennung, Tod und Trauer. Geschichten zum Verlusterleben und dessen Transformation. Hogrefe 2015

WEITERE QUELLEN- UND LITERATURANGABEN AUS DEM INTERNET

www.arif-bestattungen.de (letzter Abruf 11.1.2023)

https://www.dhpv.de/news/kulturen-der-trauer.html (letzter Abruf 2.6.2023)

https://www.evangelisch.de/inhalte/107140/13-12-2011/das-weihnachtsfest-und-seine-heidnischen-urspruenge (letzter Abruf: 10.6.2023)

https://franz-kett-paedagogik.de (letzter Abruf 11.6.2023)

www.ikud.de bietet Begriffsklärungen zu Identität, kultureller Identität usw. (letzter Abruf 11.6.2023)

https://impulstexte.de/impulstexte/wachsen-und-werden/ (letzter Abruf 11.6.2023)

https://www.monikarenz.ch (letzter Abruf 5.6.2023)

https://www.remid.de/informationsplattform-religion-bestattung-im-islam/ (letzter Abruf 9.6.2023)

https://de.wikipedia.org/wiki/Big_Five_(Psychologie) (letzter Abruf: 21.1.2023)

https://de.wikipedia.org/wiki/Weihnachten (letzter Abruf: 10.6.2023)

Bitte beachten Sie auch die Verweise auf Internetseiten in den Kapiteln »8. Musik in der Trauerbegleitung« und »9. Netzwerke – virtuell und analog«.

12 Stichwortverzeichnis

13 Rechtenachweis

Autor und Verlag danken für freundlicherweise erteilte Abdruckgenehmigungen:

Gisela Baltes: Ich wünsche dir den Mut (S. 215)
© Gisela Baltes (www.impulstexte.de)

Bibeltexte: Psalm 23 (S. 163f), Lk 10,38–42 (S. 96)
Aus: Einheitsübersetzung der Heiligen Schrift © 2016 Katholische Bibelanstalt GmbH, Stuttgart. Alle Rechte vorbehalten

Bertolt Brecht: Herr Keuner und die Flut (S. 150)
Aus: Bertolt Brecht, Geschichten vom Herrn Keuner, in: ders., Werke. Große kommentierte Berliner und Frankfurter Ausgabe, Band 18: Prosa 3 © 1995 Bertolt-Brecht-Erben / Suhrkamp Verlag

Paolo Cognetti: »Aha«, sagte er. »Verstehe ...« (S. 173f)
Aus: Paolo Cognetti, Acht Berge. Übersetzung: Christiane Burkhardt © 2017 Deutsche Verlags-Anstalt, München, in der Penguin Random House Verlagsgruppe GmbH

»Der siebente Vater im Haus«, Märchen aus Norwegen (S. 93ff)
Aus: Heinrich Dickerhoff, Trau deiner Sehnsucht mehr als deiner Verzweiflung. Märchen zum Leben, S. 54–56 © 2013 Matthias Grünewald Verlag, Verlagsgruppe Patmos in der Schwabenverlag AG

Hilde Domin: Die schwersten Wege (S. 112f)
Aus: Hilde Domin, Sämtliche Gedichte, hrsg. von Nikola Herweg und Melanie Reinhold, Nachwort von Ruth Klüger © 7. Aufl. 2009, S. Fischer Verlag GmbH, Frankfurt am Main, S. 95

Max Frisch: Wissen Sie in der Regel, was Sie hoffen? (S. 148)
Aus: Max Frisch, Fragebogen © 1992 Suhrkamp Verlag Frankfurt am Main. Alle Rechte bei und vorbehalten durch Suhrkamp Verlag Berlin

Anselm Grün: Sei aufmerksam (S. 191)
Aus: Anselm Grün, Das kleine Buch der Engel © 2016 Verlag Herder GmbH, Freiburg i. Br.

Hermann Hesse: Stufen (S. 110f)
Aus: Hermann Hesse, Sämtliche Werke in 20 Bänden, hrsg. von Volker Michels, Band 10: Die Gedichte © 2002 Suhrkamp Verlag Frankfurt am Main. Alle Rechte bei und vorbehalten durch Suhrkamp Verlag Berlin

Mascha Kaléko:
Mit auf die Reise (S. 147), Rezept (S. 152f)
Aus: Mascha Kaléko, Sei klug und halte dich an Wunder. Gedanken über das Leben, hrsg. von Gisela Zoch-Westphal / Eva-Maria Prokop, dtv, 2017 München, S. 7 bzw. 52, mit freundlicher Genehmigung von dtv Verlagsgesellschaft mbH & Co. KG

Memento (S. 186)
Aus: Mascha Kaléko, Verse für Zeitgenossen, dtv, 2017 München, S. 12, mit freundlicher Genehmigung von dtv Verlagsgesellschaft mbH & Co. KG

Jürg Lenggenhager: Wunde-R (S. 65), Menschengebet (S. 180)
© Rechte beim Urheber

Elisabeth Lukas: Von Ihnen hängt doch mit ab … (S. 34), Eine schöne Metapher … (S. 177f)
Aus: Elisabeth Lukas, Heute ist der erste Tag vom Rest deines Lebens. Schritte zu einer erfüllten Existenz © 2019 Butzon & Bercker GmbH, Kevelaer, S. 190 bzw. 77ff; www.bube.de

Carl R. Rogers: Grundhypothese und deren Bedingungen (S. 24f)
Aus: Carl R. Rogers. Entwicklung der Persönlichkeit. Psychotherapie aus der Sicht eines Therapeuten. Aus dem Amerik. von Jacqueline Giere. Mit einem Vorwort von Reinhard Tausch © 1961 by Carl R. Rogers. Klett-Cotta, Stuttgart 1973 (S. 47 bzw. 51)

Hartmut Rosa:
Der erste Schneefall (S. 28f) Aus: Hartmut Rosa, Unverfügbarkeit © 2018 Residenz Verlag Salzburg, S. 1f
Aber plötzlich, plötzlich … (S. 228) Aus: Hartmut Rosa, Demokratie braucht Religion © 2022 Kösel-Verlag, München, in der Penguin Random House Verlagsgruppe GmbH, S. 57f

Ferdi Schilles: Die vier Traueraufgaben nach Worden (Tabelle, S. 19)
Aus: Ferdi Schilles, Männertrauer erschließen. Wie wir männliche Trauer besser verstehen und unterstützen können. Schriftenreihe Trauer Praxis Band 4 © 2021 der hospiz verlag, S. 94

Dorothee Sölle: Gib mir die gabe der tränen gott (S. 157f)
Aus: Dorothee Sölle, Fliegen lernen. Gedichte © 1979 Wolfgang Fietkau Verlag, S. 35

Pierre Stutz: Gesegnet sei dein Aufbruch (S. 197f), Eine segnende Quelle (S. 223)
© Pierre Stutz www.pierrestutz.ch

Stephan Wahl: Ahrpsalm (gekürzt) (S. 160f)
Aus: Stephan Wahl, Erwarte von mir keine frommen Sprüche. Ungeschminkte Psalmen © 2022 Echter Verlag, Würzburg, S. 11–15

Paul Watzlawick: Ein Mann will ein Bild aufhängen (S. 98)
Aus: Paul Watzlawick, Anleitung zum Unglücklichsein © 1983 Piper Verlag GmbH, München

Anja Wiese: Trauer als Reise in eine fremde Welt (S. 144f)
Aus: Anja Wiese, Um Kinder trauern © 2009 Gütersloher Verlagshaus, Gütersloh, in der Penguin Random House Verlagsgruppe GmbH

Heiner Wilmer: Wir haben ein Grundrecht (S. 186f)
Aus: Heiner Wilmer, Trägt © 2020 Verlag Herder GmbH, Freiburg i. Br.

Danke

Ich möchte danken für die großartige Unterstützung während des Entstehungsprozesses dieses Buches.

Meiner Familie, allen voran meiner Frau Christel, für Rat und Tat und Zeit und Geduld. Meinen Kindern Petra für die Sachkunde beim Layout, für wohlwollende Kritik und den Zeichenstift, Michaela als geübter Korrekturleserin und Andreas als Zeichner. »Allzeit bereit« – wie bei den Pfadfindern.

Danke an Heinrich Richard Schmidt, der mit seinen universitären und persönlichen Erfahrungen und seinem kritischen Blick und Überblick vieles geglättet hat, inhaltlich und sprachlich. Mit seiner Zeit ist er nie schonend umgegangen. Vielen Dank, Peter Sury! Es macht Freude, dich als Unterstützer getroffen zu haben. Du hast stets auf die zukünftigen Leserinnen und Leser geachtet und dein pädagogisches Wissen eingebracht. Es macht Spaß, mit euch beiden zusammen zu denken, zu schreiben, zu diskutieren.

Großen Dank an die Ehrenamtlichen des Hospizvereins Damme, von deren Erfahrungen ich sehr viel lernen und hier einbringen konnte.

Ich danke vor allem den trauernden Frauen und Männern für ihre Textbeiträge. Ohne euch wäre die Idee, ein solches Buch anzugehen, nicht entstanden. Danke für euer Vertrauen!

Für die Unterstützung danke ich ferner dem Patmos Verlag und all denen, die – auch wenn sie nicht eigens genannt sind – in vielfältiger Weise zu diesem Buch beigetragen haben.

Peter Rörsch

Der Autor

Peter Rörsch ist ausgebildeter Sterbebegleiter und zertifizierter Trauerbegleiter mit großer Basisqualifizierung. Er schult Ehrenamtliche für die Mitarbeit im Hospizdienst, ist Vorstandsmitglied und ehem. Vorsitzender des ambulanten Hospizvereins Damme e. V. sowie Mitglied des Forums für Identität und Ethik des Offizialats Vechta (für ethische Fragen in Medizin, Pflege und Sterbekultur). Bis zu seiner Pensionierung war er als Oberstudiendirektor tätig. Er lebt in Vechta.